中国经济普查年鉴

China Economic Census Yearbook

2013

第三产业卷

国务院第三次全国经济普查领导小组办公室 编

中国统计出版社
China Statistics Press

图书在版编目（CIP）数据

中国经济普查年鉴. 2013 / 国务院第三次全国经济普查领导小组办公室编著. -- 北京 : 中国统计出版社, 2015.7
ISBN 978-7-5037-7466-9

Ⅰ. ①中… Ⅱ. ①国… Ⅲ. ①经济－普查－中国－2013－年鉴 Ⅳ. ①F123-54

中国版本图书馆 CIP 数据核字（2015）第 147899 号

中国经济普查年鉴—2013/第三产业卷

作　　者/国务院第三次全国经济普查领导小组办公室
责任编辑/王振宇
封面设计/黄俊杰　李雪燕
出版发行/中国统计出版社
通信地址/北京市丰台区西三环南路甲 6 号　邮政编码/100073
电　　话/邮购（010）63376909　书店（010）68783171
网　　址/http://www.zgtjcbs.com/
印　　刷/河北天普润印刷厂
经　　销/新华书店
开　　本/880mm×1230mm　1/16
字　　数/716 千字
印　　张/23
版　　别/2015 年 8 月第 1 版
版　　次/2015 年 8 月第 1 次印刷
定　　价/880.00 元（全四册附光盘）

本书附同版本 CD-ROM 一张，光盘内容以书面文字为准。
如有印装差错，由本社发行部调换。

编辑委员会

第六篇　企业信息化和电子商务交易情况

主　　编：许剑毅

副 主 编：孙庆国

编辑人员：（以姓氏笔画为序）

王　萍　毕新华　童毕建

数据处理：童毕建

校　　对：邢明发

第三产业卷 目录

第一篇 批发和零售业基本情况及财务状况

A. 行业部分

B. 地区部分

第二篇 住宿和餐饮业基本情况及财务状况

A. 行业部分

B. 地区部分

第三篇 房地产开发经营业生产经营及财务状况

第四篇　重点服务业企业财务状况

第五篇　行政事业、社团及其他单位财务状况

第六篇　企业信息化和电子商务交易情况

附　录

第1篇

批发和零售业基本情况及财务状况

A. 行业部分

1-A-1　批发业法人企业基本情况

分　组	法人单位数 (个)	年末从业人数 (人)
总　计	**1745879**	**19226591**
按国民经济行业分组		
农、林、牧产品批发	109938	1647814
谷物、豆及薯类批发	27580	481991
种子批发	14692	168440
饲料批发	8857	81460
棉、麻批发	3808	85256
林业产品批发	15412	244408
牲畜批发	16449	256212
其他农牧产品批发	23140	330047
食品、饮料及烟草制品批发	180705	2962885
米、面制品及食用油批发	15648	245495
糕点、糖果及糖批发	6604	82516
果品、蔬菜批发	45610	860003
肉、禽、蛋、奶及水产品批发	24985	420179
盐及调味品批发	4249	97299
营养和保健品批发	5678	61091
酒、饮料及茶叶批发	37194	496608
烟草制品批发	2283	309212
其他食品批发	38454	390482
纺织、服装及家庭用品批发	224528	2552026
纺织品、针织品及原料批发	65528	545576
服装批发	58225	731153
鞋帽批发	7998	134944
化妆品及卫生用品批发	13426	210050
厨房、卫生间用具及日用杂货批发	21088	228258
灯具、装饰物品批发	8990	76748
家用电器批发	25219	376123
其他家庭用品批发	24054	249174
文化、体育用品及器材批发	60891	598710
文具用品批发	21341	159298
体育用品及器材批发	5195	49111
图书批发	4509	76283
报刊批发	389	15466
音像制品及电子出版物批发	1139	10693
首饰、工艺品及收藏品批发	16361	183534
其他文化用品批发	11957	104325
医药及医疗器材批发	49678	946604
西药批发	8465	375095
中药批发	8372	225995
医疗用品及器材批发	32841	345514
矿产品、建材及化工产品批发	515858	5132995
煤炭及制品批发	30776	558269
石油及制品批发	25255	649970
非金属矿及制品批发	11352	121175
金属及金属矿批发	132804	1075054
建材批发	171117	1396491
化肥批发	37214	404437
农药批发	12609	99094
农用薄膜批发	1015	8521
其他化工产品批发	93716	819984

1-A-1 续表

分组	法人单位数(个)	年末从业人数(人)
机械设备、五金产品及电子产品批发	428141	3797949
农业机械批发	16074	168418
汽车批发	8404	171856
汽车零配件批发	25688	229932
摩托车及零配件批发	3129	35547
五金产品批发	99176	716560
电气设备批发	34293	304130
计算机、软件及辅助设备批发	35506	329061
通讯及广播电视设备批发	12886	195429
其他机械设备及电子产品批发	192985	1647016
贸易经纪与代理	66258	596184
贸易代理	46743	391162
拍卖	3621	31534
其他贸易经纪与代理	15894	173488
其他批发业	109882	991424
再生物资回收与批发	35511	334180
其他未列明批发业	74371	657244
按登记注册类型分组		
内资企业	1718364	18194403
国有企业	16660	734015
集体企业	17723	262930
股份合作企业	7717	75220
联营企业	3661	43261
国有联营企业	347	8486
集体联营企业	972	11814
国有与集体联营企业	196	3938
其他联营企业	2146	19023
有限责任公司	295638	3831638
国有独资公司	2368	183262
其他有限责任公司	293270	3648376
股份有限公司	17951	694051
私营企业	1224686	10587860
私营独资企业	201301	1716769
私营合伙企业	20397	191805
私营有限责任公司	979595	8395698
私营股份有限公司	23393	283588
其他企业	134328	1965428
港、澳、台商投资企业	11796	452978
合资经营企业	1382	46425
合作经营企业	124	8806
独资经营企业	8892	372987
投资股份有限公司	204	16060
其他港澳台商投资企业	1194	8700
外商投资企业	15719	579210
中外合资经营企业	2167	74369
中外合作经营企业	151	3536
外资企业	12442	474654
外商投资股份有限公司	315	18675
其他外商投资企业	644	7976

1-A-2　批发业法人企业财务状况

单位：万元

分　组	营业收入	#主营业务收入	资产总计
总　计	**4990242231.6**	**4950085384.6**	**2700199982.1**
按国民经济行业分组			
农、林、牧产品批发	135612338.4	134449571.8	112041079.9
谷物、豆及薯类批发	48976631.2	48353533.1	51378734.6
种子批发	9196577.1	9105061.1	9807155.6
饲料批发	10558308.3	10489941.3	6480049.8
棉、麻批发	26740884.5	26607440.5	15476964.1
林业产品批发	9702058.7	9649081.0	8743728.9
牲畜批发	10252263.8	10189044.9	7509657.8
其他农牧产品批发	20185614.9	20055469.9	12644789.2
食品、饮料及烟草制品批发	407072441.1	403601430.8	243016069.7
米、面制品及食用油批发	55850067.4	55484742.6	42981184.3
糕点、糖果及糖批发	11973630.2	11850792.1	10178058.2
果品、蔬菜批发	39798563.2	39559522.4	22794086.8
肉、禽、蛋、奶及水产品批发	37370549.3	37065652.5	20270642.9
盐及调味品批发	9511820.4	9374842.8	8272302.6
营养和保健品批发	4850964.9	4792949.6	3945015.9
酒、饮料及茶叶批发	60638044.8	60102532.3	45734896.5
烟草制品批发	145692985.6	144402107.4	63186187.9
其他食品批发	41385815.3	40968289.2	25653694.7
纺织、服装及家庭用品批发	421667858.0	418297761.0	255372879.7
纺织品、针织品及原料批发	122176303.7	121439949.0	66626095.8
服装批发	104828899.8	103613962.1	64322498.6
鞋帽批发	20803673.7	20707748.6	12823159.3
化妆品及卫生用品批发	17927742.0	17697051.4	14227010.3
厨房、卫生间用具及日用杂货批发	21633208.3	21505092.1	12079527.4
灯具、装饰物品批发	6930092.0	6869739.2	4756650.3
家用电器批发	100548669.8	99932002.2	57572346.0
其他家庭用品批发	26819268.8	26532216.4	22965591.8
文化、体育用品及器材批发	86005430.6	85274222.4	64021707.5
文具用品批发	24242502.6	24107918.2	15715015.8
体育用品及器材批发	4421012.2	4370702.2	3797883.0
图书批发	8102239.8	7943177.9	11503745.4
报刊批发	495539.0	482882.3	490376.3
音像制品及电子出版物批发	663350.9	654170.2	765643.1
首饰、工艺品及收藏品批发	36509669.1	36227506.1	22498168.1
其他文化用品批发	11571117.0	11487865.5	9250875.8
医药及医疗器材批发	174362295.4	173087285.4	104526476.3
西药批发	99351159.7	98716423.2	55100502.2
中药批发	37196626.3	37010825.3	23321902.1
医疗用品及器材批发	37814509.4	37360036.8	26104072.0
矿产品、建材及化工产品批发	2879873758.1	2861590452.2	1297203520.1
煤炭及制品批发	400065432.1	394702458.9	239548716.5
石油及制品批发	746984074.9	744353328.0	197577517.1
非金属矿及制品批发	19624704.9	19500790.0	14034516.7
金属及金属矿批发	1053763857.6	1047020073.6	470725469.5
建材批发	207785310.2	205980915.2	171321048.5
化肥批发	71300608.5	71058272.1	43447809.2
农药批发	7803547.5	7754892.8	5880316.5
农用薄膜批发	557111.6	552682.2	375260.6
其他化工产品批发	371989110.7	370667039.5	154292865.4

1-A-2 续表

单位：万元

分组	营业收入	#主营业务收入	资产总计
机械设备、五金产品及电子产品批发	654588179.4	644382561.7	434188947.2
农业机械批发	15176912.1	15058277.3	9898124.8
汽车批发	165082808.5	164233212.2	72201459.6
汽车零配件批发	41675984.4	41346951.0	27734376.3
摩托车及零配件批发	8015186.8	7952329.7	4461165.2
五金产品批发	62021486.1	61524652.4	48783383.9
电气设备批发	36585824.0	36150334.1	30480790.0
计算机、软件及辅助设备批发	56543368.4	56183756.7	31247867.3
通讯及广播电视设备批发	68542357.6	63132732.0	31331287.0
其他机械设备及电子产品批发	200944251.3	198800316.3	178050493.0
贸易经纪与代理	91491906.4	90741934.6	93327913.4
贸易代理	75391547.0	74775160.6	76731327.5
拍卖	1294306.8	1278167.5	4445004.9
其他贸易经纪与代理	14806052.6	14688606.6	12151580.9
其他批发业	139568024.2	138660164.7	96501388.3
再生物资回收与批发	41940991.4	41660947.3	24130666.3
其他未列明批发业	97627032.7	96999217.4	72370722.1
按登记注册类型分组			
内资企业	4497414305.8	4461226692.4	2443920914.6
国有企业	436913775.2	435190830.7	210787386.7
集体企业	21847495.7	21656958.6	18365207.3
股份合作企业	8024703.4	7963113.3	6276800.9
联营企业	4456879.0	4324705.5	3434536.0
国有联营企业	2187632.5	2154898.7	637746.3
集体联营企业	525721.1	514314.4	471667.5
国有与集体联营企业	690663.9	620541.2	1186210.3
其他联营企业	1052861.5	1034951.2	1138912.0
有限责任公司	1814514107.0	1793735663.6	923182019.0
国有独资公司	297233417.9	290616944.2	118300193.1
其他有限责任公司	1517280689.1	1503118719.4	804881825.9
股份有限公司	436651268.2	433574898.3	196286497.6
私营企业	1700661588.7	1691158526.0	1035864172.9
私营独资企业	93299321.6	92641768.5	61574765.1
私营合伙企业	10959754.1	10855898.2	8456465.9
私营有限责任公司	1553813918.4	1545241182.2	937284723.1
私营股份有限公司	42588594.6	42419677.1	28548218.9
其他企业	74344488.6	73621996.6	49724294.1
港、澳、台商投资企业	146865411.9	145621599.9	94422199.5
合资经营企业	26772382.2	26324717.4	13837907.8
合作经营企业	1128572.4	1126737.0	640019.8
独资经营企业	115518636.8	114746516.4	77512820.9
投资股份有限公司	2722238.9	2700989.9	1703708.6
其他港澳台商投资企业	723581.6	722639.3	727742.3
外商投资企业	345962513.9	343237092.3	161856868.1
中外合资经营企业	90413491.4	90093622.9	29229932.6
中外合作经营企业	6734270.3	6727491.0	1178067.7
外资企业	241307312.6	238944375.2	123586622.8
外商投资股份有限公司	3746305.5	3718097.0	2121045.5
其他外商投资企业	3761134.2	3753506.3	5741199.5

1-A-3　零售业法人企业基本情况

分　组	法人单位数（个）	年末从业人数（人）	年末零售营业面积（万平方米）
总　计	**1064650**	**13922148**	**53080.6**
按国民经济行业分组			
综合零售	114342	3787855	17087.4
百货零售	66617	1804803	9708.0
超级市场零售	14260	1566082	6059.5
其他综合零售	33465	416970	1319.9
食品、饮料及烟草制品专门零售	111966	1139206	3062.0
粮油零售	11135	130557	593.5
糕点、面包零售	4377	68557	93.8
果品、蔬菜零售	13778	176000	527.4
肉、禽、蛋、奶及水产品零售	16060	199704	601.8
营养和保健品零售	5300	39628	87.3
酒、饮料及茶叶零售	31213	257407	551.5
烟草制品零售	4475	45738	99.8
其他食品零售	25628	221615	506.9
纺织、服装及日用品专门零售	120579	1370016	4743.9
纺织品及针织品零售	13937	123165	1673.0
服装零售	52002	729494	1998.9
鞋帽零售	6291	120466	166.0
化妆品及卫生用品零售	10468	91178	148.1
钟表、眼镜零售	6082	67778	104.5
箱、包零售	2364	21851	32.9
厨房用具及日用杂品零售	7010	49912	115.3
自行车零售	2290	17190	58.0
其他日用品零售	20135	148982	447.3
文化、体育用品及器材专门零售	67887	669631	1547.7
文具用品零售	17380	105960	225.5
体育用品及器材零售	5248	48331	106.5
图书、报刊零售	7602	165294	404.6
音像制品及电子出版物零售	1429	10474	18.4
珠宝首饰零售	11132	143583	267.1
工艺美术品及收藏品零售	13868	107796	308.0
乐器零售	2021	12327	31.2
照相器材零售	1361	11278	14.0
其他文化用品零售	7846	64588	172.4
医药及医疗器材专门零售	91213	973223	1855.1
药品零售	72085	824339	1583.7
医疗用品及器材零售	19128	148884	271.5
汽车、摩托车、燃料及零配件专门零售	142639	2488914	13434.1
汽车零售	63294	1616626	7759.1

1-A-3 续表 1

分组	法人单位数(个)	年末从业人数(人)	年末零售营业面积(万平方米)
汽车零配件零售	29531	222514	741.1
摩托车及零配件零售	11701	96480	322.7
机动车燃料零售	38113	553294	4611.3
家用电器及电子产品专门零售	159851	1472048	3646.9
家用视听设备零售	13836	199097	732.3
日用家电设备零售	33132	424140	1671.5
计算机、软件及辅助设备零售	52190	372076	530.7
通信设备零售	17641	200435	279.6
其他电子产品零售	43052	276300	432.7
五金、家具及室内装饰材料专门零售	157342	1178501	4888.5
五金零售	70852	445907	1097.7
灯具零售	5766	37416	104.3
家具零售	24657	282884	2277.8
涂料零售	7374	39998	90.5
卫生洁具零售	3354	25441	76.1
木质装饰材料零售	6833	53180	189.2
陶瓷、石材装饰材料零售	10645	87236	351.3
其他室内装饰材料零售	27861	206439	701.6
货摊、无店铺及其他零售业	98831	842754	2815.1
货摊食品零售	484	4124	18.1
货摊纺织、服装及鞋零售	809	9159	16.3
货摊日用品零售	502	3224	9.8
互联网零售	11282	112836	34.0
邮购及电视、电话零售	778	13036	5.8
旧货零售	1024	6505	48.5
生活用燃料零售	12081	152538	1117.1
其他未列明零售业	71871	541332	1565.3
按登记注册类型分组			
内资企业	1058506	12996151	49459.5
国有企业	10770	299749	1059.0
集体企业	18834	305788	1098.8
股份合作企业	8373	76837	224.9
联营企业	3251	40015	114.6
国有联营企业	355	8268	20.9
集体联营企业	1137	15121	41.6
国有与集体联营企业	211	3781	18.1
其他联营企业	1548	12845	34.0
有限责任公司	194018	3845645	16664.2
国有独资公司	1153	73375	292.3
其他有限责任公司	192865	3772270	16371.9

1-A-3　续表 2

分　组	法人单位数（个）	年末从业人数（人）	年末零售营业面积（万平方米）
股份有限公司	14027	807005	4815.8
私营企业	745232	6991838	23548.5
私营独资企业	269627	1855199	6086.5
私营合伙企业	19290	163531	617.3
私营有限责任公司	441329	4722641	15917.2
私营股份有限公司	14986	250467	927.5
其他企业	64001	629274	1933.8
港、澳、台商投资企业	2999	440873	1405.4
合资经营企业	591	95894	325.4
合作经营企业	89	5842	20.1
独资经营企业	2057	303025	922.5
投资股份有限公司	126	22454	36.4
其他港澳台商投资企业	136	13658	101.0
外商投资企业	3145	485124	2215.8
中外合资经营企业	796	194541	911.5
中外合作经营企业	89	17010	59.8
外资企业	1872	259528	1197.1
外商投资股份有限公司	119	10517	35.1
其他外商投资企业	269	3528	12.2
按零售业态分组			
有店铺零售	1025503	13620781	52906.5
食杂店	17863	128818	320.9
便利店	60856	545060	1419.5
折扣店	2038	17219	68.9
超市	39511	970244	2522.9
大型超市	3455	1247235	7603.8
仓储会员店	4096	59054	300.8
百货店	93348	1850220	9337.2
专业店	459746	4793047	16663.8
专卖店	248744	3041019	9934.0
家居建材商店	40613	344448	2116.8
购物中心	3789	129938	935.4
厂家直销中心	51444	494479	1682.4
无店铺零售	38109	291688	166.1
电视购物	379	15395	4.8
邮购	1949	12477	9.2
网上商店	21236	189810	92.1
自动售货亭	637	5310	14.6
电话购物	13908	68696	45.4

1-A-4 零售业法人企业财务状况

单位：万元

分组	营业收入	#主营业务收入	资产总计
总计	**1129233966.4**	**1111915579.4**	**723096411.5**
按国民经济行业分组			
综合零售	240414902.5	232539150.7	174074421.1
百货零售	130422665.4	125985750.8	108647698.2
超级市场零售	93009276.1	89815949.3	54227536.0
其他综合零售	16982961.0	16737450.5	11199186.9
食品、饮料及烟草制品专门零售	44915331.3	44317391.5	38112744.0
粮油零售	6197931.7	6096133.4	5274758.4
糕点、面包零售	1989821.6	1968730.2	1452539.5
果品、蔬菜零售	5075297.6	5038761.1	3948568.6
肉、禽、蛋、奶及水产品零售	8003742.3	7924347.7	5466151.8
营养和保健品零售	1647593.9	1632968.7	1245264.4
酒、饮料及茶叶零售	11058025.0	10876709.0	10643541.7
烟草制品零售	3186945.8	3108904.6	4128890.4
其他食品零售	7755973.4	7670836.6	5953029.1
纺织、服装及日用品专门零售	57906613.8	57108654.0	48751068.3
纺织品及针织品零售	4872616.1	4811749.1	4131668.5
服装零售	33056070.9	32588997.4	27771211.2
鞋帽零售	4204704.9	4150227.1	3233641.0
化妆品及卫生用品零售	4163028.5	4114849.5	3301553.8
钟表、眼镜零售	2651319.2	2610821.8	2191056.5
箱、包零售	1303708.2	1296855.2	821541.4
厨房用具及日用杂品零售	1570085.6	1541384.4	1595527.8
自行车零售	646057.6	642230.3	403720.4
其他日用品零售	5439022.7	5351539.2	5301147.9
文化、体育用品及器材专门零售	39947185.1	39407038.8	35799802.8
文具用品零售	3738607.5	3691339.5	2940196.0
体育用品及器材零售	2639915.3	2621046.9	2075508.0
图书、报刊零售	10000263.6	9770743.5	10553479.8
音像制品及电子出版物零售	679031.8	633479.5	723810.8
珠宝首饰零售	12893247.7	12808427.9	10461126.9
工艺美术品及收藏品零售	4631187.0	4585641.2	5250053.9
乐器零售	433431.8	428029.8	424575.6
照相器材零售	683594.0	671191.5	386935.6
其他文化用品零售	4247906.3	4197139.0	2984116.1
医药及医疗器材专门零售	57790946.2	57398113.4	38709778.2
药品零售	49764401.0	49461800.5	31786305.0
医疗用品及器材零售	8026545.2	7936312.8	6923473.2
汽车、摩托车、燃料及零配件专门零售	471176269.4	467152556.7	217388489.7
汽车零售	309638247.5	307228254.1	156382814.3

1-A-4　续表 1　　　单位：万元

分　组	营业收入	#主营业务收入	资产总计
汽车零配件零售	17962462.5	17716734.5	11017160.4
摩托车及零配件零售	5908387.7	5867375.8	2963684.9
机动车燃料零售	137667171.7	136340192.3	47024830.2
家用电器及电子产品专门零售	103740429.3	102094239.7	68692480.5
家用视听设备零售	16132123.3	15957722.4	8608305.9
日用家电设备零售	37506451.9	36870973.6	26664483.7
计算机、软件及辅助设备零售	27496792.2	27225894.1	15683297.8
通信设备零售	12426491.3	12043204.8	6799704.0
其他电子产品零售	10178570.6	9996444.8	10936689.1
五金、家具及室内装饰材料专门零售	54041005.7	53421383.2	57313586.4
五金零售	18594687.0	18362309.6	19424138.1
灯具零售	1185047.4	1175710.9	1095921.2
家具零售	15792498.0	15612270.5	15185421.7
涂料零售	1946110.2	1929469.9	1308480.2
卫生洁具零售	1042721.7	1031819.0	913027.1
木质装饰材料零售	2176495.7	2159577.3	3204112.8
陶瓷、石材装饰材料零售	3557046.4	3528088.7	5127113.8
其他室内装饰材料零售	9746399.4	9622137.3	11055371.6
货摊、无店铺及其他零售业	59301283.2	58477051.5	44254040.5
货摊食品零售	77740.1	76744.6	94688.9
货摊纺织、服装及鞋零售	267605.7	267007.5	207430.6
货摊日用品零售	98731.3	98389.1	88899.8
互联网零售	16686649.3	16398015.4	6027840.4
邮购及电视、电话零售	2060475.9	2038402.0	826019.8
旧货零售	242707.7	240783.5	222569.5
生活用燃料零售	15552474.4	15350236.5	11290927.9
其他未列明零售业	24314898.9	24007472.8	25495663.5
按登记注册类型分组			
内资企业	1023768461.5	1009439602.0	645477837.2
国有企业	37554394.9	37172350.2	19005909.9
集体企业	17214753.5	17067827.0	8319089.8
股份合作企业	3296259.7	3215746.3	3217953.7
联营企业	2016897.2	1978820.9	1179591.2
国有联营企业	500014.2	482304.0	207058.5
集体联营企业	508783.0	500024.7	318927.0
国有与集体联营企业	447764.3	442100.3	257629.7
其他联营企业	560335.8	554391.9	395976.0
有限责任公司	379362150.2	373456444.1	234533337.6
国有独资公司	13986083.9	13756898.2	6750212.9
其他有限责任公司	365376066.3	359699545.8	227783124.7

1-A-4 续表 2

单位：万元

分 组	营业收入	#主营业务收入	资产总计
股份有限公司	142040485.9	139121000.7	79729771.2
私营企业	422920900.4	418310329.2	285191347.2
私营独资企业	58463774.1	57951844.1	38488094.8
私营合伙企业	5820881.5	5755500.8	4004969.7
私营有限责任公司	340356848.8	336560164.1	229452484.4
私营股份有限公司	18279396.0	18042820.3	13245798.3
其他企业	19362619.7	19117083.6	14300836.5
港、澳、台商投资企业	48946771.9	47700855.1	40216227.1
合资经营企业	12624286.1	12291907.4	9150623.4
合作经营企业	791073.1	776724.1	678080.2
独资经营企业	32827963.3	31963150.4	27126682.1
投资股份有限公司	1682653.2	1656446.6	2175006.3
其他港澳台商投资企业	1020796.2	1012626.6	1085835.0
外商投资企业	56518733.1	54775122.3	37402347.3
中外合资经营企业	23849990.3	23228695.6	11864772.4
中外合作经营企业	2536974.4	2485351.5	1219518.0
外资企业	28313879.6	27281496.8	22780003.8
外商投资股份有限公司	1369856.8	1335774.3	1138076.8
其他外商投资企业	448032.0	443804.1	399976.2
按零售业态分组			
有店铺零售	1087616667.7	1070888103.5	705710464.2
食杂店	4699342.0	4617673.4	3698468.5
便利店	20428377.2	20052264.1	13753143.9
折扣店	895949.2	878580.2	585902.4
超市	37910842.4	37354374.2	25066919.7
大型超市	83054748.1	80078967.6	52535588.2
仓储会员店	4487281.1	4395397.8	4972736.5
百货店	132359772.3	127874531.5	109016512.6
专业店	431454100.6	427156842.5	260489281.7
专卖店	314778189.9	311823450.8	180493926.3
家居建材商店	18700680.0	18478715.1	18997614.9
购物中心	8429802.8	8211103.5	7996698.6
厂家直销中心	30417582.1	29966202.9	28103670.9
无店铺零售	35806836.1	35237426.6	15909755.8
电视购物	2817920.5	2793727.1	911292.7
邮购	618638.1	611040.3	572193.3
网上商店	28653099.6	28196030.5	10287542.9
自动售货亭	188837.0	186342.4	172801.5
电话购物	3528340.8	3450286.4	3965925.5

B. 地区部分

1-B-1　分地区批发业法人企业基本情况

地　区	法人单位数 (个)	年末从业人数 (人)
全　国	**1745879**	**19226591**
北　京	94656	829032
天　津	49484	436491
河　北	68820	728799
山　西	23339	342876
内蒙古	21800	267227
辽　宁	80560	612640
吉　林	13292	174885
黑龙江	24649	299855
上　海	110601	1363791
江　苏	220229	2103634
浙　江	179352	1341938
安　徽	47722	472442
福　建	66696	693729
江　西	27397	489995
山　东	156289	2153045
河　南	49986	743272
湖　北	56814	672308
湖　南	45780	759132
广　东	190488	2206967
广　西	33447	312779
海　南	5647	68365
重　庆	33940	419644
四　川	32506	488642
贵　州	14080	165912
云　南	23784	272464
西　藏	650	13103
陕　西	27883	357822
甘　肃	15134	151197
青　海	2644	39322
宁　夏	6217	55198
新　疆	21993	190085

1-B-2 分地区批发业法人企业基本情况(按国民经济行业分)

(农、林、牧产品批发)

地 区	法人单位数 (个)	年末从业人数 (人)
全 国	**109938**	**1647814**
北 京	1390	11192
天 津	965	12595
河 北	4272	54967
山 西	1366	21834
内蒙古	4217	62859
辽 宁	4778	40665
吉 林	2502	50677
黑龙江	5961	98817
上 海	789	8064
江 苏	10662	178920
浙 江	5766	49148
安 徽	5416	72484
福 建	2283	31774
江 西	1913	40167
山 东	13326	235418
河 南	8554	154818
湖 北	6964	91936
湖 南	5042	114062
广 东	4816	73968
广 西	2940	22572
海 南	358	5979
重 庆	3311	40496
四 川	2728	48653
贵 州	684	7062
云 南	1453	16695
西 藏	44	600
陕 西	2986	39834
甘 肃	2031	20605
青 海	132	2333
宁 夏	603	5713
新 疆	1686	32907

1-B-2 续表 1

（食品、饮料及烟草制品批发）

地 区	法人单位数（个）	年末从业人数（人）
全 国	**180705**	**2962885**
北 京	8698	85449
天 津	2937	32628
河 北	6989	92774
山 西	2198	41930
内蒙古	1599	28485
辽 宁	8207	86872
吉 林	1116	21227
黑龙江	2596	39328
上 海	6282	110023
江 苏	17843	280063
浙 江	16703	169267
安 徽	6385	97428
福 建	9576	141721
江 西	3388	91591
山 东	23640	447017
河 南	5378	132123
湖 北	7504	139380
湖 南	6269	150011
广 东	15296	261040
广 西	3444	44961
海 南	740	10288
重 庆	5529	76135
四 川	4773	121531
贵 州	2026	45899
云 南	2581	57887
西 藏	106	2611
陕 西	4407	89417
甘 肃	1682	30609
青 海	260	4656
宁 夏	591	8419
新 疆	1962	22115

1-B-2 续表 2

(纺织、服装及家庭用品批发)

地 区	法人单位数(个)	年末从业人数(人)
全 国	**224528**	**2552026**
北 京	11428	142416
天 津	3254	39906
河 北	5369	46973
山 西	963	13081
内蒙古	801	8919
辽 宁	7117	75211
吉 林	671	6774
黑龙江	1506	16107
上 海	17626	335424
江 苏	34851	372317
浙 江	50315	368426
安 徽	4146	39513
福 建	12152	126919
江 西	1714	26040
山 东	15336	191474
河 南	3084	42290
湖 北	5284	48985
湖 南	3903	52125
广 东	30157	426597
广 西	2696	26397
海 南	743	6021
重 庆	2858	34627
四 川	1935	33012
贵 州	1231	11953
云 南	1455	14937
西 藏	29	430
陕 西	1331	21114
甘 肃	789	8295
青 海	103	1334
宁 夏	265	2243
新 疆	1416	12166

1-B-2　续表 3

(文化、体育用品及器材批发)

地　区	法人单位数 (个)	年末从业人数 (人)
全　国	**60891**	**598710**
北　京	6409	56048
天　津	1877	15657
河　北	1794	12795
山　西	498	4813
内蒙古	251	2252
辽　宁	1825	11272
吉　林	336	3385
黑龙江	445	4722
上　海	5317	50037
江　苏	5985	60225
浙　江	8601	54634
安　徽	1251	8970
福　建	2842	25766
江　西	429	5793
山　东	5191	68853
河　南	1057	13542
湖　北	1422	18274
湖　南	1232	17449
广　东	9066	109006
广　西	819	8012
海　南	210	1848
重　庆	754	14681
四　川	534	7077
贵　州	405	3264
云　南	555	5170
西　藏	24	459
陕　西	721	6826
甘　肃	439	3430
青　海	60	703
宁　夏	91	698
新　疆	451	3049

1-B-2 续表 4

(医药及医疗器材批发)

地 区	法人单位数(个)	年末从业人数(人)
全 国	**49678**	**946604**
北 京	4717	66591
天 津	935	13086
河 北	2329	39951
山 西	556	12852
内蒙古	348	7612
辽 宁	2122	21155
吉 林	688	11765
黑龙江	882	13233
上 海	3286	80141
江 苏	3432	68833
浙 江	3150	47577
安 徽	2028	33714
福 建	1087	20632
江 西	1330	32161
山 东	4137	62244
河 南	1446	32323
湖 北	1626	49982
湖 南	1491	36036
广 东	4997	100638
广 西	1380	18079
海 南	432	15060
重 庆	1154	29286
四 川	1664	47606
贵 州	461	10614
云 南	925	22743
西 藏	50	4011
陕 西	916	19006
甘 肃	1276	14764
青 海	113	4489
宁 夏	186	2882
新 疆	534	7538

1-B-2　续表 5

(矿产品、建材及化工产品批发)

地　区	法人单位数 (个)	年末从业人数 (人)
全　国	**515858**	**5132995**
北　京	23271	148319
天　津	18165	149626
河　北	28177	295160
山　西	9239	170942
内蒙古	8276	105213
辽　宁	27061	191311
吉　林	3776	41839
黑龙江	6368	69774
上　海	30161	267253
江　苏	69128	556405
浙　江	44442	326120
安　徽	15059	118341
福　建	18594	176629
江　西	7956	122068
山　东	46447	628331
河　南	17317	223606
湖　北	16929	179274
湖　南	13716	206237
广　东	38125	397547
广　西	12275	113950
海　南	1546	14987
重　庆	11180	126727
四　川	10891	123718
贵　州	4952	50187
云　南	8864	89880
西　藏	198	2130
陕　西	8184	98543
甘　肃	4343	40950
青　海	1089	15563
宁　夏	2600	20289
新　疆	7529	62076

1-B-2 续表 6

(机械设备、五金产品及电子产品批发)

地区	法人单位数(个)	年末从业人数(人)
全国	**428141**	**3797949**
北京	31065	269303
天津	12329	100270
河北	15641	148122
山西	6518	55530
内蒙古	4525	35298
辽宁	20397	126779
吉林	2766	23639
黑龙江	4254	35631
上海	38357	415122
江苏	59689	434449
浙江	33423	234766
安徽	9838	72400
福建	13764	118552
江西	3542	51410
山东	33544	356766
河南	8805	92652
湖北	12219	99209
湖南	9409	113254
广东	58936	592603
广西	7071	55381
海南	1313	10748
重庆	7014	70717
四川	7140	76496
贵州	2912	25999
云南	4149	37130
西藏	146	2189
陕西	7445	64540
甘肃	3074	21202
青海	496	4834
宁夏	1409	11411
新疆	6951	41547

1-B-2　续表 7

(贸易经纪与代理)

地　区	法人单位数 (个)	年末从业人数 (人)
全　国	**66258**	**596184**
北　京	1963	14692
天　津	1956	18357
河　北	995	9425
山　西	437	3451
内蒙古	648	5168
辽　宁	3259	21821
吉　林	538	9056
黑龙江	1135	9166
上　海	2082	30707
江　苏	5110	41703
浙　江	9743	52103
安　徽	1221	7568
福　建	3165	23389
江　西	3585	65128
山　东	4013	51215
河　南	1585	20051
湖　北	2029	19784
湖　南	1300	18074
广　东	14491	117276
广　西	1721	15636
海　南	161	1285
重　庆	426	4179
四　川	684	6395
贵　州	549	3968
云　南	1440	9853
西　藏	21	166
陕　西	642	6137
甘　肃	136	946
青　海	198	3992
宁　夏	248	1411
新　疆	777	4082

1-B-2 续表 8

(其他批发业)

地 区	法人单位数（个）	年末从业人数（人）
全 国	**109882**	**991424**
北 京	5715	35022
天 津	7066	54366
河 北	3254	28632
山 西	1564	18443
内蒙古	1135	11421
辽 宁	5794	37554
吉 林	899	6523
黑龙江	1502	13077
上 海	6701	67020
江 苏	13529	110719
浙 江	7209	39897
安 徽	2378	22024
福 建	3233	28347
江 西	3540	55637
山 东	10655	111727
河 南	2760	31867
湖 北	2837	25484
湖 南	3418	51884
广 东	14604	128292
广 西	1101	7791
海 南	144	2149
重 庆	1714	22796
四 川	2157	24154
贵 州	860	6966
云 南	2362	18169
西 藏	32	507
陕 西	1251	12405
甘 肃	1364	10396
青 海	193	1418
宁 夏	224	2132
新 疆	687	4605

1-B-3　分地区批发业法人企业基本情况(按登记注册类型分)

(内资企业)

地　区	法人单位数 (个)	年末从业人数 (人)
全　国	**1718364**	**18194403**
北　京	92948	690279
天　津	48481	407777
河　北	68714	726010
山　西	23313	340999
内蒙古	21774	266565
辽　宁	79883	602607
吉　林	13244	173373
黑龙江	24593	297498
上　海	101395	968704
江　苏	217889	2015109
浙　江	176188	1306202
安　徽	47626	467795
福　建	65693	672110
江　西	27326	487224
山　东	155217	2127306
河　南	49921	740169
湖　北	56678	659043
湖　南	45696	756165
广　东	184454	1982177
广　西	33364	311266
海　南	5609	66544
重　庆	33831	412453
四　川	32402	482691
贵　州	14056	165169
云　南	23707	269797
西　藏	646	13026
陕　西	27829	353377
甘　肃	15104	150249
青　海	2635	38646
宁　夏	6200	54634
新　疆	21948	189439

1-B-3 续表 1

(国有企业)

地 区	法人单位数(个)	年末从业人数(人)
全 国	**16660**	**734015**
北 京	702	21089
天 津	444	11026
河 北	724	28144
山 西	819	41070
内蒙古	272	19701
辽 宁	966	23433
吉 林	291	17317
黑龙江	622	24300
上 海	396	11416
江 苏	1179	34489
浙 江	336	13014
安 徽	621	29459
福 建	752	23104
江 西	858	31181
山 东	829	41745
河 南	867	59802
湖 北	618	28564
湖 南	416	30033
广 东	1745	70051
广 西	568	19101
海 南	104	3550
重 庆	205	12487
四 川	439	27446
贵 州	307	28300
云 南	241	26838
西 藏	52	2084
陕 西	535	26351
甘 肃	229	10474
青 海	72	2803
宁 夏	54	2364
新 疆	397	13279

1-B-3　续表 2

(集体企业)

地　区	法人单位数 (个)	年末从业人数 (人)
全　国	**17723**	**262930**
北　京	979	5897
天　津	571	4937
河　北	1236	17653
山　西	573	19921
内蒙古	114	2188
辽　宁	1506	12021
吉　林	193	1728
黑龙江	349	4638
上　海	619	4976
江　苏	1429	18129
浙　江	995	7051
安　徽	499	8975
福　建	751	10954
江　西	404	5442
山　东	1086	30346
河　南	659	19404
湖　北	460	7996
湖　南	284	5686
广　东	2198	29176
广　西	724	13158
海　南	58	1313
重　庆	187	3229
四　川	389	7709
贵　州	218	3816
云　南	338	4026
西　藏	11	87
陕　西	430	6527
甘　肃	208	2696
青　海	26	240
宁　夏	52	396
新　疆	177	2615

1-B-3 续表 3

(股份合作企业)

地　区	法人单位数(个)	年末从业人数(人)
全　国	**7717**	**75220**
北　京	1310	7092
天　津	121	1450
河　北	361	4181
山　西	33	425
内蒙古	110	1782
辽　宁	342	2701
吉　林	39	404
黑龙江	231	2645
上　海	243	2314
江　苏	445	4981
浙　江	761	4440
安　徽	202	2758
福　建	223	2006
江　西	284	5275
山　东	461	6684
河　南	241	3240
湖　北	187	2014
湖　南	50	614
广　东	1195	9675
广　西	31	261
海　南	31	273
重　庆	175	2392
四　川	202	3265
贵　州	76	692
云　南	116	1354
西　藏	11	168
陕　西	53	828
甘　肃	108	678
青　海	15	190
宁　夏	16	90
新　疆	44	348

1-B-3　续表 4

(联营企业)

地　区	法人单位数(个)	年末从业人数(人)
全　国	**3661**	**43261**
北　京	167	841
天　津	206	1744
河　北	87	853
山　西	42	1559
内蒙古	33	565
辽　宁	127	1005
吉　林	34	882
黑龙江	57	817
上　海	80	1568
江　苏	310	2541
浙　江	26	140
安　徽	174	1563
福　建	98	1120
江　西	116	1382
山　东	94	1884
河　南	254	4286
湖　北	97	1227
湖　南	54	1022
广　东	1157	12576
广　西	41	284
海　南	11	516
重　庆	40	900
四　川	64	970
贵　州	52	591
云　南	73	564
西　藏		
陕　西	83	1044
甘　肃	29	325
青　海	5	27
宁　夏	6	53
新　疆	44	412

1-B-3 续表 5

(有限责任公司)

地 区	法人单位数 (个)	年末从业人数 (人)
全 国	**295638**	**3831638**
北 京	22081	251375
天 津	10013	106823
河 北	17420	180990
山 西	3173	91897
内蒙古	5865	63218
辽 宁	17814	150827
吉 林	2727	38060
黑龙江	7050	79905
上 海	4682	128159
江 苏	15703	205505
浙 江	7046	146823
安 徽	7240	86065
福 建	14614	174895
江 西	5876	105739
山 东	18936	286818
河 南	16663	225615
湖 北	13834	160250
湖 南	7773	135093
广 东	40647	474398
广 西	5644	63206
海 南	1993	30599
重 庆	6500	103040
四 川	10619	156950
贵 州	6114	73729
云 南	5997	71068
西 藏	139	4238
陕 西	10985	131013
甘 肃	3224	40148
青 海	303	5273
宁 夏	1173	10258
新 疆	3790	49661

1-B-3　续表 6

(股份有限公司)

地　区	法人单位数 (个)	年末从业人数 (人)
全　国	**17951**	**694051**
北　京	575	16856
天　津	433	4745
河　北	977	48909
山　西	198	3840
内蒙古	323	13225
辽　宁	1350	20823
吉　林	313	6328
黑龙江	576	19698
上　海	273	25102
江　苏	1512	49529
浙　江	590	60647
安　徽	564	26933
福　建	925	18678
江　西	656	16951
山　东	1028	58687
河　南	879	28699
湖　北	507	56523
湖　南	964	27581
广　东	2148	69102
广　西	621	19611
海　南	83	2147
重　庆	452	17922
四　川	501	17383
贵　州	232	4563
云　南	373	15361
西　藏	20	852
陕　西	311	17526
甘　肃	280	4963
青　海	46	4993
宁　夏	65	3766
新　疆	176	12108

1-B-3 续表 7

(私营企业)

地 区	法人单位数(个)	年末从业人数(人)
全 国	**1224686**	**10587860**
北 京	66656	385476
天 津	33612	249119
河 北	41916	377186
山 西	17195	163576
内蒙古	11670	116112
辽 宁	52021	337709
吉 林	7611	72419
黑龙江	10539	92729
上 海	94668	790820
江 苏	185430	1488526
浙 江	158973	1012029
安 徽	32992	252486
福 建	43203	375458
江 西	14582	218033
山 东	112661	1330473
河 南	20780	258071
湖 北	32824	303386
湖 南	31081	424470
广 东	125870	1194577
广 西	24117	179140
海 南	3086	23912
重 庆	23478	238902
四 川	17080	201219
贵 州	6217	46199
云 南	14831	134743
西 藏	376	5169
陕 西	11389	107106
甘 肃	7800	60897
青 海	1845	18106
宁 夏	4073	30349
新 疆	16110	99463

1-B-3　续表 8

(其他企业)

地　区	法人单位数(个)	年末从业人数(人)
全　国	**134328**	**1965428**
北　京	478	1653
天　津	3081	27933
河　北	5993	68094
山　西	1280	18711
内蒙古	3387	49774
辽　宁	5757	54088
吉　林	2036	36235
黑龙江	5169	72766
上　海	434	4349
江　苏	11881	211409
浙　江	7461	62058
安　徽	5334	59556
福　建	5127	65895
江　西	4550	103221
山　东	20122	370669
河　南	9578	141052
湖　北	8151	99083
湖　南	5074	131666
广　东	9494	122622
广　西	1618	16505
海　南	243	4234
重　庆	2794	33581
四　川	3108	67749
贵　州	840	7279
云　南	1738	15843
西　藏	37	428
陕　西	4043	62982
甘　肃	3226	30068
青　海	323	7014
宁　夏	761	7358
新　疆	1210	11553

1-B-3 续表 9

(港、澳、台商投资企业)

地 区	法人单位数 (个)	年末从业人数 (人)
全 国	**11796**	**452978**
北 京	548	34720
天 津	279	12451
河 北	48	1852
山 西	10	1260
内蒙古	10	299
辽 宁	128	3857
吉 林	14	776
黑龙江	19	929
上 海	2988	144062
江 苏	947	35067
浙 江	1595	16980
安 徽	27	431
福 建	607	11891
江 西	40	1397
山 东	245	11367
河 南	33	1604
湖 北	61	4213
湖 南	33	1911
广 东	3937	156182
广 西	38	844
海 南	20	1211
重 庆	43	2936
四 川	34	1067
贵 州	9	238
云 南	33	1444
西 藏	3	73
陕 西	20	3392
甘 肃	12	255
青 海	2	179
宁 夏	1	5
新 疆	12	85

1-B-3　续表 10

(外商投资企业)

地　区	法人单位数(个)	年末从业人数(人)
全　国	**15719**	**579210**
北　京	1160	104033
天　津	724	16263
河　北	58	937
山　西	16	617
内蒙古	16	363
辽　宁	549	6176
吉　林	34	736
黑龙江	37	1428
上　海	6218	251025
江　苏	1393	53458
浙　江	1569	18756
安　徽	69	4216
福　建	396	9728
江　西	31	1374
山　东	828	14372
河　南	32	1499
湖　北	75	9052
湖　南	51	1056
广　东	2096	68608
广　西	45	669
海　南	18	610
重　庆	66	4255
四　川	70	4884
贵　州	15	505
云　南	44	1223
西　藏	1	4
陕　西	34	1053
甘　肃	18	693
青　海	7	497
宁　夏	16	559
新　疆	33	561

1-B-4 分地区批发业法人企业财务状况

单位：万元

地 区	营业收入	#主营业务收入	资产总计
全 国	**4990242231.6**	**4950085384.6**	**2700199982.1**
北 京	474704135.2	465378540.6	345335393.3
天 津	263082225.8	261519047.9	116081894.2
河 北	140691266.6	140232685.9	87588397.1
山 西	119606684.7	115398752.1	65890410.6
内蒙古	52972105.9	52834563.3	37440301.1
辽 宁	167194305.8	166633825.7	79821214.6
吉 林	29447928.6	28971868.7	19345302.4
黑龙江	52202456.2	52500863.3	28378462.6
上 海	713813186.6	708492183.3	281581495.6
江 苏	511222767.9	508627462.2	230277437.8
浙 江	425949925.2	423594068.5	246143779.5
安 徽	84645976.3	83401103.9	44177033.8
福 建	157239668.4	156164538.9	118352725.8
江 西	41669449.4	41406317.4	25632312.3
山 东	345324799.4	342758729.3	162607040.1
河 南	87436575.3	87023335.7	48230382.1
湖 北	117300210.8	116792877.7	60108508.0
湖 南	67053398.3	66668413.5	34379031.9
广 东	571101777.4	567621723.7	307179711.9
广 西	49210196.2	48901416.4	44262129.2
海 南	29099433.8	29045121.6	13758744.6
重 庆	85500888.8	84978736.4	39894805.2
四 川	88619476.6	87990661.4	58483597.4
贵 州	31454952.0	31152277.8	27282174.3
云 南	72802628.9	72098120.9	57353095.1
西 藏	2909550.7	2855543.8	3850945.9
陕 西	71890246.0	71600080.6	37921836.2
甘 肃	34581672.7	34372835.3	17689471.7
青 海	13722233.2	13676822.0	14220590.3
宁 夏	9962247.9	9885922.0	8816995.7
新 疆	77829861.3	77506945.0	38114761.4

1-B-5　分地区批发业法人企业财务状况(按国民经济行业分)

(农、林、牧产品批发)　　单位：万元

地　区	营业收入	#主营业务收入	资产总计
全　国	**135612338.4**	**134449571.8**	**112041079.9**
北　京	9829216.5	9765200.3	16914019.9
天　津	1545699.5	1514143.8	1283472.6
河　北	5229172.1	5215774.3	2845758.9
山　西	728838.8	719300.6	615657.8
内蒙古	4479107.5	4459359.4	4076765.0
辽　宁	6591464.8	6574835.2	4440390.7
吉　林	4345337.7	4025716.8	5080743.1
黑龙江	6810805.0	6739868.6	5438824.9
上　海	4033823.8	4009589.8	3212626.9
江　苏	13338874.8	13282101.8	8422780.1
浙　江	4217392.0	4190665.0	3263073.3
安　徽	4722276.0	4677423.2	3301816.1
福　建	2328559.0	2320408.1	2304370.7
江　西	1427995.5	1409899.3	2152743.1
山　东	17764215.9	17693122.1	10010354.8
河　南	7263143.5	7218524.0	7374955.4
湖　北	5784837.9	5710217.9	4998548.0
湖　南	3946091.1	3916802.2	2621605.6
广　东	7018636.8	6979889.8	4932027.2
广　西	1348096.0	1335010.2	1602741.8
海　南	713031.8	709160.9	573584.9
重　庆	1628178.1	1600453.5	1011986.1
四　川	2190924.9	2164121.0	2508047.0
贵　州	223812.7	221592.2	268072.1
云　南	2868495.5	2855163.8	1444705.8
西　藏	30600.1	30386.4	67280.3
陕　西	1104621.0	1095628.7	1143153.8
甘　肃	779222.6	762676.7	923912.1
青　海	18879.6	18032.9	39363.4
宁　夏	172331.6	168478.5	444280.2
新　疆	13128656.5	13066024.8	8723418.5

1-B-5 续表 1

(食品、饮料及烟草制品批发) 单位：万元

地 区	营业收入	#主营业务收入	资产总计
全 国	**407072441.1**	**403601430.8**	**243016069.7**
北 京	19672508.7	19465410.8	22138071.6
天 津	9805874.5	9763355.1	4903213.4
河 北	7907248.0	7871170.1	4288448.7
山 西	5576563.7	5566893.6	2453467.0
内蒙古	4293717.3	4284886.9	2240440.6
辽 宁	11343822.6	11323510.7	6842390.5
吉 林	4633978.9	4623199.4	2284846.0
黑龙江	8078948.0	8006040.6	4240326.5
上 海	35214407.6	34949408.3	17487211.3
江 苏	31913236.3	31776602.8	21487376.1
浙 江	27200211.6	26859030.1	17623628.7
安 徽	11286299.3	11150814.2	6287875.8
福 建	18342484.6	17911611.1	11773521.5
江 西	6841706.1	6808174.7	3498092.0
山 东	42371896.2	42193914.5	19969043.9
河 南	13000794.8	12912437.9	5942935.5
湖 北	15532915.1	15405683.7	9036589.3
湖 南	13140098.8	13006075.9	6758765.2
广 东	43523873.8	43198090.9	24231067.8
广 西	5347795.3	5309492.9	4089609.8
海 南	2516472.0	2510216.1	1283325.5
重 庆	11812372.5	11672822.5	5215438.2
四 川	16490716.6	16280024.1	10800889.7
贵 州	9046557.7	8906640.2	6745591.9
云 南	15485166.1	15258031.3	9988332.3
西 藏	986109.8	985302.6	2294315.6
陕 西	6936094.3	6910424.5	3676947.8
甘 肃	3040961.1	2995210.5	1779051.0
青 海	1038309.2	1036221.0	492848.6
宁 夏	733552.8	726227.9	537023.6
新 疆	3957747.8	3934505.8	2625384.1

1-B-5　续表 2

(纺织、服装及家庭用品批发)　　单位：万元

地　区	营业收入	#主营业务收入	资产总计
全　国	**421667858.0**	**418297761.0**	**255372879.7**
北　京	20258243.0	20008978.5	18563537.5
天　津	6276871.5	6176141.9	3463127.4
河　北	6255962.3	6246169.0	2981441.9
山　西	1072880.3	1066852.0	898358.1
内蒙古	617506.2	612332.9	302424.1
辽　宁	9826715.3	9787564.8	4528602.7
吉　林	412732.6	410734.3	192769.7
黑龙江	2192336.3	2172293.1	1149608.5
上　海	59357020.4	58915328.1	32768159.0
江　苏	76124325.9	75174015.4	42831382.6
浙　江	75127480.9	74740898.5	49352456.4
安　徽	9142738.5	9085959.0	3368372.7
福　建	28825894.4	28585875.5	20585061.2
江　西	2144902.8	2124841.0	1346122.0
山　东	23455803.9	23337882.9	12635847.0
河　南	4618281.0	4603670.3	3438134.9
湖　北	4172661.8	4151128.5	3002610.4
湖　南	3511078.6	3495593.6	2240420.3
广　东	61270000.9	60713129.5	37853357.0
广　西	2348561.4	2323948.0	1654044.6
海　南	750575.8	748021.2	577475.5
重　庆	13775634.4	13761074.8	4217216.8
四　川	3472047.8	3453207.5	1978325.7
贵　州	635763.5	627402.2	619796.5
云　南	1659256.7	1648325.1	1528754.4
西　藏	65311.9	65100.9	118051.0
陕　西	2669529.3	2657104.5	1204493.6
甘　肃	425036.9	416688.0	860843.9
青　海	114337.3	113916.9	60420.6
宁　夏	85584.3	85063.0	284845.9
新　疆	1002781.9	988520.2	766817.9

1-B-5 续表 3

(文化、体育用品及器材批发)　　单位：万元

地区	营业收入		资产总计
		#主营业务收入	
全国	**86005430.6**	**85274222.4**	**64021707.5**
北京	15104901.6	14944580.7	10319951.0
天津	2060262.7	2035564.3	2690411.3
河北	913552.6	907279.6	985493.5
山西	736901.9	735443.8	648228.8
内蒙古	132605.4	126000.2	151326.7
辽宁	989975.6	986036.7	674557.4
吉林	126963.8	123816.5	149250.4
黑龙江	350189.3	344514.1	174553.3
上海	12356317.0	12285037.9	6844717.2
江苏	6958419.7	6814228.1	5371778.3
浙江	9025126.5	8981981.6	6023953.5
安徽	1578479.8	1573618.4	1302726.3
福建	2327618.9	2314288.8	2197563.7
江西	382412.1	381514.3	241736.2
山东	7414531.1	7329376.7	4217304.5
河南	1370825.2	1353512.4	1196944.7
湖北	1493939.3	1490652.2	1243467.2
湖南	1620268.3	1613621.7	1210342.1
广东	15621984.3	15528963.5	12602498.5
广西	466565.8	460987.5	708106.1
海南	192901.5	191839.2	278382.1
重庆	1014505.6	1008263.8	888496.6
四川	1694375.3	1688974.6	1248032.8
贵州	349337.0	347019.3	430895.1
云南	456512.8	453859.6	729082.6
西藏	29142.2	28796.1	48789.5
陕西	605704.7	600502.7	565425.5
甘肃	303070.6	301027.1	439358.8
青海	27694.3	26140.8	84615.2
宁夏	37755.5	36980.7	66516.5
新疆	262590.3	259799.5	287201.8

1-B-5　续表 4

(医药及医疗器材批发)　　单位：万元

地　区	营业收入	#主营业务收入	资产总计
全　国	**174362295.4**	**173087285.4**	**104526476.3**
北　京	14237751.3	14034936.2	10970505.7
天　津	4108655.3	4072388.5	2436640.9
河　北	7537783.0	7529755.7	3603315.5
山　西	1753597.3	1748875.7	1176627.7
内蒙古	814517.8	813268.5	868128.8
辽　宁	4836118.7	4819483.4	2492793.4
吉　林	1892631.7	1884097.2	1540888.0
黑龙江	2781505.7	2772677.1	1195141.1
上　海	18200916.5	17937053.2	10337878.6
江　苏	11349875.4	11248844.7	6755385.5
浙　江	11915442.5	11879343.7	6385514.3
安　徽	8209362.0	8159250.1	4089157.5
福　建	3100706.3	3088761.9	2360851.9
江　西	3124867.9	3118690.3	1852618.8
山　东	9465282.7	9422173.7	5706861.2
河　南	6893508.9	6884417.3	3497213.6
湖　北	7389310.0	7382967.5	4549318.3
湖　南	4778700.6	4746924.8	2472120.9
广　东	20972174.2	20825846.6	11908750.9
广　西	1592573.6	1584625.7	1045608.2
海　南	2046996.1	2043302.4	2336711.0
重　庆	5530680.5	5485760.5	3066225.0
四　川	8518503.3	8477957.2	5660727.6
贵　州	1431617.3	1427263.0	1024982.0
云　南	4097222.0	3981645.2	2108431.9
西　藏	826375.5	790287.5	442245.5
陕　西	3223510.5	3215991.5	1826299.6
甘　肃	2191750.3	2178412.3	1566544.3
青　海	270841.9	269595.8	339009.0
宁　夏	260099.2	257189.0	154787.0
新　疆	1009417.3	1005499.4	755192.5

1-B-5 续表 5

(矿产品、建材及化工产品批发)　　单位：万元

地 区	营业收入	#主营业务收入	资产总计
全 国	**2879873758.1**	**2861590452.2**	**1297203520.1**
北 京	264416012.4	262269296.7	147085449.9
天 津	192112722.6	191183264.2	72569764.5
河 北	94704249.3	94409783.1	56665654.6
山 西	100402908.2	96262019.9	54376477.5
内蒙古	39120576.7	39042902.6	25796607.0
辽 宁	112253498.5	111883770.4	44415291.2
吉 林	13800061.7	13776292.8	7713582.0
黑龙江	26457354.4	26993254.3	11725241.5
上 海	403523180.9	400469654.8	119334311.7
江 苏	291285632.4	290482556.9	97612875.4
浙 江	242269294.9	241069960.7	123619602.7
安 徽	34744964.2	33888565.2	17248166.3
福 建	79141170.3	78925929.8	56654774.0
江 西	18222813.9	18145032.4	9925508.8
山 东	186226866.6	184450700.0	77291441.3
河 南	44281333.8	44162831.6	18534674.3
湖 北	64565308.1	64370767.3	24572990.5
湖 南	29575891.7	29472898.8	12618385.9
广 东	305015709.6	303916525.3	124887739.3
广 西	33599973.0	33431211.7	30037061.0
海 南	19655527.2	19641256.8	5167175.3
重 庆	36815114.1	36689308.4	15625493.7
四 川	44081138.0	43873505.5	28000770.4
贵 州	16886246.3	16797123.0	14938068.7
云 南	39574980.9	39303743.2	33873089.5
西 藏	666986.8	665744.9	524077.7
陕 西	50054363.5	49887014.6	21092725.7
甘 肃	25479007.1	25406226.9	8478575.9
青 海	10732390.4	10702370.5	12427160.2
宁 夏	7742954.4	7703250.4	5578578.6
新 疆	52465526.0	52313689.6	18812205.2

1-B-5　续表 6

(机械设备、五金产品及电子产品批发)　单位：万元

地　区	营业收入	#主营业务收入	资产总计
全　国	**654588179.4**	**644382561.7**	**434188947.2**
北　京	118791156.5	112656180.8	83109998.1
天　津	28891807.6	28705968.7	17232036.5
河　北	16106551.2	16025908.4	14191457.9
山　西	7401316.9	7377459.1	4365479.2
内蒙古	2371630.9	2358220.0	2727359.8
辽　宁	15464220.9	15375133.8	12249687.2
吉　林	3907337.3	3800608.7	1710906.2
黑龙江	3470062.7	3425433.9	2576857.3
上　海	150747197.0	149785795.9	74159733.0
江　苏	56616944.7	56351037.4	33814222.5
浙　江	39621565.7	39404871.1	27707634.5
安　徽	10368845.5	10294809.9	5921322.1
福　建	12686281.3	12576620.1	12834619.2
江　西	3291734.0	3244681.7	2367777.0
山　东	38957488.6	38766752.9	20942602.1
河　南	7208972.7	7100397.3	6095720.2
湖　北	8959016.4	8894858.7	7047529.1
湖　南	7280028.4	7235006.8	4282896.2
广　东	74732969.8	73847328.1	58470947.5
广　西	3349329.5	3307564.7	3802971.2
海　南	1468565.0	1460869.5	1770865.4
重　庆	11832143.5	11698196.7	8598875.2
四　川	10162123.5	10056443.3	6519667.8
贵　州	2226312.0	2186310.8	2419722.5
云　南	4290682.1	4245207.8	3640246.5
西　藏	271775.3	270148.0	279406.8
陕　西	5259444.6	5202451.8	6234608.3
甘　肃	1648615.8	1604363.4	2592578.3
青　海	1461839.3	1453058.2	605760.9
宁　夏	662928.4	646080.2	894544.7
新　疆	5079292.3	5024794.0	5020914.1

1-B-5 续表 7

(贸易经纪与代理) 单位：万元

地 区	营业收入	#主营业务收入	资产总计
全 国	**91491906.4**	**90741934.6**	**93327913.4**
北 京	6133740.6	6050970.2	26577249.6
天 津	4255907.7	4175831.6	2840584.6
河 北	556994.4	552583.5	648281.1
山 西	505763.3	504556.1	497099.4
内蒙古	387559.4	385353.4	225755.8
辽 宁	2064442.3	2063076.5	1682592.3
吉 林	70408.7	69727.0	339705.2
黑龙江	639306.4	632044.6	595576.4
上 海	13215453.7	13099814.6	7102935.2
江 苏	7692282.6	7670944.9	4625537.1
浙 江	6615824.0	6587428.7	5949952.7
安 徽	900152.4	895104.9	601956.4
福 建	3119850.5	3089892.2	2712592.5
江 西	3163378.3	3125602.0	1795449.0
山 东	7394522.1	7362145.1	4768185.3
河 南	597905.0	591803.1	751478.9
湖 北	7742205.9	7733573.3	4094178.6
湖 南	713183.5	708250.4	598319.0
广 东	20794123.8	20556464.3	20612440.0
广 西	866380.0	863758.2	992951.6
海 南	178235.9	171769.8	558221.7
重 庆	549046.1	542354.3	338111.2
四 川	402978.3	398204.9	521176.3
贵 州	158191.7	157257.6	257678.0
云 南	1504201.7	1493837.0	1219789.0
西 藏	5833.3	5833.3	11226.2
陕 西	354916.8	352182.6	949602.9
甘 肃	356823.9	356519.4	380509.2
青 海	18623.5	18521.5	24421.7
宁 夏	81067.3	80415.1	548622.3
新 疆	452603.2	446114.6	505734.3

1-B-5　续表 8

(其他批发业)　　单位：万元

地　区	营业收入	#主营业务收入	资产总计
全　国	**139568024.2**	**138660164.7**	**96501388.3**
北　京	6260604.6	6182986.3	9656610.0
天　津	14024424.3	13892389.9	8662643.0
河　北	1479753.6	1474262.2	1378545.0
山　西	1427914.2	1417351.1	859015.1
内蒙古	754884.7	752239.4	1051493.4
辽　宁	3824047.3	3820414.2	2494909.1
吉　林	258476.1	257676.0	332611.8
黑龙江	1421948.6	1414737.0	1282333.1
上　海	17164869.6	17040500.6	10333922.8
江　苏	15943176.1	15827130.2	9356100.2
浙　江	9957587.1	9879889.0	6217963.5
安　徽	3692858.7	3675559.0	2055640.6
福　建	7367103.1	7351151.5	6929371.1
江　西	3069638.8	3047881.8	2452265.6
山　东	12274192.3	12202661.3	7065400.2
河　南	2201810.2	2195741.9	1398324.5
湖　北	1660016.3	1653028.6	1563276.5
湖　南	2488057.3	2473239.2	1576176.6
广　东	22152304.1	22055485.7	11680883.9
广　西	290921.7	284817.6	329034.9
海　南	1577128.5	1568685.6	1213003.1
重　庆	2543213.8	2520501.9	932962.3
四　川	1606669.1	1598223.3	1245960.0
贵　州	497113.7	481669.6	577367.7
云　南	2866111.0	2858307.8	2820663.1
西　藏	27415.8	13944.1	65553.2
陕　西	1682061.3	1678779.7	1228579.1
甘　肃	357184.3	351711.2	668098.2
青　海	39317.7	38964.4	146990.7
宁　夏	185974.4	182237.2	307797.0
新　疆	471246.0	467997.2	617893.1

1-B-6 分地区批发业法人企业财务状况(按登记注册类型分)

(内资企业)　　单位：万元

地　区	营业收入	#主营业务收入	资产总计
全　国	**4497414305.8**	**4461226692.4**	**2443920914.6**
北　京	393731068.0	385699990.2	294495221.5
天　津	246184028.3	244775648.6	108254248.2
河　北	139946908.7	139488695.2	87078844.7
山　西	119473206.2	115266035.3	65563433.5
内蒙古	52861400.5	52723960.6	37377536.1
辽　宁	164887853.1	164340991.0	77054073.4
吉　林	27832467.5	27356527.1	19118257.6
黑龙江	51833611.9	52133901.6	27984318.3
上　海	470753038.7	466659939.0	181452681.3
江　苏	481165973.8	478838595.7	216351903.7
浙　江	410052250.8	407765498.2	235628650.5
安　徽	82784640.2	81576192.3	43561759.7
福　建	146387428.3	145477547.4	109384658.5
江　西	41030551.1	40775814.5	25118166.4
山　东	341260352.5	338732619.8	159934387.9
河　南	86939376.1	86531445.4	47386959.8
湖　北	114229765.3	113726418.2	58513757.8
湖　南	66386961.6	66002639.0	34163445.0
广　东	508907465.6	506017379.5	269223569.2
广　西	49045219.8	48738292.8	37309402.6
海　南	28792924.6	28739055.7	12874497.5
重　庆	78512412.6	77998032.9	38139528.5
四　川	86094929.3	85536839.2	57341715.8
贵　州	31408726.0	31107086.2	27149568.0
云　南	70506762.6	69806258.9	55847030.9
西　藏	2870002.8	2815995.8	3748849.9
陕　西	68578037.4	68289352.6	36423836.7
甘　肃	34416397.7	34208819.9	17632149.6
青　海	12896688.1	12851494.4	13115751.4
宁　夏	9920880.4	9844564.6	8738196.3
新　疆	77722976.0	77401060.7	37954514.2

1-B-6　续表 1

(国有企业)　　单位：万元

地　区	营业收入	#主营业务收入	资产总计
全　国	**436913775.2**	**435190830.7**	**210787386.7**
北　京	47194995.0	47036983.6	36747711.1
天　津	18391760.2	18362605.6	6264903.1
河　北	9732999.2	9707597.5	3878885.5
山　西	17369352.4	17277082.1	10663937.1
内蒙古	15098655.7	15081004.3	9910518.3
辽　宁	9690985.0	9654640.8	6209111.7
吉　林	7229500.8	7205486.4	5262571.3
黑龙江	6040023.6	6608742.0	2776795.7
上　海	43538126.4	43469407.4	7647735.6
江　苏	18598761.1	18484952.6	15324923.5
浙　江	11100049.2	11076013.1	5225266.9
安　徽	6596495.3	6546725.5	3547322.3
福　建	8138564.9	8062794.3	5834595.1
江　西	4903356.3	4884956.3	2636034.7
山　东	26476903.6	26329639.7	6847466.0
河　南	12780545.6	12685512.7	5801425.0
湖　北	13187382.0	13117251.4	7136774.3
湖　南	7588848.6	7499643.4	3274094.2
广　东	76708177.8	76325500.5	17697157.5
广　西	5702399.2	5661448.0	2577363.6
海　南	2107891.9	2104909.8	708670.8
重　庆	7942209.4	7835048.9	2642540.3
四　川	10931148.1	10799102.4	7259265.7
贵　州	8340752.3	8180684.7	4460051.8
云　南	17285290.8	17070734.8	12244189.5
西　藏	439574.8	438497.8	317742.7
陕　西	9100468.5	9059253.9	3770624.5
甘　肃	2702137.3	2663783.1	1162824.2
青　海	1666366.5	1660551.7	8403329.0
宁　夏	576896.2	575801.8	325022.1
新　疆	9753157.4	9724474.5	4228533.6

1-B-6 续表 2

(集体企业)

单位：万元

地 区	营业收入	#主营业务收入	资产总计
全 国	**21847495.7**	**21656958.6**	**18365207.3**
北 京	1025678.7	1003532.0	1327741.2
天 津	821081.5	817225.1	570617.7
河 北	766389.1	750651.9	789153.7
山 西	1291619.1	1279966.6	656346.9
内蒙古	198919.7	198558.6	61906.9
辽 宁	864566.8	860361.7	488577.3
吉 林	58470.6	58295.7	38997.3
黑龙江	192970.7	187227.0	145203.1
上 海	642759.9	622182.3	751761.5
江 苏	1417759.9	1408779.6	1538356.8
浙 江	593085.2	585352.5	912698.7
安 徽	369549.4	367119.5	184243.8
福 建	759169.8	753138.9	554306.4
江 西	242777.1	240668.4	200723.9
山 东	3757015.1	3750908.2	2342649.5
河 南	1885733.3	1882372.5	2708405.0
湖 北	420402.3	410803.9	387441.3
湖 南	254177.1	252670.6	90180.6
广 东	1695538.4	1667809.0	1530656.8
广 西	374087.0	371338.0	311785.8
海 南	9964.6	8529.7	25364.8
重 庆	681599.7	681414.8	226678.6
四 川	1965898.1	1961307.7	1022820.1
贵 州	157197.0	156181.6	209337.1
云 南	342762.0	339017.5	257755.0
西 藏	6495.8	6455.8	1520.4
陕 西	373433.5	371182.8	310511.0
甘 肃	183982.2	182537.4	189775.0
青 海	21496.0	21027.8	10991.2
宁 夏	7256.6	7211.3	33561.4
新 疆	465659.4	453130.2	485138.5

1-B-6　续表 3

(股份合作企业)　　单位：万元

地　区	营业收入	#主营业务收入	资产总计
全　国	**8024703.4**	**7963113.3**	**6276800.9**
北　京	1014821.6	1004782.7	1322412.9
天　津	607544.0	606107.2	204576.0
河　北	235042.1	232391.9	165047.1
山　西	48824.3	48726.2	387702.1
内蒙古	106962.3	106113.5	204244.1
辽　宁	201340.3	199489.3	95809.4
吉　林	16135.3	16102.2	13577.5
黑龙江	116724.1	113610.3	81465.0
上　海	266151.8	257883.3	167118.6
江　苏	941761.7	939308.6	492985.4
浙　江	424844.9	420396.4	249893.1
安　徽	1196922.4	1191185.9	264617.5
福　建	156000.5	154776.3	115247.8
江　西	169675.1	165957.7	236566.2
山　东	559469.6	557402.7	633924.2
河　南	165080.9	164780.8	138903.5
湖　北	112421.7	112264.3	109363.8
湖　南	16150.9	16078.8	9812.3
广　东	690200.9	683853.5	439471.3
广　西	7140.2	6631.8	8121.2
海　南	4402.9	4297.9	54118.4
重　庆	555095.1	554439.7	297028.3
四　川	143667.7	142584.3	127665.1
贵　州	17647.9	17353.5	28725.7
云　南	101722.1	98972.9	246219.8
西　藏	7670.1	7062.8	5261.8
陕　西	54693.7	54292.8	74362.3
甘　肃	72650.0	72514.7	52961.4
青　海	3437.8	3413.8	7594.0
宁　夏	2747.0	2662.7	3856.2
新　疆	7754.3	7674.6	38148.8

1-B-6 续表 4

(联营企业) 单位：万元

地 区	营业收入	#主营业务收入	资产总计
全 国	**4456879.0**	**4324705.5**	**3434536.0**
北 京	172342.0	169191.9	163877.1
天 津	81153.4	74719.7	102660.7
河 北	32096.5	32085.3	25374.8
山 西	46565.5	46545.2	761458.1
内蒙古	17474.2	17474.2	45776.4
辽 宁	68720.5	68545.0	85236.2
吉 林	27595.0	27467.1	13072.5
黑龙江	24270.0	23497.9	19601.2
上 海	709073.4	706506.0	243391.1
江 苏	165175.8	163118.7	152441.2
浙 江	10777.4	10434.7	14202.3
安 徽	105764.4	80376.4	84319.5
福 建	196212.9	195731.7	63506.4
江 西	65732.5	65363.3	47417.8
山 东	1498197.4	1424967.2	367988.1
河 南	117220.9	116479.1	95185.7
湖 北	37205.9	36389.5	39921.6
湖 南	20609.2	20366.6	15809.6
广 东	684577.5	673291.1	724368.0
广 西	19703.5	19689.5	4560.4
海 南	4235.1	4107.6	45771.2
重 庆	36799.2	36372.7	48255.5
四 川	23002.8	22820.5	22883.8
贵 州	32936.1	32881.7	22107.8
云 南	153248.8	151879.5	81755.0
西 藏			
陕 西	50780.0	50057.5	81477.9
甘 肃	6392.2	6127.2	6727.8
青 海	15311.8	15311.8	3535.3
宁 夏	425.5	19.1	4876.8
新 疆	33279.5	32887.6	46976.5

1-B-6　续表 5

(有限责任公司)　　单位：万元

地　区	营业收入	#主营业务收入	资产总计
全　国	**1814514107.0**	**1793735663.6**	**923182019.0**
北　京	253098830.8	245922673.1	170863116.5
天　津	135938917.3	135052443.4	55153714.0
河　北	67394103.3	67248962.2	36199667.5
山　西	72487164.0	68481295.6	26393191.6
内蒙古	14558619.1	14536276.8	11336805.2
辽　宁	48413402.0	48091024.3	33568084.6
吉　林	7793709.0	7770103.0	6125458.1
黑龙江	26296096.1	26204511.7	12000367.5
上　海	189805281.3	188138999.2	59803379.0
江　苏	99565012.5	98685668.0	43059783.6
浙　江	120504001.5	119663425.8	58494262.3
安　徽	28472152.3	28335557.0	15080499.0
福　建	57831920.0	57302035.7	40216184.0
江　西	14321751.0	14257969.6	6876374.2
山　东	105265487.2	103831699.8	47359994.2
河　南	41078351.9	40890656.7	22228723.5
湖　北	51152744.5	51026317.0	22137125.6
湖　南	17359304.2	17274127.4	9834257.0
广　东	224237802.5	223243873.4	108563437.2
广　西	17477156.3	17431251.2	10963221.6
海　南	23247896.0	23223709.7	7536686.5
重　庆	38795994.0	38568583.2	18096961.1
四　川	41618178.4	41388610.6	25480520.8
贵　州	16969506.0	16866143.9	17136029.5
云　南	24856427.5	24631233.4	18218237.0
西　藏	561759.3	546637.6	372909.2
陕　西	28918777.1	28772621.4	17854592.7
甘　肃	8880951.4	8843287.6	5949864.1
青　海	5304381.2	5297149.5	1334978.5
宁　夏	2199227.6	2183730.2	2382568.5
新　疆	30109201.8	30025085.4	12561025.1

1-B-6 续表 6

(股份有限公司) 单位：万元

地　区	营业收入	#主营业务收入	资产总计
全　国	**436651268.2**	**433574898.3**	**196286497.6**
北　京	26208637.5	26105572.1	32955755.2
天　津	12309929.6	12279280.7	4208438.1
河　北	8652977.4	8544765.1	9028463.8
山　西	3576489.8	3568635.9	4308189.4
内蒙古	5858522.0	5837127.0	2785332.9
辽　宁	50294263.6	50238560.3	5783317.7
吉　林	6298913.8	6191109.4	1087222.9
黑龙江	5894121.0	5857222.3	4333947.3
上　海	14387068.3	14297243.2	7903121.0
江　苏	61618697.1	61478371.6	20556001.3
浙　江	37375911.9	36931518.8	15004490.0
安　徽	12099130.1	11363224.0	7268361.2
福　建	16038572.0	15986837.8	9485165.4
江　西	4399143.7	4380641.5	3165030.0
山　东	21298709.3	21051781.9	6638159.4
河　南	8996408.1	8966425.5	2418644.0
湖　北	17533814.7	17416540.3	5584073.0
湖　南	5105161.4	5092499.9	2404088.9
广　东	30295781.4	30092882.9	20439377.0
广　西	7461624.5	7373990.4	3349191.0
海　南	622570.5	620411.9	773847.2
重　庆	4888022.3	4865281.6	2423704.7
四　川	4297078.6	4258117.2	2679758.7
贵　州	2767068.5	2751808.6	1934858.3
云　南	6856074.7	6708481.0	5210859.8
西　藏	78952.2	47756.6	94901.1
陕　西	18816677.6	18770581.8	4548605.8
甘　肃	14762534.4	14737446.0	1794401.2
青　海	2186485.6	2168098.6	783901.6
宁　夏	3950255.9	3928675.0	462449.1
新　疆	21721670.8	21664009.4	6872840.7

1-B-6 续表 7

(私营企业) 单位：万元

地区	营业收入	#主营业务收入	资产总计
全国	**1700661588.7**	**1691158526.0**	**1035864172.9**
北京	64978208.4	64420113.0	51067643.3
天津	76252634.6	75859349.5	40468299.8
河北	51158493.2	51012097.1	35137480.9
山西	24252367.6	24166238.8	22075724.5
内蒙古	15274615.6	15209697.2	11607037.7
辽宁	52281318.7	52162692.6	29210368.4
吉林	5934107.3	5618604.4	5661586.7
黑龙江	11022835.4	10947429.8	6741634.7
上海	221116047.4	218887049.1	104724195.5
江苏	288989223.5	287894190.2	130131251.4
浙江	237793267.0	236846552.4	154545720.6
安徽	31291611.4	31071504.6	15809662.0
福建	61763041.9	61532159.8	51714122.0
江西	13742404.6	13636711.7	10094141.6
山东	162034993.4	161506126.5	86343984.2
河南	17870466.4	17801589.8	11413145.0
湖北	28677270.3	28533068.6	21158392.5
湖南	33081841.8	32917323.1	16948463.6
广东	168949682.5	167791662.9	112296679.9
广西	17782717.6	17655648.6	19872062.2
海南	2650202.5	2631574.5	3233960.6
重庆	24430823.3	24290068.6	13781754.9
四川	25346737.3	25213768.3	19357544.5
贵州	2910948.2	2891108.0	3125435.4
云南	20261106.8	20164049.4	19079837.1
西藏	1531522.7	1525563.1	2891839.9
陕西	10160632.0	10117914.9	8970467.4
甘肃	6984253.1	6900343.0	7194302.1
青海	3681908.1	3668746.4	2501374.4
宁夏	3046233.0	3012050.3	5314384.9
新疆	15410072.6	15273529.9	13391675.3

1-B-6 续表 8

(其他企业) 单位：万元

地 区	营业收入	#主营业务收入	资产总计
全 国	**74344488.6**	**73621996.6**	**49724294.1**
北 京	37554.0	37141.7	46964.3
天 津	1781007.6	1723917.3	1281038.8
河 北	1974807.8	1960144.1	1854771.5
山 西	400823.5	397544.9	316883.8
内蒙古	1747631.8	1737708.9	1425914.7
辽 宁	3073256.2	3065677.0	1613568.2
吉 林	474035.7	469358.9	915771.3
黑龙江	2246571.0	2191660.6	1885303.8
上 海	288530.2	280668.6	211979.0
江 苏	9869582.1	9784206.3	5096160.5
浙 江	2250313.6	2231804.6	1182116.6
安 徽	2653014.9	2620499.2	1322734.5
福 建	1503946.4	1490072.9	1401531.5
江 西	3185710.8	3143546.0	1861877.9
山 东	20369576.8	20280093.7	9400222.3
河 南	4045568.9	4023628.3	2582528.1
湖 北	3108523.9	3073783.2	1960665.8
湖 南	2960868.4	2929929.2	1586738.9
广 东	5645704.7	5538506.3	7532421.4
广 西	220391.6	218295.3	223096.7
海 南	145761.0	141514.6	496078.0
重 庆	1181869.5	1166823.5	622605.1
四 川	1769218.3	1750528.3	1391257.3
贵 州	212670.2	210924.2	233022.5
云 南	650129.9	641890.5	508177.7
西 藏	244027.8	244022.0	64674.8
陕 西	1102575.1	1093447.6	813195.1
甘 肃	823497.0	802781.1	1281293.8
青 海	17301.0	17194.7	70047.4
宁 夏	137838.7	134414.2	211477.3
新 疆	222180.2	220269.0	330175.7

1-B-6　续表 9

(港、澳、台商投资企业)　　单位：万元

地区	营业收入	#主营业务收入	资产总计
全　国	**146865411.9**	**145621599.9**	**94422199.5**
北　京	11450461.1	11354984.6	9633418.1
天　津	7368374.4	7356923.9	3431230.3
河　北	80286.0	79925.9	140174.1
山　西	101815.5	101806.6	176026.8
内蒙古	31229.9	31130.0	26242.1
辽　宁	678548.2	671435.6	1566565.4
吉　林	97640.8	97573.8	81208.7
黑龙江	80412.9	80299.1	43172.7
上　海	60061945.9	59815125.9	27973470.5
江　苏	13653393.2	13424286.7	7552604.3
浙　江	5492110.3	5437758.7	5448544.3
安　徽	75011.5	74995.2	36368.8
福　建	3880122.5	3747344.7	5400513.4
江　西	217378.1	209774.3	177448.7
山　东	1946258.0	1936979.2	1374351.1
河　南	188219.1	187411.9	729011.3
湖　北	721997.2	718597.1	622214.6
湖　南	296857.5	296707.1	105990.9
广　东	30847260.2	30418172.3	18949895.3
广　西	65679.3	65098.0	6830580.2
海　南	182671.9	182228.6	434566.8
重　庆	5888058.9	5881509.0	1126847.7
四　川	293259.8	290670.7	109186.6
贵　州	22310.3	21276.1	15328.2
云　南	2042797.4	2039256.4	1137631.5
西　藏	39422.7	39422.7	102016.0
陕　西	354551.7	354536.8	158139.4
甘　肃	24133.0	24120.5	5848.3
青　海	668168.0	668168.0	966062.5
宁　夏			20915.2
新　疆	15036.6	14080.4	46625.6

1-B-6 续表 10

(外商投资企业) 单位：万元

地 区	营业收入	#主营业务收入	资产总计
全 国	**345962513.9**	**343237092.3**	**161856868.1**
北 京	69522606.1	68323565.8	41206753.6
天 津	9529823.1	9386475.5	4396415.7
河 北	664071.8	664064.8	369378.3
山 西	31662.9	30910.1	150950.4
内蒙古	79475.5	79472.7	36523.0
辽 宁	1627904.5	1621399.1	1200575.8
吉 林	1517820.2	1517767.7	145836.2
黑龙江	288431.4	286662.6	350971.7
上 海	182998202.0	182017118.3	72155343.8
江 苏	16403400.8	16364579.8	6372929.8
浙 江	10405564.1	10390811.6	5066584.7
安 徽	1786324.5	1749916.5	578905.3
福 建	6972117.5	6939646.8	3567553.9
江 西	421520.2	420728.7	336697.2
山 东	2118188.9	2089130.2	1298301.2
河 南	308980.0	304478.5	114410.9
湖 北	2348448.3	2347862.4	972535.6
湖 南	369579.1	369067.4	109596.0
广 东	31347051.6	31186171.8	19006247.5
广 西	99297.0	98025.6	122146.4
海 南	123837.3	123837.3	449680.3
重 庆	1100417.3	1099194.5	628429.0
四 川	2231287.4	2163151.4	1032695.0
贵 州	23915.8	23915.6	117278.0
云 南	253069.0	252605.6	368432.8
西 藏	125.2	125.2	80.0
陕 西	2957657.0	2956191.3	1339860.1
甘 肃	141142.1	139894.9	51473.7
青 海	157377.1	157159.6	138776.4
宁 夏	41367.4	41357.4	57884.2
新 疆	91848.7	91803.9	113621.6

1-B-7　分地区零售业法人企业基本情况

地　区	法人单位数(个)	年末从业人数(人)	年末零售营业面积(万平方米)
全　国	**1064650**	**13922148**	**53080.6**
北　京	96044	648292	2239.7
天　津	16654	215881	799.1
河　北	42407	559245	2629.6
山　西	22065	349070	1625.7
内蒙古	17202	255368	1416.9
辽　宁	35198	429753	1738.1
吉　林	14803	201177	978.0
黑龙江	15305	226329	868.4
上　海	35083	578837	1813.7
江　苏	78840	1068524	3354.3
浙　江	74245	679340	2902.1
安　徽	34545	448748	1714.9
福　建	30795	422259	1641.8
江　西	17061	279306	989.4
山　东	79917	1308989	5104.5
河　南	49931	842906	4506.0
湖　北	62821	786638	2936.2
湖　南	45617	723407	2431.8
广　东	100642	1286426	3434.0
广　西	30815	281611	923.7
海　南	5233	72080	187.4
重　庆	46663	512593	1442.9
四　川	24145	493768	1875.1
贵　州	14302	164657	663.8
云　南	17967	267681	1162.1
西　藏	1263	19331	132.4
陕　西	27454	438412	1728.6
甘　肃	10677	144883	715.8
青　海	2668	39043	183.2
宁　夏	4746	62578	304.0
新　疆	9542	115016	637.4

1-B-8 分地区零售业法人企业基本情况(按国民经济行业分)

(综合零售)

地 区	法人单位数(个)	年末从业人数(人)	年末零售营业面积(万平方米)
全 国	**114342**	**3787855**	**17087.4**
北 京	7067	159942	838.7
天 津	1465	56702	273.4
河 北	4146	191884	812.0
山 西	2627	92169	408.2
内蒙古	1295	50192	361.4
辽 宁	3240	140020	663.2
吉 林	1173	55874	450.1
黑龙江	1504	66764	328.5
上 海	3454	164374	766.3
江 苏	8345	300666	1142.4
浙 江	3380	147993	925.6
安 徽	3998	147955	612.4
福 建	2201	102438	482.5
江 西	1958	67971	274.4
山 东	9587	384177	1777.1
河 南	8888	265389	947.3
湖 北	14677	272903	1231.1
湖 南	7839	193406	668.2
广 东	5927	250804	1135.3
广 西	3158	70593	312.2
海 南	525	15815	55.0
重 庆	5151	125682	521.4
四 川	2240	140935	573.5
贵 州	1367	35277	157.2
云 南	2164	56951	272.6
西 藏	152	4181	19.5
陕 西	3515	134046	553.0
甘 肃	1496	39057	197.4
青 海	263	9153	50.8
宁 夏	552	18469	86.2
新 疆	988	26073	190.3

1-B-8　续表 1

(食品、饮料及烟草制品专门零售)

地　区	法人单位数 (个)	年末从业人数 (人)	年末零售营业面积 (万平方米)
全　国	**111966**	**1139206**	**3062.0**
北　京	7432	40659	74.0
天　津	1526	15059	22.8
河　北	3263	26522	133.0
山　西	2185	24348	89.5
内蒙古	1931	24468	92.2
辽　宁	2876	21144	50.2
吉　林	1453	16719	55.9
黑龙江	1502	15073	41.1
上　海	3486	40236	53.9
江　苏	9447	101074	177.9
浙　江	9319	52162	122.2
安　徽	3797	39509	90.3
福　建	6070	63417	117.9
江　西	1476	22122	47.6
山　东	8810	108646	342.2
河　南	5365	72822	297.7
湖　北	6919	77850	211.7
湖　南	4437	66462	198.3
广　东	7831	74675	107.0
广　西	3174	21173	49.7
海　南	421	3774	6.2
重　庆	5554	47121	90.5
四　川	2630	39584	108.4
贵　州	2126	20284	57.4
云　南	2249	26813	102.4
西　藏	236	3430	11.2
陕　西	3748	46144	147.8
甘　肃	976	13075	83.8
青　海	356	3824	14.4
宁　夏	526	4910	41.5
新　疆	845	6107	23.2

1-B-8 续表 2

(纺织、服装及日用品专门零售)

地 区	法人单位数(个)	年末从业人数(人)	年末零售营业面积(万平方米)
全 国	**120579**	**1370016**	**4743.9**
北 京	13416	79399	212.7
天 津	1660	19558	43.2
河 北	3523	38062	225.8
山 西	1785	32782	179.7
内蒙古	1309	27263	92.5
辽 宁	3479	33840	109.5
吉 林	987	13792	62.5
黑龙江	1189	24297	71.1
上 海	5415	132592	219.4
江 苏	9247	94949	200.8
浙 江	10864	76346	218.2
安 徽	3351	32256	84.0
福 建	3970	41008	83.4
江 西	1175	17084	37.8
山 东	7826	103617	259.9
河 南	5360	72203	1519.4
湖 北	8209	79671	213.8
湖 南	6850	84771	176.3
广 东	11485	154736	195.9
广 西	2446	16099	33.5
海 南	578	8003	14.5
重 庆	8102	64798	120.0
四 川	1933	38309	91.4
贵 州	1088	8801	19.4
云 南	1141	15925	37.4
西 藏	85	1268	2.9
陕 西	2108	32812	115.9
甘 肃	689	9706	30.4
青 海	178	3025	10.2
宁 夏	412	4507	20.4
新 疆	719	8537	42.0

1-B-8　续表 3

(文化、体育用品及器材专门零售)

地　区	法人单位数 (个)	年末从业人数 (人)	年末零售营业面积 (万平方米)
全　国	**67887**	**669631**	**1547.7**
北　京	11215	48598	106.7
天　津	1739	17739	44.7
河　北	2358	22287	64.7
山　西	1336	14579	28.8
内蒙古	909	7820	21.1
辽　宁	1816	17258	54.9
吉　林	572	7090	15.8
黑龙江	613	14548	17.1
上　海	2765	28949	76.2
江　苏	6359	64386	142.5
浙　江	3968	30901	86.3
安　徽	2006	17062	53.1
福　建	2039	17452	47.5
江　西	561	12213	28.1
山　东	4655	55115	140.6
河　南	3268	50287	121.9
湖　北	3156	26844	68.1
湖　南	2011	31057	62.1
广　东	6291	68958	88.3
广　西	1207	10265	23.1
海　南	354	3777	17.0
重　庆	2233	19629	32.2
四　川	1050	21757	43.2
贵　州	595	5922	13.4
云　南	1342	18137	53.3
西　藏	111	961	8.1
陕　西	1451	18098	32.9
甘　肃	824	8469	24.7
青　海	234	2044	5.2
宁　夏	340	2329	5.6
新　疆	509	5100	20.5

1-B-8 续表 4

(医药及医疗器材专门零售)

地 区	法人单位数(个)	年末从业人数(人)	年末零售营业面积(万平方米)
全 国	**91213**	**973223**	**1855.1**
北 京	5756	41590	71.9
天 津	818	8971	17.0
河 北	4201	32588	62.1
山 西	1512	21212	32.6
内蒙古	770	10487	39.0
辽 宁	5379	46679	100.7
吉 林	1339	15193	32.6
黑龙江	2720	29006	61.6
上 海	1985	25274	35.9
江 苏	5371	61949	115.0
浙 江	10908	62494	150.5
安 徽	2056	27881	49.2
福 建	1250	19079	35.3
江 西	1987	24962	62.3
山 东	7760	93221	185.8
河 南	3521	52238	101.8
湖 北	3414	41514	99.8
湖 南	3625	54267	106.3
广 东	9894	91552	121.6
广 西	7143	42404	76.9
海 南	232	5430	3.9
重 庆	1215	22579	41.1
四 川	2516	36652	64.3
贵 州	800	11814	29.2
云 南	1012	32077	44.6
西 藏	155	1819	2.4
陕 西	2144	31708	53.5
甘 肃	763	11995	23.9
青 海	201	3204	3.6
宁 夏	271	4385	10.1
新 疆	495	8999	20.8

1-B-8　续表 5

(汽车、摩托车、燃料及零配件专门零售)

地　区	法人单位数 (个)	年末从业人数 (人)	年末零售营业面积 (万平方米)
全　国	**142639**	**2488914**	**13434.1**
北　京	4723	80625	471.9
天　津	1932	43392	250.9
河　北	9351	114132	749.8
山　西	3811	77449	508.9
内蒙古	3811	65119	494.5
辽　宁	5807	77560	436.3
吉　林	2787	39736	174.9
黑龙江	2610	32047	163.3
上　海	3225	59137	298.2
江　苏	10097	189441	899.2
浙　江	8361	151178	862.6
安　徽	5877	81954	448.8
福　建	4936	84398	533.0
江　西	3151	52441	240.6
山　东	12058	225123	1209.4
河　南	7847	143174	814.2
湖　北	6145	116213	458.4
湖　南	5728	111667	622.6
广　东	10840	235640	1033.5
广　西	3235	46285	237.1
海　南	576	15206	38.9
重　庆	4456	66271	204.6
四　川	5484	117807	627.3
贵　州	2904	42177	228.7
云　南	3786	63634	414.4
西　藏	157	3702	70.6
陕　西	3661	69861	367.5
甘　肃	1706	28364	219.8
青　海	504	9933	54.2
宁　夏	944	14565	59.3
新　疆	2129	30683	241.0

1-B-8 续表 6

(家用电器及电子产品专门零售)

地 区	法人单位数(个)	年末从业人数(人)	年末零售营业面积(万平方米)
全 国	**159851**	**1472048**	**3646.9**
北 京	19620	88700	186.0
天 津	1907	17072	41.1
河 北	5947	55740	158.6
山 西	3066	27842	80.4
内蒙古	2241	22954	69.7
辽 宁	4589	39932	109.1
吉 林	2139	19154	52.6
黑龙江	2080	21461	60.7
上 海	4228	41791	128.8
江 苏	12745	119338	307.1
浙 江	8068	64524	194.9
安 徽	5911	48230	135.8
福 建	3986	42942	119.9
江 西	2084	30050	98.5
山 东	9718	115261	276.5
河 南	7581	87313	244.2
湖 北	7772	70317	229.3
湖 南	5848	73553	171.4
广 东	19911	198575	302.4
广 西	4080	34397	66.6
海 南	1067	9796	14.6
重 庆	6826	63946	119.7
四 川	4268	51696	129.9
贵 州	2208	18467	54.6
云 南	2514	24408	66.2
西 藏	157	2411	3.7
陕 西	4399	44927	131.0
甘 肃	1788	12996	29.6
青 海	413	3557	8.3
宁 夏	789	6918	19.3
新 疆	1901	13780	36.4

1-B-8　续表 7

(五金、家具及室内装饰材料专门零售)

地　区	法人单位数（个）	年末从业人数（人）	年末零售营业面积（万平方米）
全　国	**157342**	**1178501**	**4888.5**
北　京	15020	46734	186.9
天　津	3456	21388	69.7
河　北	5786	41633	224.2
山　西	3320	27732	147.6
内蒙古	3129	25213	154.9
辽　宁	5137	33748	132.1
吉　林	2240	16509	54.6
黑龙江	1780	12417	52.5
上　海	7074	46934	186.8
江　苏	10817	82553	243.4
浙　江	10565	47004	261.9
安　徽	4896	35294	183.6
福　建	4145	31223	168.4
江　西	1835	20970	99.8
山　东	11956	142112	545.6
河　南	5415	65542	275.3
湖　北	8072	62143	255.8
湖　南	6092	70069	223.4
广　东	17577	122380	288.5
广　西	3447	19912	64.8
海　南	1260	7732	27.9
重　庆	9501	72583	261.8
四　川	2582	30009	189.9
贵　州	2220	12343	73.3
云　南	2068	16206	95.9
西　藏	101	772	4.5
陕　西	4166	39888	246.2
甘　肃	1282	11664	61.6
青　海	309	2111	17.4
宁　夏	756	4907	56.1
新　疆	1338	8776	34.1

1-B-8 续表 8

(货摊、无店铺及其他零售业)

地 区	法人单位数(个)	年末从业人数(人)	年末零售营业面积(万平方米)
全 国	**98831**	**842754**	**2815.1**
北 京	11795	62045	91.1
天 津	2151	16000	36.4
河 北	3832	36397	199.2
山 西	2423	30957	150.0
内蒙古	1807	21852	91.6
辽 宁	2875	19572	82.2
吉 林	2113	17110	79.1
黑龙江	1307	10716	72.4
上 海	3451	39550	48.0
江 苏	6412	54168	126.1
浙 江	8812	46738	79.9
安 徽	2653	18607	57.9
福 建	2198	20302	53.8
江 西	2834	31493	100.1
山 东	7547	81717	367.3
河 南	2686	33938	184.2
湖 北	4457	39183	168.2
湖 南	3187	38155	203.4
广 东	10886	89106	161.6
广 西	2925	20483	59.9
海 南	220	2547	9.5
重 庆	3625	29984	51.5
四 川	1442	17019	47.1
贵 州	994	9572	30.5
云 南	1691	13530	75.5
西 藏	109	787	9.5
陕 西	2262	20928	80.9
甘 肃	1153	9557	44.6
青 海	210	2192	19.1
宁 夏	156	1588	5.3
新 疆	618	6961	29.2

1-B-9 分地区零售业法人企业基本情况(按登记注册类型分)

(内资企业)

地 区	法人单位数 (个)	年末从业人数 (人)	年末零售营业面积 (万平方米)
全 国	**1058506**	**12996151**	**49459.5**
北 京	95508	572819	1899.4
天 津	16451	188617	687.8
河 北	42345	551718	2596.6
山 西	22038	345108	1610.1
内蒙古	17153	252815	1407.1
辽 宁	34984	396979	1603.9
吉 林	14730	196143	958.0
黑龙江	15243	218394	842.9
上 海	34311	417971	1354.3
江 苏	78409	939125	2900.5
浙 江	73835	631819	2629.5
安 徽	34410	426071	1639.5
福 建	30531	372304	1415.6
江 西	17009	271483	960.3
山 东	79581	1276762	4964.2
河 南	49842	830604	4456.9
湖 北	62655	758542	2851.5
湖 南	45510	709022	2379.0
广 东	99268	1134713	2823.4
广 西	30735	275212	896.8
海 南	5207	69154	181.3
重 庆	46509	498760	1339.5
四 川	23985	452355	1704.9
贵 州	14270	159572	637.1
云 南	17827	257143	1114.1
西 藏	1252	19251	132.2
陕 西	27354	416716	1652.2
甘 肃	10659	143852	710.3
青 海	2658	38810	182.3
宁 夏	4728	62215	303.2
新 疆	9509	112102	625.1

1-B-9 续表 1

(国有企业)

地 区	法人单位数(个)	年末从业人数(人)	年末零售营业面积(万平方米)
全 国	**10770**	**299749**	**1059.0**
北 京	589	11171	38.5
天 津	247	6335	20.7
河 北	397	13036	35.4
山 西	606	15759	49.9
内蒙古	184	8619	93.3
辽 宁	488	11618	26.2
吉 林	191	3089	13.4
黑龙江	476	11424	37.3
上 海	280	7826	17.9
江 苏	481	9924	37.1
浙 江	154	2720	10.3
安 徽	339	9571	32.6
福 建	287	7044	23.3
江 西	356	5484	15.7
山 东	565	20787	76.5
河 南	867	31831	95.5
湖 北	526	16825	50.7
湖 南	340	11912	50.9
广 东	876	27393	49.8
广 西	321	7253	22.0
海 南	104	3467	2.3
重 庆	163	5133	13.0
四 川	261	8538	20.5
贵 州	250	4476	21.0
云 南	292	4980	35.5
西 藏	102	1653	13.0
陕 西	550	20101	55.3
甘 肃	175	5136	60.4
青 海	85	1739	7.8
宁 夏	50	1202	5.1
新 疆	168	3703	28.0

1-B-9　续表 2

(集体企业)

地　区	法人单位数(个)	年末从业人数(人)	年末零售营业面积(万平方米)
全　国	**18834**	**305788**	**1098.8**
北　京	1371	7766	38.1
天　津	526	6981	18.5
河　北	1118	16218	94.2
山　西	993	24043	73.4
内蒙古	145	2271	9.1
辽　宁	1030	10391	28.3
吉　林	239	2395	11.0
黑龙江	500	6515	34.6
上　海	711	5128	15.1
江　苏	1142	13427	40.6
浙　江	635	5850	27.6
安　徽	485	6792	21.7
福　建	559	8475	26.5
江　西	347	4183	16.6
山　东	1334	36741	125.2
河　南	1160	42162	117.6
湖　北	569	19581	79.9
湖　南	464	12512	40.8
广　东	1984	23267	46.5
广　西	620	9327	37.9
海　南	170	4226	6.2
重　庆	370	4542	8.2
四　川	491	5992	27.5
贵　州	216	2468	11.3
云　南	371	5416	35.4
西　藏	38	707	2.3
陕　西	806	12736	58.8
甘　肃	292	3994	25.1
青　海	47	509	2.6
宁　夏	33	289	11.6
新　疆	68	884	6.5

1-B-9 续表 3

(股份合作企业)

地 区	法人单位数(个)	年末从业人数(人)	年末零售营业面积(万平方米)
全 国	**8373**	**76837**	**224.9**
北 京	2701	9066	28.0
天 津	85	1554	5.3
河 北	289	6726	15.9
山 西	57	791	5.8
内蒙古	93	1282	3.9
辽 宁	250	1706	7.0
吉 林	93	3283	6.3
黑龙江	247	2951	10.8
上 海	221	1701	3.5
江 苏	287	2517	6.1
浙 江	368	2472	8.9
安 徽	199	2405	5.1
福 建	128	1183	3.4
江 西	195	2823	6.8
山 东	315	6591	14.0
河 南	304	3885	16.3
湖 北	196	2116	7.4
湖 南	74	1448	4.1
广 东	1372	8410	13.3
广 西	38	364	0.8
海 南	30	434	1.1
重 庆	156	2217	5.2
四 川	166	2972	11.4
贵 州	82	1291	6.1
云 南	167	2423	15.6
西 藏	17	190	1.0
陕 西	96	1964	6.3
甘 肃	88	1015	2.7
青 海	27	399	1.1
宁 夏	8	305	0.5
新 疆	24	353	1.4

1-B-9 续表 4

(联营企业)

地 区	法人单位数（个）	年末从业人数（人）	年末零售营业面积（万平方米）
全 国	**3251**	**40015**	**114.6**
北 京	218	948	4.4
天 津	117	702	2.0
河 北	77	455	3.0
山 西	49	2528	5.0
内蒙古	36	267	0.7
辽 宁	89	2825	2.1
吉 林	48	424	3.3
黑龙江	80	771	2.9
上 海	110	1114	6.3
江 苏	196	1739	5.6
浙 江	56	452	2.1
安 徽	136	1845	6.3
福 建	89	862	4.3
江 西	95	880	3.1
山 东	90	2576	4.5
河 南	433	5300	17.4
湖 北	108	1548	5.5
湖 南	72	849	2.8
广 东	622	7038	9.0
广 西	39	362	0.9
海 南	18	343	0.7
重 庆	73	785	2.2
四 川	82	1191	3.7
贵 州	75	952	5.8
云 南	55	478	2.4
西 藏	11	107	0.3
陕 西	128	1631	5.9
甘 肃	15	803	1.2
青 海	6	28	0.3
宁 夏	9	85	0.5
新 疆	19	127	0.5

1-B-9 续表 5

(有限责任公司)

地 区	法人单位数（个）	年末从业人数（人）	年末零售营业面积（万平方米）
全 国	**194018**	**3845645**	**16664.2**
北 京	21226	218229	723.1
天 津	3790	66455	267.9
河 北	9419	179363	787.9
山 西	2575	57157	261.2
内蒙古	4768	79218	436.9
辽 宁	6623	120590	537.9
吉 林	3927	73890	274.4
黑龙江	4842	75490	299.3
上 海	2319	131787	541.6
江 苏	6605	189474	731.5
浙 江	3186	141872	799.3
安 徽	5851	124059	517.3
福 建	6877	120844	509.0
江 西	3076	72535	271.4
山 东	9513	309534	1377.2
河 南	13781	289245	2332.4
湖 北	10837	217055	844.1
湖 南	4649	119349	459.7
广 东	24024	390048	1176.7
广 西	4238	65342	249.4
海 南	1566	31017	87.8
重 庆	5671	121541	347.1
四 川	6954	173325	684.2
贵 州	4530	71039	283.5
云 南	4894	88113	406.5
西 藏	197	4398	38.8
陕 西	12315	204551	825.6
甘 肃	2904	54456	254.0
青 海	332	13212	67.4
宁 夏	851	17760	86.4
新 疆	1678	24697	184.6

1-B-9　续表 6

(股份有限公司)

地　区	法人单位数(个)	年末从业人数(人)	年末零售营业面积(万平方米)
全　国	**14027**	**807005**	**4815.8**
北　京	598	58240	426.4
天　津	219	16018	153.4
河　北	645	27775	156.6
山　西	238	15723	126.6
内蒙古	348	15266	102.1
辽　宁	657	31584	194.6
吉　林	382	17313	268.2
黑龙江	449	17576	92.8
上　海	133	19835	84.1
江　苏	965	52786	206.3
浙　江	283	31434	192.2
安　徽	650	25884	146.1
福　建	556	14362	108.5
江　西	463	22946	109.4
山　东	810	74737	482.4
河　南	1176	41025	227.4
湖　北	525	67721	450.7
湖　南	746	46245	249.9
广　东	1325	60761	326.4
广　西	479	16209	62.3
海　南	61	3653	8.7
重　庆	364	33646	195.2
四　川	469	37414	109.2
贵　州	195	8320	49.8
云　南	345	9409	32.7
西　藏	33	826	32.9
陕　西	469	18078	80.4
甘　肃	244	7844	51.4
青　海	38	1652	8.3
宁　夏	76	4613	13.5
新　疆	86	8110	67.2

1-B-9 续表 7

(私营企业)

地 区	法人单位数 (个)	年末从业人数 (人)	年末零售营业面积 (万平方米)
全 国	**745232**	**6991838**	**23548.5**
北 京	68371	266402	637.8
天 津	9986	79818	189.9
河 北	27583	286222	1393.5
山 西	16747	222210	1058.0
内蒙古	10333	128243	698.9
辽 宁	23836	204832	771.3
吉 林	8721	85249	340.9
黑龙江	7154	89650	322.5
上 海	30245	248100	682.9
江 苏	64983	628447	1794.4
浙 江	67474	435996	1565.9
安 徽	24446	236845	855.7
福 建	19621	197253	680.6
江 西	10632	143244	478.8
山 东	60898	747421	2637.3
河 南	24156	329704	1282.3
湖 北	44497	388424	1276.5
湖 南	35707	461838	1434.8
广 东	63512	574140	1140.8
广 西	23489	169335	504.1
海 南	3074	24175	65.0
重 庆	36325	305163	725.0
四 川	14305	207782	798.9
贵 州	8177	62772	235.1
云 南	10358	134275	534.3
西 藏	708	9345	41.0
陕 西	11963	138941	558.3
甘 肃	5575	60553	263.9
青 海	2005	19983	88.0
宁 夏	3361	35376	171.0
新 疆	6990	70100	321.0

1-B-9　续表 8

(其他企业)

地　区	法人单位数(个)	年末从业人数(人)	年末零售营业面积(万平方米)
全　国	**64001**	**629274**	**1933.8**
北　京	434	997	3.2
天　津	1481	10754	30.0
河　北	2817	21923	110.0
山　西	773	6897	30.1
内蒙古	1246	17649	62.0
辽　宁	2011	13433	36.6
吉　林	1129	10500	40.4
黑龙江	1495	14017	42.7
上　海	292	2480	2.8
江　苏	3750	40811	79.0
浙　江	1679	11023	23.2
安　徽	2304	18670	54.7
福　建	2414	22281	60.0
江　西	1845	19388	58.5
山　东	6056	78375	247.1
河　南	7965	87452	368.1
湖　北	5397	45272	136.6
湖　南	3458	54869	136.0
广　东	5553	43656	60.9
广　西	1511	7020	19.4
海　南	184	1839	9.6
重　庆	3387	25733	43.6
四　川	1257	15141	49.5
贵　州	745	8254	24.6
云　南	1345	12049	51.8
西　藏	146	2025	2.9
陕　西	1027	18714	61.6
甘　肃	1366	10051	51.6
青　海	118	1288	6.9
宁　夏	340	2585	14.7
新　疆	476	4128	15.9

1-B-9 续表 9

(港、澳、台商投资企业)

地 区	法人单位数(个)	年末从业人数(人)	年末零售营业面积(万平方米)
全 国	**2999**	**440873**	**1405.4**
北 京	233	24616	86.4
天 津	77	12638	63.6
河 北	24	980	2.1
山 西	15	2112	6.3
内蒙古	26	1555	4.9
辽 宁	87	16193	69.0
吉 林	19	2631	9.0
黑龙江	26	4727	12.8
上 海	380	73310	142.7
江 苏	216	67114	201.9
浙 江	205	22451	110.8
安 徽	68	11113	37.0
福 建	149	28216	62.2
江 西	24	4862	16.6
山 东	127	18103	55.0
河 南	34	7342	33.1
湖 北	84	12407	33.2
湖 南	52	5823	19.4
广 东	833	79059	213.9
广 西	42	3964	14.6
海 南	14	939	1.9
重 庆	77	6644	77.1
四 川	62	14766	48.9
贵 州	16	1818	11.4
云 南	45	4373	13.3
西 藏	5	41	0.1
陕 西	35	11018	50.4
甘 肃	6	684	2.5
青 海	3	110	0.8
宁 夏	5	123	0.2
新 疆	10	1141	4.2

1-B-9　续表 10

(外商投资企业)

地　区	法人单位数 (个)	年末从业人数 (人)	年末零售营业面积 (万平方米)
全　国	**3145**	**485124**	**2215.8**
北　京	303	50857	253.9
天　津	126	14626	47.7
河　北	38	6547	30.9
山　西	12	1850	9.3
内蒙古	23	998	4.9
辽　宁	127	16581	65.2
吉　林	54	2403	11.1
黑龙江	36	3208	12.7
上　海	392	87556	316.7
江　苏	215	62285	251.8
浙　江	205	25070	161.8
安　徽	67	11564	38.5
福　建	115	21739	163.9
江　西	28	2961	12.5
山　东	209	14124	85.4
河　南	55	4960	16.0
湖　北	82	15689	51.5
湖　南	55	8562	33.4
广　东	541	72654	396.7
广　西	38	2435	12.4
海　南	12	1987	4.2
重　庆	77	7189	26.3
四　川	98	26647	121.3
贵　州	16	3267	15.3
云　南	95	6165	34.7
西　藏	6	39	0.1
陕　西	65	10678	26.0
甘　肃	12	347	2.9
青　海	7	123	0.1
宁　夏	13	240	0.5
新　疆	23	1773	8.1

1-B-10 分地区零售业法人企业基本情况(按零售业态分)

(有店铺零售)

地 区	法人单位数(个)	年末从业人数(人)	年末零售营业面积(万平方米)
全 国	**1025503**	**13620781**	**52906.5**
北 京	84732	585134	2213.8
天 津	16158	212115	795.7
河 北	41877	555910	2622.7
山 西	21843	346901	1623.0
内蒙古	17095	254468	1414.2
辽 宁	34824	426751	1734.5
吉 林	14746	200512	977.0
黑龙江	15246	225643	867.1
上 海	31994	538398	1800.9
江 苏	76573	1044908	3344.9
浙 江	66189	636489	2897.8
安 徽	33962	444243	1705.2
福 建	28996	407780	1628.2
江 西	16930	275839	987.3
山 东	79606	1303820	5102.2
河 南	49663	840178	4501.4
湖 北	62131	779939	2927.1
湖 南	45330	717877	2427.5
广 东	94995	1240514	3405.5
广 西	30435	279255	920.6
海 南	5163	71101	186.9
重 庆	45424	503905	1434.9
四 川	23773	486139	1871.1
贵 州	14138	161245	663.1
云 南	17684	265780	1158.6
西 藏	1261	19324	132.3
陕 西	27272	436031	1725.0
甘 肃	10633	144694	715.4
青 海	2651	38961	183.2
宁 夏	4725	62412	303.6
新 疆	9454	114515	636.2

1-B-10　续表 1

(食杂店)

地　区	法人单位数 (个)	年末从业人数 (人)	年末零售营业面积 (万平方米)
全　国	**17863**	**128818**	**320.9**
北　京	1814	5878	13.7
天　津	232	2413	3.8
河　北	438	3018	12.1
山　西	398	3502	13.2
内蒙古	206	1691	12.9
辽　宁	218	1132	2.6
吉　林	69	472	1.3
黑龙江	49	372	1.2
上　海	1209	6588	11.9
江　苏	1269	10255	16.3
浙　江	2376	7730	17.9
安　徽	474	3855	8.8
福　建	608	4595	9.5
江　西	295	3188	7.5
山　东	653	9003	23.7
河　南	520	7352	22.8
湖　北	1172	8050	25.8
湖　南	841	8569	15.9
广　东	1290	9653	14.5
广　西	483	3504	6.4
海　南	56	628	0.7
重　庆	1530	8996	16.7
四　川	354	5315	15.0
贵　州	273	1933	6.0
云　南	350	4049	22.5
西　藏	50	790	0.9
陕　西	364	4039	9.6
甘　肃	115	849	4.3
青　海	27	307	0.7
宁　夏	76	745	1.3
新　疆	54	347	1.3

1-B-10 续表 2

(便利店)

地 区	法人单位数 (个)	年末从业人数 (人)	年末零售营业面积 (万平方米)
全 国	**60856**	**545060**	**1419.5**
北 京	5686	23545	60.2
天 津	1047	12692	25.8
河 北	2182	17851	67.1
山 西	1232	13517	47.1
内蒙古	1028	11799	45.6
辽 宁	1672	11345	25.2
吉 林	459	4361	15.1
黑龙江	741	5558	19.9
上 海	1720	32586	53.6
江 苏	2888	24487	57.0
浙 江	3478	24045	48.9
安 徽	1710	14708	33.3
福 建	1395	11205	28.4
江 西	1213	12053	30.7
山 东	3764	47334	115.7
河 南	4197	45004	151.4
湖 北	7139	52089	149.1
湖 南	4034	40513	114.1
广 东	2445	30033	46.8
广 西	1872	12128	24.3
海 南	349	4182	7.5
重 庆	3648	23998	43.6
四 川	1021	17428	45.7
贵 州	654	4894	15.0
云 南	1017	10030	40.5
西 藏	61	1221	3.7
陕 西	2104	19557	48.0
甘 肃	982	7891	21.4
青 海	136	2286	10.7
宁 夏	315	2742	7.9
新 疆	667	3978	16.2

1-B-10 续表 3

(折扣店)

地 区	法人单位数 (个)	年末从业人数 (人)	年末零售营业面积 (万平方米)
全 国	**2038**	**17219**	**68.9**
北 京	204	1742	11.4
天 津	28	274	6.0
河 北	63	480	1.4
山 西	18	242	1.7
内蒙古	14	101	1.3
辽 宁	62	308	1.9
吉 林	17	90	0.2
黑龙江	33	202	0.8
上 海	63	558	2.7
江 苏	86	728	3.3
浙 江	78	708	2.3
安 徽	50	270	0.8
福 建	69	323	0.8
江 西	43	492	0.6
山 东	70	764	1.9
河 南	91	1009	2.2
湖 北	152	836	2.8
湖 南	155	1774	2.4
广 东	146	1294	7.9
广 西	43	156	0.5
海 南	10	39	0.1
重 庆	182	2914	6.2
四 川	21	113	0.2
贵 州	11	78	0.1
云 南	23	129	0.3
西 藏	2	19	
陕 西	40	404	4.8
甘 肃	250	1117	4.0
青 海	3	11	
宁 夏	2	15	0.2
新 疆	9	29	0.1

1-B-10 续表 4

(超市)

地 区	法人单位数(个)	年末从业人数(人)	年末零售营业面积(万平方米)
全 国	**39511**	**970244**	**2522.9**
北 京	1540	25744	107.4
天 津	327	8533	14.6
河 北	1053	30040	88.5
山 西	600	20204	63.0
内蒙古	393	9798	33.5
辽 宁	996	17945	34.4
吉 林	376	8137	25.6
黑龙江	348	12110	23.7
上 海	801	28100	66.1
江 苏	1960	49791	110.5
浙 江	1365	26997	82.7
安 徽	1353	47588	110.2
福 建	965	29501	88.2
江 西	1078	29173	67.6
山 东	3015	85179	199.3
河 南	4912	106653	297.1
湖 北	3693	67904	189.4
湖 南	5126	99137	247.2
广 东	1907	60644	117.5
广 西	706	18536	55.8
海 南	174	5499	11.9
重 庆	1773	30799	54.6
四 川	1015	43483	105.0
贵 州	536	14901	45.1
云 南	644	23320	77.8
西 藏	59	1487	3.5
陕 西	1437	40094	114.8
甘 肃	836	18573	49.6
青 海	103	2520	8.5
宁 夏	174	3200	9.6
新 疆	246	4654	20.4

1-B-10　续表 5

(大型超市)

地　区	法人单位数(个)	年末从业人数(人)	年末零售营业面积(万平方米)
全　国	**3455**	**1247235**	**7603.8**
北　京	242	77817	359.5
天　津	108	28082	162.4
河　北	104	40317	163.2
山　西	54	30243	129.4
内蒙古	56	10079	64.6
辽　宁	94	32513	191.1
吉　林	40	7443	42.3
黑龙江	44	11192	55.8
上　海	128	68391	335.4
江　苏	217	125346	513.8
浙　江	158	73393	425.4
安　徽	167	56113	279.3
福　建	83	51134	207.1
江　西	82	20403	111.1
山　东	272	116012	722.0
河　南	226	65316	1615.2
湖　北	147	78881	415.0
湖　南	200	50731	231.6
广　东	505	109794	610.8
广　西	74	22699	109.9
海　南	16	4281	16.6
重　庆	51	45379	163.3
四　川	116	39863	211.0
贵　州	32	8484	42.8
云　南	52	12321	67.1
西　藏	3	859	4.7
陕　西	85	34701	191.7
甘　肃	29	8502	43.7
青　海	3	1383	5.0
宁　夏	21	8227	56.1
新　疆	46	7336	56.9

1-B-10 续表 6

(仓储会员店)

地 区	法人单位数(个)	年末从业人数(人)	年末零售营业面积(万平方米)
全 国	**4096**	**59054**	**300.8**
北 京	237	4057	16.1
天 津	130	869	2.4
河 北	134	951	3.8
山 西	92	1322	22.9
内蒙古	62	851	18.2
辽 宁	116	521	3.2
吉 林	46	800	6.7
黑龙江	80	744	4.5
上 海	89	13521	50.6
江 苏	182	2236	6.6
浙 江	146	885	3.1
安 徽	262	1892	6.7
福 建	203	1647	6.5
江 西	155	2487	8.5
山 东	252	2511	10.7
河 南	340	4914	39.1
湖 北	94	1198	6.4
湖 南	147	2123	10.5
广 东	284	3564	8.4
广 西	127	1140	3.2
海 南	23	286	2.0
重 庆	108	1306	2.8
四 川	200	3578	11.3
贵 州	95	874	5.7
云 南	136	1373	7.3
西 藏	5	52	1.4
陕 西	200	2197	13.2
甘 肃	76	490	2.8
青 海	8	118	1.7
宁 夏	29	307	11.7
新 疆	38	240	2.9

1-B-10　续表 7

(百货店)

地　区	法人单位数(个)	年末从业人数(人)	年末零售营业面积(万平方米)
全　国	**93348**	**1850220**	**9337.2**
北　京	8923	60541	414.4
天　津	1652	23307	121.2
河　北	4213	135056	643.4
山　西	2323	49756	262.8
内蒙古	1312	44183	300.1
辽　宁	2811	96731	479.8
吉　林	1014	46761	401.8
黑龙江	1333	56474	278.2
上　海	3875	59567	354.2
江　苏	7640	144069	541.9
浙　江	2335	46576	467.9
安　徽	3323	53015	252.4
福　建	1490	31520	205.5
江　西	1185	26166	121.3
山　东	7878	210729	963.4
河　南	5255	121293	436.1
湖　北	10398	127293	652.5
湖　南	4157	75103	286.2
广　东	5942	111386	468.0
广　西	2845	32752	148.4
海　南	333	9057	31.4
重　庆	3990	64674	360.2
四　川	1321	61424	281.0
贵　州	965	15072	83.9
云　南	1529	23424	132.5
西　藏	130	1652	14.4
陕　西	2527	70299	289.9
甘　肃	1183	20969	137.9
青　海	234	4942	31.1
宁　夏	512	9757	47.9
新　疆	720	16672	127.5

1-B-10 续表 8

(专业店)

地 区	法人单位数(个)	年末从业人数(人)	年末零售营业面积(万平方米)
全 国	**459746**	**4793047**	**16663.8**
北 京	36690	202915	679.7
天 津	6673	63552	202.7
河 北	20888	183021	910.2
山 西	11123	132252	590.1
内蒙古	8442	100252	528.8
辽 宁	18762	168698	636.0
吉 林	7218	78384	267.0
黑龙江	7305	78168	261.0
上 海	13018	129695	327.4
江 苏	41070	426045	1256.3
浙 江	37101	267070	1029.1
安 徽	13835	135285	518.1
福 建	12240	139935	571.1
江 西	7079	96350	309.4
山 东	40230	495662	1761.7
河 南	18524	267218	994.6
湖 北	20377	240219	746.4
湖 南	16110	232316	882.1
广 东	44568	476377	1184.5
广 西	13367	102598	288.7
海 南	1816	21643	45.5
重 庆	18955	185633	391.4
四 川	10561	156742	533.9
贵 州	4268	48507	210.7
云 南	7765	108381	430.8
西 藏	457	5845	43.2
陕 西	11025	136585	458.4
甘 肃	3601	41437	231.5
青 海	1169	15609	62.4
宁 夏	1750	17346	87.2
新 疆	3759	39307	224.1

1-B-10　续表 9

(专卖店)

地　区	法人单位数 (个)	年末从业人数 (人)	年末零售营业面积 (万平方米)
全　国	**248744**	**3041019**	**9934.0**
北　京	15896	127347	331.4
天　津	4136	57494	193.4
河　北	10474	121615	560.5
山　西	3890	59303	238.1
内蒙古	4014	53923	219.7
辽　宁	8120	78947	245.9
吉　林	3878	38784	125.6
黑龙江	4159	44050	142.9
上　海	6617	160019	409.1
江　苏	15578	194514	615.6
浙　江	14307	157119	612.8
安　徽	9760	101197	335.8
福　建	8234	104673	349.3
江　西	4419	61751	232.1
山　东	18150	255148	955.6
河　南	12141	166575	666.1
湖　北	14363	159064	496.0
湖　南	11025	160213	445.7
广　东	26599	325872	686.5
广　西	9502	74745	239.2
海　南	1699	20836	53.0
重　庆	10005	95032	194.2
四　川	7020	125167	396.9
贵　州	5773	54484	192.9
云　南	4459	64525	281.1
西　藏	326	4598	49.8
陕　西	6488	84644	286.4
甘　肃	2787	31653	150.1
青　海	682	7806	37.4
宁　夏	1609	16421	45.8
新　疆	2634	33500	145.3

1-B-10 续表 10

(家居建材商店)

地区	法人单位数(个)	年末从业人数(人)	年末零售营业面积(万平方米)
全国	**40613**	**344448**	**2116.8**
北京	4840	17161	95.8
天津	488	3886	32.0
河北	1200	10730	89.7
山西	959	10028	80.1
内蒙古	741	7996	89.5
辽宁	879	7885	54.8
吉林	524	3650	19.9
黑龙江	423	3426	25.3
上海	1919	11861	83.1
江苏	2499	23649	87.0
浙江	2585	12488	104.6
安徽	1303	12360	89.7
福建	1598	13464	96.2
江西	494	8489	51.5
山东	2092	31917	153.8
河南	1390	17830	97.3
湖北	2098	18451	112.7
湖南	1632	19191	76.2
广东	3419	25010	101.3
广西	804	4754	16.5
海南	516	2697	11.3
重庆	3666	29309	154.4
四川	796	12151	84.5
贵州	921	4950	34.1
云南	714	5840	39.0
西藏	40	339	2.0
陕西	1104	15541	173.4
甘肃	370	5766	25.4
青海	68	594	6.1
宁夏	104	1221	22.8
新疆	427	1814	6.9

1-B-10　续表 11

(购物中心)

地　区	法人单位数 (个)	年末从业人数 (人)	年末零售营业面积 (万平方米)
全　国	**3789**	**129938**	**935.4**
北　京	688	5104	35.3
天　津	64	1633	11.1
河　北	148	3553	40.7
山　西	224	12048	121.0
内蒙古	99	5817	44.8
辽　宁	143	1772	34.6
吉　林	97	2336	30.0
黑龙江	73	8048	25.0
上　海	143	4036	34.4
江　苏	185	11331	53.7
浙　江	122	3267	49.3
安　徽	85	2914	27.1
福　建	94	1205	5.1
江　西	52	1414	4.7
山　东	202	12247	39.6
河　南	285	9646	51.9
湖　北	191	3082	28.1
湖　南	96	2046	12.3
广　东	200	13102	31.3
广　西	33	1083	12.8
海　南	16	236	2.1
重　庆	116	2098	18.8
四　川	71	3922	96.4
贵　州	26	385	1.4
云　南	56	2953	14.9
西　藏	5	121	2.4
陕　西	119	7808	58.9
甘　肃	52	3408	17.8
青　海	11	617	10.1
宁　夏	15	1219	5.8
新　疆	78	1487	14.0

1-B-10 续表 12

(厂家直销中心)

地区	法人单位数(个)	年末从业人数(人)	年末零售营业面积(万平方米)
全国	**51444**	**494479**	**1682.4**
北京	7972	33283	88.9
天津	1273	9380	20.1
河北	980	9278	42.2
山西	930	14484	53.7
内蒙古	728	7978	55.2
辽宁	951	8954	25.0
吉林	1008	9294	41.4
黑龙江	658	5299	28.9
上海	2412	23476	72.4
江苏	2999	32457	82.9
浙江	2138	16211	53.8
安徽	1640	15046	43.0
福建	2017	18578	60.5
江西	835	13873	42.4
山东	3028	37314	154.9
河南	1782	27368	127.6
湖北	2307	22872	102.9
湖南	1807	26161	103.6
广东	7690	73785	128.0
广西	579	5160	14.9
海南	155	1717	4.9
重庆	1400	13767	28.7
四川	1277	16953	90.1
贵州	584	6683	25.2
云南	939	9435	44.9
西藏	123	2341	6.4
陕西	1779	20162	76.0
甘肃	352	4039	26.9
青海	207	2768	9.4
宁夏	118	1212	7.1
新疆	776	5151	20.6

1-B-10　续表 13

(无店铺零售)

地　区	法人单位数(个)	年末从业人数(人)	年末零售营业面积(万平方米)
全　国	**38109**	**291688**	**166.1**
北　京	11004	62106	26.0
天　津	478	3613	3.4
河　北	503	3011	6.7
山　西	203	1767	2.7
内蒙古	95	811	2.5
辽　宁	357	2587	1.2
吉　林	51	323	1.1
黑龙江	54	659	1.3
上　海	3064	39981	12.8
江　苏	2228	23323	9.4
浙　江	8051	42831	4.2
安　徽	533	4201	9.6
福　建	1782	14335	13.6
江　西	120	3399	2.1
山　东	234	4242	1.9
河　南	206	2082	4.5
湖　北	608	5829	8.7
湖　南	258	5267	4.3
广　东	5547	44804	26.5
广　西	375	2325	3.1
海　南	34	205	0.2
重　庆	1220	8466	6.8
四　川	365	7400	3.9
贵　州	156	3326	0.7
云　南	281	1874	3.5
西　藏	1	4	0.1
陕　西	163	2193	3.6
甘　肃	35	150	0.4
青　海	14	63	0.1
宁　夏	14	110	0.2
新　疆	75	401	1.2

1-B-10 续表 14

(电视购物)

地 区	法人单位数(个)	年末从业人数(人)	年末零售营业面积(万平方米)
全 国	**379**	**15395**	**4.8**
北 京	95	1391	0.3
天 津	5	131	0.9
河 北	7	46	
山 西	2	27	
内蒙古	1	4	
辽 宁	25	467	0.2
吉 林	1	15	
黑龙江	5	390	0.1
上 海	36	466	0.2
江 苏	44	1632	0.2
浙 江	16	997	
安 徽	8	517	0.6
福 建	12	187	0.2
江 西	5	813	0.1
山 东	9	878	0.1
河 南	13	456	0.6
湖 北	8	290	0.1
湖 南	11	2620	0.2
广 东	36	737	0.4
广 西	1	3	
海 南	3	12	
重 庆	6	149	0.1
四 川	4	324	
贵 州	5	1354	0.2
云 南	10	358	0.1
西 藏			
陕 西	6	1049	0.1
甘 肃	1	14	
青 海	1	5	
宁 夏	1	8	
新 疆	2	55	0.2

1-B-10　续表 15

(邮购)

地　区	法人单位数(个)	年末从业人数(人)	年末零售营业面积(万平方米)
全　国	**1949**	**12477**	**9.2**
北　京	914	3342	3.1
天　津	31	118	0.2
河　北	37	209	0.3
山　西	13	99	0.1
内蒙古	9	45	0.1
辽　宁	32	184	0.1
吉　林	6	20	
黑龙江	9	35	0.1
上　海	84	682	0.5
江　苏	164	1123	0.3
浙　江	124	715	
安　徽	19	75	0.1
福　建	46	444	0.4
江　西	6	34	0.1
山　东	22	127	0.1
河　南	22	191	0.4
湖　北	43	216	0.4
湖　南	26	222	0.3
广　东	247	1887	1.3
广　西	7	44	0.1
海　南	2	9	
重　庆	12	714	0.1
四　川	30	1614	0.2
贵　州			
云　南	10	50	0.1
西　藏			
陕　西	25	219	0.3
甘　肃	1	3	
青　海	2	6	
宁　夏	2	19	
新　疆	4	31	0.4

1-B-10 续表 16

(网上商店)

地 区	法人单位数(个)	年末从业人数(人)	年末零售营业面积(万平方米)
全 国	**21236**	**189810**	**92.1**
北 京	2866	33819	7.0
天 津	132	1860	0.9
河 北	381	2337	5.1
山 西	44	790	0.5
内蒙古	27	268	0.3
辽 宁	90	1118	0.4
吉 林	15	100	0.2
黑龙江	20	168	0.5
上 海	1049	24744	9.1
江 苏	991	15311	6.1
浙 江	7845	40415	4.0
安 徽	404	3062	8.0
福 建	1371	11959	11.3
江 西	85	939	1.5
山 东	134	2789	1.3
河 南	88	791	1.1
湖 北	351	4212	5.9
湖 南	160	1884	1.9
广 东	3977	32912	18.1
广 西	64	344	0.5
海 南	17	149	0.2
重 庆	811	5043	4.6
四 川	126	3930	2.3
贵 州	16	106	0.1
云 南	83	355	0.6
西 藏			
陕 西	58	308	0.3
甘 肃	11	39	0.1
青 海	1	2	
宁 夏	4	17	0.1
新 疆	15	39	0.1

1-B-10　续表 17

(自动售货亭)

地　区	法人单位数 (个)	年末从业人数 (人)	年末零售营业面积 (万平方米)
全　国	**637**	**5310**	**14.6**
北　京	76	443	0.2
天　津	9	60	0.1
河　北	6	35	0.1
山　西	13	118	0.3
内蒙古	12	145	1.7
辽　宁	7	59	0.2
吉　林	9	107	0.7
黑龙江	4	21	0.6
上　海	8	838	
江　苏	24	194	0.4
浙　江	3	19	
安　徽	5	17	
福　建	15	60	0.4
江　西	6	144	0.2
山　东	16	123	0.3
河　南	29	198	1.4
湖　北	15	83	0.3
湖　南	9	72	0.8
广　东	44	412	0.8
广　西	251	1303	2.0
海　南	1	3	
重　庆	6	125	0.1
四　川	12	128	0.7
贵　州	8	38	0.1
云　南	12	175	0.5
西　藏	1	4	0.1
陕　西	21	306	2.2
甘　肃	4	21	0.2
青　海	2	15	
宁　夏	1	2	0.1
新　疆	8	42	0.2

1-B-10 续表 18

(电话购物)

地 区	法人单位数（个）	年末从业人数（人）	年末零售营业面积（万平方米）
全 国	**13908**	**68696**	**45.4**
北 京	7053	23111	15.4
天 津	301	1444	1.3
河 北	72	384	1.1
山 西	131	733	1.8
内蒙古	46	349	0.3
辽 宁	203	759	0.3
吉 林	20	81	0.1
黑龙江	16	45	0.1
上 海	1887	13251	3.1
江 苏	1005	5063	2.4
浙 江	63	685	0.2
安 徽	97	530	0.8
福 建	338	1685	1.3
江 西	18	1469	0.2
山 东	53	325	0.1
河 南	54	446	1.1
湖 北	191	1028	2.0
湖 南	52	469	1.1
广 东	1243	8856	5.8
广 西	52	631	0.5
海 南	11	32	0.1
重 庆	385	2435	2.0
四 川	193	1404	0.7
贵 州	127	1828	0.3
云 南	166	936	2.3
西 藏			
陕 西	53	311	0.6
甘 肃	18	73	0.1
青 海	8	35	
宁 夏	6	64	
新 疆	46	234	0.3

1-B-11　分地区零售业法人企业财务状况

单位：万元

地　区	营业收入	#主营业务收入	资产总计
全　国	**1129233966.4**	**1111915579.4**	**723096411.5**
北　京	76567093.2	74771588.6	55999845.3
天　津	24110821.7	23618493.2	16284560.6
河　北	31178308.7	30599998.9	21740241.6
山　西	24212345.1	23866488.1	20319871.4
内蒙古	20959786.8	20701244.7	18304494.9
辽　宁	39245814.6	38463862.8	25994382.7
吉　林	22018493.4	21528934.0	12059204.8
黑龙江	16603321.7	16389006.7	10323785.8
上　海	59075099.3	57794907.7	43116122.2
江　苏	101494198.3	100095895.6	61827308.0
浙　江	70397835.7	69312485.2	45211042.8
安　徽	35102925.6	34733787.5	22130248.1
福　建	33501522.7	33145700.8	20510984.2
江　西	17009748.5	16819055.3	10876335.5
山　东	106716669.5	105747335.0	58186697.7
河　南	45904201.5	45434850.0	27653566.4
湖　北	53857547.0	52950089.8	33560739.7
湖　南	45066325.5	44613282.2	24278217.0
广　东	108127205.6	106157167.2	65668274.9
广　西	13302940.9	13081337.3	9436456.2
海　南	5315565.7	5243130.2	4292518.7
重　庆	36623507.1	36103837.6	17618671.6
四　川	47594761.2	46950937.4	25382421.7
贵　州	13100810.1	12903573.0	10459838.8
云　南	22778807.2	22429528.1	17622621.6
西　藏	2456612.8	2417559.5	1719127.0
陕　西	29309157.9	28806368.6	21219463.6
甘　肃	10268677.9	10116178.1	6510616.3
青　海	3152117.2	3120787.9	2821974.7
宁　夏	3571450.6	3506224.8	3228015.2
新　疆	10610293.5	10491943.7	8738762.7

1-B-12 分地区零售业法人企业财务状况(按国民经济行业分)

(综合零售) 单位：万元

地 区	营业收入	#主营业务收入	资产总计
全 国	**240414902.5**	**232539150.7**	**174074421.1**
北 京	16207616.2	15323427.5	12727354.4
天 津	3463947.3	3263359.0	3861911.0
河 北	8557683.8	8137086.8	5876893.4
山 西	3200219.2	3088002.9	3067087.9
内蒙古	2553476.9	2463284.6	2060574.1
辽 宁	10308015.4	9717972.5	8731404.8
吉 林	4326318.2	4105253.6	3651551.7
黑龙江	4524371.2	4404820.4	3317143.0
上 海	15067582.5	14480647.7	15357534.7
江 苏	22834690.5	22141976.2	15051324.3
浙 江	13284230.7	12737496.3	12181513.0
安 徽	8579463.5	8398200.5	5254403.0
福 建	6215551.0	6086119.6	4199097.9
江 西	2878411.4	2829852.3	2212969.1
山 东	28785034.1	28348170.3	18224428.4
河 南	10802463.3	10572812.5	5957228.9
湖 北	15250669.9	14791179.0	9319527.9
湖 南	8950876.0	8769126.8	5695336.2
广 东	17936228.0	17396762.0	12836479.7
广 西	3016067.3	2911514.6	2287881.7
海 南	608131.0	590251.0	630690.7
重 庆	7587016.9	7333437.6	3803009.4
四 川	9188856.5	8905698.6	4804634.1
贵 州	1518709.0	1449384.0	1103026.9
云 南	3597697.8	3498536.5	2792005.1
西 藏	122031.2	117129.4	120918.5
陕 西	6414303.5	6189122.3	5071123.0
甘 肃	1758219.9	1693789.8	1207614.8
青 海	453328.8	441920.1	393174.6
宁 夏	620177.1	604601.5	496126.6
新 疆	1803514.4	1748214.7	1780452.3

1-B-12　续表 1

(食品、饮料及烟草制品专门零售)　　单位：万元

地 区	营业收入	#主营业务收入	资产总计
全　国	**44915331.3**	**44317391.5**	**38112744.0**
北　京	1393670.7	1326461.3	1813145.4
天　津	684205.1	665511.5	798617.9
河　北	600203.6	594105.6	839637.3
山　西	784948.7	775188.0	876337.5
内蒙古	682191.1	678608.2	1289320.9
辽　宁	936250.5	923312.8	757121.2
吉　林	795148.5	791966.8	481868.7
黑龙江	583465.3	577045.8	388505.0
上　海	1579758.6	1509561.1	1152518.1
江　苏	4807074.4	4776710.9	3223447.0
浙　江	1942382.7	1920152.3	1548665.8
安　徽	1723044.9	1707495.7	1191682.1
福　建	2679947.0	2641299.6	1776618.3
江　西	620956.1	614936.0	624735.2
山　东	4750735.4	4726998.7	3232743.4
河　南	2319222.1	2302427.6	1632477.3
湖　北	4428034.0	4399639.9	1961082.0
湖　南	2022123.4	1980849.3	2675539.4
广　东	2937880.3	2893118.4	3146839.6
广　西	295482.1	287498.4	438145.8
海　南	116304.3	113738.2	162187.9
重　庆	1899929.6	1888237.1	962848.5
四　川	1982124.6	1964737.0	1838744.3
贵　州	589037.5	578709.7	737814.2
云　南	1372088.4	1348013.9	1343833.9
西　藏	134971.5	131687.5	196409.0
陕　西	1353764.8	1325904.0	1984495.2
甘　肃	386264.2	364896.6	406976.1
青　海	82525.2	81676.3	111111.2
宁　夏	94345.5	91852.9	196460.7
新　疆	337251.1	335050.0	322815.4

1-B-12 续表 2

(纺织、服装及日用品专门零售) 单位：万元

地 区	营业收入	#主营业务收入	资产总计
全 国	**57906613.8**	**57108654.0**	**48751068.3**
北 京	3293160.2	3207439.5	3492541.2
天 津	967435.3	948398.6	1223847.6
河 北	1079598.8	1066273.5	1167673.9
山 西	1163552.0	1142079.7	3047113.0
内蒙古	968901.2	956560.2	882523.5
辽 宁	1666798.4	1657176.0	1749242.7
吉 林	779442.4	770401.1	594882.1
黑龙江	831341.3	818374.5	604305.2
上 海	8172023.7	8040286.3	6728516.7
江 苏	4373764.8	4274329.7	3425922.0
浙 江	3549227.6	3494925.2	3428963.4
安 徽	1390964.2	1376912.6	949788.0
福 建	1898171.5	1884597.6	1367767.6
江 西	477300.0	473405.0	325168.1
山 东	5259306.9	5241407.1	2558942.3
河 南	2074810.3	2059935.7	1403009.9
湖 北	2552968.4	2533728.8	1808483.3
湖 南	2669704.7	2654166.2	1562305.3
广 东	6476717.5	6382759.8	5105120.7
广 西	308979.4	304116.8	398561.6
海 南	503766.0	500228.2	840042.3
重 庆	2309936.8	2271169.1	1417042.4
四 川	1663482.6	1636770.0	1432822.3
贵 州	209330.6	206174.3	234184.4
云 南	615310.7	610942.6	625709.9
西 藏	36052.8	34221.9	56404.2
陕 西	1747797.5	1722831.8	1082053.9
甘 肃	212098.6	206847.4	223643.5
青 海	73119.3	66899.4	314864.0
宁 夏	96547.6	91033.2	174067.1
新 疆	485002.7	474262.2	525556.2

1-B-12　续表 3

(文化、体育用品及器材专门零售)　　单位：万元

地　区	营业收入	#主营业务收入	资产总计
全　国	**39947185.1**	**39407038.8**	**35799802.8**
北　京	2881422.3	2781187.0	4108559.7
天　津	1651208.1	1606001.2	1494258.5
河　北	739292.5	727258.9	787543.1
山　西	601910.7	597150.0	1276680.1
内蒙古	304779.6	300333.1	365851.6
辽　宁	990224.9	983054.1	910324.6
吉　林	287103.3	282955.3	215959.8
黑龙江	486126.9	482255.2	327504.6
上　海	4401458.2	4332883.5	2349996.9
江　苏	4359711.0	4319001.8	2787720.3
浙　江	2075602.8	2054659.7	2533112.3
安　徽	1122050.2	1111003.2	834651.3
福　建	1542586.5	1528508.0	1296792.4
江　西	929051.0	916336.0	1005462.7
山　东	2460211.1	2440678.9	1677250.7
河　南	1710173.4	1687660.2	1680931.6
湖　北	1240377.6	1233594.4	1145020.8
湖　南	1751723.2	1745064.5	1073609.7
广　东	4359735.9	4305284.7	2768802.2
广　西	325160.0	315911.4	348321.3
海　南	108042.4	103336.7	226459.2
重　庆	1601223.6	1592538.4	1087922.3
四　川	1102051.5	1079816.4	1489335.9
贵　州	196893.2	191582.3	334039.3
云　南	1062050.3	1051033.5	1550166.1
西　藏	28655.7	28059.7	47362.1
陕　西	915906.6	908305.2	1021555.1
甘　肃	334544.7	330388.8	477963.4
青　海	34613.2	33832.1	66863.7
宁　夏	75947.3	74729.0	139378.9
新　疆	267347.6	262635.7	370402.5

1-B-12 续表 4

(医药及医疗器材专门零售) 单位：万元

地 区	营业收入	#主营业务收入	资产总计
全 国	**57790946.2**	**57398113.4**	**38709778.2**
北 京	5217510.9	5164682.1	5525984.1
天 津	668707.3	661581.9	533308.5
河 北	818828.7	808271.0	590167.6
山 西	911109.5	907688.0	674214.9
内蒙古	494846.2	491661.7	367657.6
辽 宁	2339016.1	2325742.1	1443149.7
吉 林	805009.7	802491.1	604465.5
黑龙江	1990620.2	1981534.7	1564682.2
上 海	2029868.9	2006404.5	1130001.2
江 苏	6787975.2	6758763.5	3598593.3
浙 江	3225402.7	3210660.8	1689104.2
安 徽	2459561.5	2449639.7	1422971.2
福 建	1363840.7	1353371.4	833117.2
江 西	1302341.0	1292140.8	844948.2
山 东	5189773.9	5172997.6	3370076.9
河 南	2041439.2	2030457.4	1195424.8
湖 北	3373970.7	3360142.5	2358826.0
湖 南	2799015.7	2782913.9	1649114.9
广 东	3979947.8	3923132.5	2556564.4
广 西	1736616.4	1726386.7	1094827.1
海 南	242504.9	241261.3	411224.5
重 庆	1399335.5	1383327.8	761807.6
四 川	1654286.3	1647452.4	796438.0
贵 州	625845.4	623478.8	466784.7
云 南	1140305.9	1127864.2	778982.8
西 藏	308700.8	292376.1	278947.4
陕 西	1205597.3	1199868.6	853558.3
甘 肃	379428.7	377920.0	286219.2
青 海	112513.6	112460.6	105157.6
宁 夏	246989.0	244889.7	184363.7
新 疆	940036.1	936549.7	739094.9

1-B-12　续表 5

(汽车、摩托车、燃料及零配件专门零售)　　单位：万元

地　区	营业收入	#主营业务收入	资产总计
全　国	**471176269.4**	**467152556.7**	**217388489.7**
北　京	24795022.1	24503659.0	10435870.9
天　津	12608112.8	12473852.2	5042274.4
河　北	14390662.8	14328238.0	7550581.9
山　西	13723751.1	13591038.7	7133361.4
内蒙古	11770276.0	11653309.0	7552391.7
辽　宁	17063995.1	16951802.2	7891076.2
吉　林	12160932.8	11936640.3	4510000.0
黑龙江	5271177.9	5239873.3	2330949.4
上　海	15151996.6	15024304.0	6144895.7
江　苏	39385917.2	39138607.8	16313845.3
浙　江	36608081.1	36307699.3	16177947.6
安　徽	13759022.6	13670197.8	7894729.3
福　建	13544488.8	13435168.0	6533762.9
江　西	6918405.8	6874941.3	3208117.1
山　东	37669356.4	37412908.1	15929810.6
河　南	18899445.9	18803741.7	9750674.5
湖　北	16531865.5	16455023.7	8248328.2
湖　南	19026281.5	18900305.8	7116278.5
广　东	50204102.6	49520862.2	23404428.4
广　西	5438238.5	5391116.3	2638539.8
海　南	2925776.2	2896941.0	1067904.4
重　庆	12096415.1	12026500.2	4510865.4
四　川	24780547.3	24584101.5	10598686.2
贵　州	8143201.1	8068983.9	3925685.1
云　南	12054745.7	11900401.4	7466462.5
西　藏	843250.7	836230.2	486973.9
陕　西	10673488.9	10554365.4	5598932.8
甘　肃	5759724.7	5732672.1	2359703.3
青　海	1963180.1	1959385.5	899841.3
宁　夏	1823823.5	1800492.1	1308318.9
新　疆	5190982.8	5179194.8	3357252.0

1-B-12 续表 6

(家用电器及电子产品专门零售) 单位：万元

地 区	营业收入	#主营业务收入	资产总计
全 国	**103740429.3**	**102094239.7**	**68692480.5**
北 京	14805299.4	14603817.7	9701153.6
天 津	1236974.9	1201034.4	777981.0
河 北	2687461.1	2658191.3	1856379.4
山 西	1559566.4	1532931.9	1108110.3
内蒙古	1322632.8	1302895.7	1316990.2
辽 宁	3064040.7	3037732.3	1908544.4
吉 林	953163.5	942258.6	595099.4
黑龙江	1691517.1	1670729.2	857730.9
上 海	4246878.0	4176378.2	2864688.1
江 苏	9221222.5	9055352.7	7747543.6
浙 江	4508499.8	4435306.3	3591375.3
安 徽	3436210.4	3415303.3	2505136.3
福 建	2937186.0	2910240.1	1941198.7
江 西	1717345.4	1666244.9	1085590.8
山 东	8203707.0	8109958.6	4083038.4
河 南	4575079.6	4528130.7	3104790.0
湖 北	4723785.6	4635927.6	2817949.7
湖 南	3537187.5	3493190.9	1774889.3
广 东	11009051.2	10689425.4	7561215.2
广 西	1245548.1	1223532.7	893890.7
海 南	508564.7	501547.3	416897.6
重 庆	3880089.1	3838297.6	1921921.9
四 川	4181704.7	4118001.0	1952885.5
贵 州	872095.0	859490.1	652992.0
云 南	1394500.7	1369519.2	1290893.9
西 藏	870266.0	867498.2	373275.4
陕 西	3183998.3	3127759.1	2106218.1
甘 肃	659936.6	651281.7	554425.1
青 海	196698.4	192631.6	197638.9
宁 夏	401769.7	392868.9	346923.1
新 疆	908449.2	886762.5	785113.7

1-B-12　续表 7

(五金、家具及室内装饰材料专门零售)　　单位：万元

地　区	营业收入	#主营业务收入	资产总计
全　国	**54041005.7**	**53421383.2**	**57313586.4**
北　京	1615006.1	1583375.3	3433025.1
天　津	987051.4	974834.9	1580006.7
河　北	1124949.8	1117501.0	1701310.8
山　西	996346.1	982581.6	1433235.1
内蒙古	1053276.4	1048581.8	2409573.4
辽　宁	1490028.9	1485851.4	1452867.6
吉　林	461477.3	458895.0	541745.7
黑龙江	471380.6	466332.6	465084.1
上　海	2140180.4	2059646.0	3917681.9
江　苏	6268061.6	6212879.3	7015981.8
浙　江	2488561.4	2452111.8	2439321.0
安　徽	1685100.7	1665860.7	1329832.9
福　建	2030133.6	2021116.3	1557521.8
江　西	994809.6	989470.1	575837.4
山　东	6785084.9	6743748.6	4379442.5
河　南	2088746.9	2069416.6	1789854.1
湖　北	2702177.5	2686238.4	4203132.8
湖　南	2440504.6	2428519.3	1567613.3
广　东	4888713.3	4791377.5	4866585.0
广　西	323166.8	315345.5	597184.6
海　南	182621.2	179671.9	392910.7
重　庆	4419813.8	4361183.2	2148564.9
四　川	1429085.3	1411814.4	1619413.0
贵　州	233864.3	230655.0	1350857.8
云　南	852276.2	843684.1	962743.2
西　藏	57770.0	55873.3	102189.0
陕　西	2857521.8	2834131.9	1965040.3
甘　肃	304029.6	293177.8	492657.5
青　海	119753.6	116941.5	109259.5
宁　夏	136795.6	132276.7	315890.8
新　疆	412716.5	408289.6	597222.3

1-B-12 续表 8

(货摊、无店铺及其他零售业)

单位：万元

地 区	营业收入	#主营业务收入	资产总计
全 国	**59301283.2**	**58477051.5**	**44254040.5**
北 京	6358385.2	6277539.3	4762211.0
天 津	1843179.4	1823919.5	972355.0
河 北	1179627.5	1163072.8	1370054.4
山 西	1270941.5	1249827.4	1703731.2
内蒙古	1809406.6	1806010.3	2059611.9
辽 宁	1387444.5	1381219.5	1150651.6
吉 林	1449897.7	1438071.9	863631.9
黑龙江	753321.2	748041.0	467881.3
上 海	6285352.4	6164796.3	3470288.8
江 苏	3455781.2	3418273.7	2662930.6
浙 江	2715846.8	2699473.6	1621040.1
安 徽	947507.7	939174.1	747054.1
福 建	1289617.7	1285280.2	1005107.5
江 西	1171128.2	1161728.9	993506.9
山 东	7613459.7	7550467.0	4730964.5
河 南	1392820.6	1380267.7	1139175.2
湖 北	3053697.7	2854615.5	1698388.9
湖 南	1868908.8	1859145.3	1163530.4
广 东	6334828.9	6254444.7	3422239.8
广 西	613682.4	605914.8	739103.4
海 南	119855.1	116154.5	144201.3
重 庆	1429746.8	1409146.5	1004689.1
四 川	1612622.4	1602546.1	849462.5
贵 州	711834.0	695114.9	1654454.3
云 南	689831.3	679532.6	811824.2
西 藏	54914.0	54483.2	56647.5
陕 西	956779.1	944080.3	1536487.0
甘 肃	474430.9	465203.9	501413.5
青 海	116385.1	115040.8	624064.0
宁 夏	75055.5	73480.8	66485.3
新 疆	264993.2	260984.4	260853.3

1-B-13　分地区零售业法人企业财务状况(按登记注册类型分)

(内资企业)　　单位：万元

地　区	营业收入	#主营业务收入	资产总计
全　国	**1023768461.5**	**1009439602.0**	**645477837.2**
北　京	65334978.4	63848376.7	46841510.4
天　津	20971052.0	20605159.6	13892394.2
河　北	30714743.8	30143701.6	21499850.1
山　西	23838812.4	23496513.7	20028931.5
内蒙古	20712445.9	20458376.9	17935094.3
辽　宁	35898513.8	35481357.7	23151602.2
吉　林	21385878.7	20919732.7	10999804.5
黑龙江	15822424.4	15628238.4	9066125.6
上　海	41511350.4	40537564.2	27123131.1
江　苏	88135279.2	87207934.5	52670268.0
浙　江	63392979.8	62483203.4	39090987.2
安　徽	33402821.5	33065878.7	21064847.4
福　建	30087381.9	29762722.9	18095005.7
江　西	16193263.0	16043873.3	10526232.5
山　东	102820869.5	101919007.4	56100871.5
河　南	44068027.9	43672771.4	26303485.0
湖　北	50519504.4	49920616.1	31767521.6
湖　南	43936245.0	43516022.1	23552454.0
广　东	90612881.1	88938939.7	55583886.8
广　西	12534434.3	12320558.9	9066451.9
海　南	5007842.1	4939864.6	4131511.6
重　庆	35186897.9	34731822.8	16383771.9
四　川	42951873.5	42386666.0	22632994.0
贵　州	12556464.7	12377110.1	10095162.5
云　南	21093834.7	20762508.1	16501401.5
西　藏	2304661.5	2265717.2	1588326.3
陕　西	25795528.3	25379317.5	19363026.9
甘　肃	10134055.0	9982522.8	6466475.1
青　海	3129509.4	3098404.0	2813910.2
宁　夏	3541816.7	3477192.0	3202409.4
新　疆	10172090.5	10067927.3	7938392.3

1-B-13 续表 1

(国有企业) 单位：万元

地 区	营业收入	#主营业务收入	资产总计
全 国	**37554394.9**	**37172350.2**	**19005909.9**
北 京	1328900.2	1275049.3	1190283.9
天 津	811372.9	793991.6	527998.0
河 北	377513.4	372629.3	248476.2
山 西	658694.6	652779.4	495197.5
内蒙古	3185952.4	3172502.9	1091972.8
辽 宁	1747174.5	1735746.5	880485.5
吉 林	5594853.5	5585610.4	1441529.7
黑龙江	1255849.2	1251818.7	361974.2
上 海	1333795.7	1309649.3	689281.9
江 苏	1337674.4	1328274.4	833545.5
浙 江	256140.4	248887.3	170187.4
安 徽	1110333.3	1101194.4	585612.8
福 建	620103.0	615830.3	364682.4
江 西	216482.3	212095.8	170625.6
山 东	3835067.8	3828928.1	817887.2
河 南	1367520.4	1356714.6	598280.6
湖 北	2386809.3	2374917.6	952796.0
湖 南	846261.1	823599.6	1688753.0
广 东	2281600.8	2218111.2	2236629.0
广 西	214857.3	209499.1	228932.2
海 南	214828.4	213852.2	35287.3
重 庆	1367872.8	1356597.7	345722.7
四 川	2077579.6	2058131.3	546949.5
贵 州	328854.0	319604.8	366307.5
云 南	750175.3	714620.3	484005.9
西 藏	156254.1	154198.2	321898.3
陕 西	878329.5	861712.2	614958.3
甘 肃	317172.3	308039.4	173932.3
青 海	348108.0	347563.6	196254.5
宁 夏	69900.9	68155.0	44805.3
新 疆	278363.4	302045.8	300656.9

1-B-13　续表 2

(集体企业)　　单位：万元

地区	营业收入	#主营业务收入	资产总计
全　国	**17214753.5**	**17067827.0**	**8319089.8**
北　京	534455.2	514415.0	626399.7
天　津	282146.5	279895.3	205538.1
河　北	679802.4	678762.9	331789.0
山　西	687788.1	680565.1	343531.1
内蒙古	134671.0	134487.2	48612.7
辽　宁	420396.2	413233.8	259651.5
吉　林	93614.3	93017.4	40492.9
黑龙江	226250.4	224512.8	134760.9
上　海	195172.0	182960.1	252370.0
江　苏	921520.0	916260.3	681932.0
浙　江	434402.4	430117.7	272218.3
安　徽	187804.8	186620.5	182575.1
福　建	369406.2	365500.7	145012.0
江　西	128913.0	128100.5	124071.4
山　东	3772801.1	3754446.7	1175829.4
河　南	2259515.4	2252981.8	577033.6
湖　北	1452537.0	1432894.2	521064.2
湖　南	438387.8	436886.0	187521.4
广　东	1895648.1	1881221.2	1034332.8
广　西	257781.4	256548.0	207093.9
海　南	31451.3	30368.3	36102.2
重　庆	174362.9	171153.5	88064.3
四　川	352334.7	348563.2	133501.7
贵　州	80453.5	79337.8	82615.7
云　南	435026.7	432031.4	227466.0
西　藏	3393.3	3311.9	9232.9
陕　西	551081.0	548549.1	221947.2
甘　肃	169332.7	167619.0	127818.1
青　海	17164.6	17064.2	9230.1
宁　夏	6460.1	6340.8	7869.9
新　疆	20679.4	20061.1	23411.6

1-B-13 续表 3

(股份合作企业)

单位：万元

地区	营业收入	#主营业务收入	资产总计
全 国	**3296259.7**	**3215746.3**	**3217953.7**
北 京	447467.5	441086.2	332153.0
天 津	64644.7	63637.7	34482.4
河 北	110583.7	103438.0	106535.5
山 西	52160.8	51987.9	30657.6
内蒙古	26068.8	26009.6	25199.6
辽 宁	90627.4	90548.7	68300.5
吉 林	67856.7	67305.0	43561.7
黑龙江	92524.4	91562.7	67344.4
上 海	76061.1	72926.0	48186.0
江 苏	111286.1	110417.9	83272.0
浙 江	179655.9	179017.7	87748.2
安 徽	97835.9	96927.9	60201.7
福 建	41145.5	40896.4	29697.3
江 西	101065.5	99938.9	102609.4
山 东	363321.9	351764.5	169129.5
河 南	125177.0	121676.6	117210.1
湖 北	79936.3	78037.0	52451.2
湖 南	81981.9	81146.5	35306.7
广 东	335482.2	333497.1	145067.0
广 西	16506.7	16233.9	7693.1
海 南	4799.1	4737.5	5052.7
重 庆	118860.4	118157.3	70455.0
四 川	198182.2	193993.7	70634.5
贵 州	76240.7	75738.1	1192545.3
云 南	208472.5	181384.6	66669.0
西 藏	6385.7	5962.7	2548.2
陕 西	74326.9	74060.9	64012.1
甘 肃	22335.3	19492.4	22709.2
青 海	4925.2	4913.2	9987.6
宁 夏	4939.4	4602.7	3010.4
新 疆	15402.2	14646.8	63522.9

1-B-13　续表 4

(联营企业)　　单位：万元

地　区	营业收入	#主营业务收入	资产总计
全　国	**2016897.2**	**1978820.9**	**1179591.2**
北　京	76082.8	73494.7	48371.0
天　津	61453.2	61279.3	41052.6
河　北	21200.9	21132.2	18319.0
山　西	18898.8	17421.7	33347.5
内蒙古	9256.2	9256.2	8705.1
辽　宁	51486.7	51486.7	24212.0
吉　林	20856.2	20765.0	9374.1
黑龙江	52149.7	51759.8	17280.8
上　海	310449.7	309728.2	41193.8
江　苏	117747.3	117120.2	95622.1
浙　江	109928.7	109855.1	13525.6
安　徽	63899.7	63202.8	36872.8
福　建	69663.8	69544.0	25366.2
江　西	22054.3	21783.7	15869.8
山　东	169951.7	167424.2	185143.6
河　南	197088.1	192342.3	117905.7
湖　北	52823.6	51719.8	29331.2
湖　南	18164.4	17922.1	19318.2
广　东	292087.1	283711.7	219695.1
广　西	7375.4	7318.1	8779.2
海　南	2396.0	2391.0	8038.5
重　庆	35052.1	34953.3	15361.7
四　川	79019.0	78318.8	26469.8
贵　州	42543.4	39037.7	44608.3
云　南	26104.1	25637.0	18139.2
西　藏	3509.7	3509.7	2246.4
陕　西	51574.1	49012.3	43254.2
甘　肃	24161.2	18152.2	5679.1
青　海	942.7	939.2	1981.9
宁　夏	5208.8	5205.8	1523.0
新　疆	3767.9	3395.9	3003.5

1-B-13 续表 5

(有限责任公司)　　单位：万元

地 区	营业收入	#主营业务收入	资产总计
全 国	**379362150.2**	**373456444.1**	**234533337.6**
北 京	36490688.4	35803341.7	20242345.7
天 津	7692143.4	7520909.9	5761195.6
河 北	12528027.8	12301441.5	8491390.8
山 西	3888979.4	3783313.6	5553539.6
内蒙古	6253598.3	6179082.8	7103099.5
辽 宁	11617254.1	11461902.6	8011718.1
吉 林	6523683.2	6457236.6	4126145.4
黑龙江	6089452.3	5999301.6	3241777.9
上 海	19355642.3	18860596.5	9893123.0
江 苏	24016708.9	23620335.1	12565263.0
浙 江	22383709.5	21954379.2	13557464.3
安 徽	11467110.5	11357040.1	6510037.3
福 建	12727813.7	12578527.3	7225271.8
江 西	6322605.9	6273135.5	3743541.1
山 东	31298386.7	30972695.9	18013320.1
河 南	18331605.3	18117102.8	12072594.5
湖 北	20252818.4	20047314.6	12467175.1
湖 南	9602747.9	9485191.7	5309397.5
广 东	35898910.7	35225817.6	21426702.6
广 西	4980436.7	4891739.9	2978419.2
海 南	2613137.4	2573175.6	2308584.6
重 庆	12309991.4	12145785.1	5558722.0
四 川	16966002.2	16726638.7	9838115.7
贵 州	5877859.4	5762841.2	4940291.2
云 南	8449867.1	8338608.4	6071546.7
西 藏	548445.8	540764.3	302243.5
陕 西	15291151.5	15039142.5	10822137.8
甘 肃	3921472.5	3849444.9	2575067.8
青 海	1130481.5	1116140.5	834692.7
宁 夏	1433685.0	1405779.0	1115693.1
新 疆	3097733.1	3067717.6	1872720.2

1-B-13　续表 6

(股份有限公司)　　单位：万元

地　区	营业收入	#主营业务收入	资产总计
全　国	**142040485.9**	**139121000.7**	**79729771.2**
北　京	10434716.5	10071148.9	7464063.6
天　津	4903068.4	4882181.8	1654562.6
河　北	3334060.8	3259060.8	1982371.4
山　西	5157711.2	5131404.0	1579800.6
内蒙古	2744857.3	2663184.1	949038.3
辽　宁	6248461.3	6148602.3	2814222.2
吉　林	3467689.6	3114737.1	1685336.2
黑龙江	2475412.0	2430108.3	1932291.3
上　海	2136462.3	2092664.9	2527396.8
江　苏	10331362.3	10161607.5	7120496.6
浙　江	6985555.2	6851439.9	3058545.1
安　徽	5412163.0	5331038.2	3633420.7
福　建	2443800.8	2413624.2	1509783.9
江　西	2045813.6	2031231.8	1359203.8
山　东	12874689.5	12663225.7	8906023.5
河　南	4032603.4	3992021.2	1517534.4
湖　北	6895309.4	6655732.4	3855501.0
湖　南	9493433.7	9378005.5	3926670.1
广　东	14177594.4	13848026.3	8768972.2
广　西	1707981.3	1670937.4	1048154.1
海　南	1174710.0	1161882.2	353232.3
重　庆	4551315.0	4436049.2	1923721.6
四　川	7326391.3	7194237.4	3295215.2
贵　州	3411213.4	3399047.2	1176966.5
云　南	1881269.6	1830662.8	1856306.9
西　藏	191456.2	190024.9	41468.4
陕　西	2104417.5	2066286.3	2197830.6
甘　肃	2123852.5	2109630.3	412208.1
青　海	454121.5	453352.6	237115.6
宁　夏	326120.1	318936.7	93701.3
新　疆	1192872.7	1170908.7	848616.5

1-B-13 续表 7

(私营企业) 单位：万元

地 区	营业收入	#主营业务收入	资产总计
全 国	**422920900.4**	**418310329.2**	**285191347.2**
北 京	16012750.7	15660509.9	16917852.8
天 津	6771345.7	6634878.2	5084491.6
河 北	13122034.2	12869871.3	9829474.5
山 西	13253119.6	13058522.9	11825655.9
内蒙古	7988817.5	7909071.4	8316589.9
辽 宁	15307372.7	15165533.1	10709886.7
吉 林	5284104.7	5250530.4	3370213.1
黑龙江	5180262.9	5139246.0	3021010.4
上 海	18024326.0	17630382.5	13616098.7
江 苏	49953445.5	49621574.7	30280742.8
浙 江	32781462.7	32449777.5	21738784.1
安 徽	14443834.9	14318758.8	9596772.2
福 建	13094952.2	12967398.5	8252615.4
江 西	6832223.1	6758133.4	4571100.4
山 东	47133541.7	46838200.5	24999940.4
河 南	15545929.7	15453117.4	9691916.6
湖 北	18073241.6	17966951.0	12712917.9
湖 南	22380187.3	22232783.7	11716126.2
广 东	33474915.4	32928517.1	20641166.7
广 西	5245298.3	5165969.7	4516831.2
海 南	930013.3	917190.4	1343571.5
重 庆	15686183.9	15539689.6	7831114.8
四 川	15329689.9	15168378.4	8287361.7
贵 州	2616403.4	2582961.7	2169948.4
云 南	8897312.9	8805076.4	7324427.7
西 藏	1387606.6	1360788.8	895036.5
陕 西	6578685.5	6477690.4	5208506.7
甘 肃	3272805.7	3234887.2	2869216.2
青 海	1164815.1	1149580.2	1340121.7
宁 夏	1657880.5	1631509.4	1824895.8
新 疆	5496337.2	5422848.9	4686958.6

1-B-13　续表 8

(其他企业)　　单位：万元

地　区	营业收入	#主营业务收入	资产总计
全　国	**19362619.7**	**19117083.6**	**14300836.5**
北　京	9917.2	9331.1	20040.8
天　津	384877.2	368385.8	583073.3
河　北	541520.6	537365.6	491493.8
山　西	121459.9	120519.1	167201.6
内蒙古	369224.3	364782.8	391876.4
辽　宁	415740.8	414304.0	383125.7
吉　林	333220.5	330531.0	283151.4
黑龙江	450523.6	439928.5	289685.6
上　海	79441.2	78656.8	55480.9
江　苏	1345534.6	1332344.4	1009394.0
浙　江	262125.0	259729.1	192514.4
安　徽	619839.5	611096.0	459354.7
福　建	720496.6	711401.5	542576.7
江　西	524105.2	519453.8	439211.0
山　东	3373109.2	3342321.8	1833597.7
河　南	2208588.7	2186814.7	1611009.4
湖　北	1326028.8	1313049.4	1176285.0
湖　南	1075081.0	1060486.8	669360.9
广　东	2256642.5	2220037.4	1111321.3
广　西	104197.3	102312.8	70549.0
海　南	36506.4	36267.4	41642.6
重　庆	943259.4	929437.2	550609.8
四　川	622674.6	618404.6	434745.9
贵　州	122897.0	118541.7	121879.7
云　南	445606.5	434487.0	452840.1
西　藏	7609.9	7156.7	13652.0
陕　西	265962.3	262863.7	190380.1
甘　肃	282922.8	275257.3	279844.4
青　海	8950.7	8850.5	184526.1
宁　夏	37621.8	36662.5	110910.5
新　疆	66934.6	66302.5	139501.9

1-B-13 续表 9

(港、澳、台商投资企业) 单位：万元

地区	营业收入	#主营业务收入	资产总计
全 国	**48946771.9**	**47700855.1**	**40216227.1**
北 京	3661426.5	3559739.8	2149832.3
天 津	1329817.1	1261288.7	604755.0
河 北	37070.8	37070.8	51959.6
山 西	311809.7	308251.4	226891.6
内蒙古	195707.0	191404.9	318788.3
辽 宁	1796158.3	1735001.1	1556075.6
吉 林	388926.7	370524.6	588763.9
黑龙江	428085.1	419210.1	297184.5
上 海	7824725.3	7692940.6	10396022.3
江 苏	6367754.6	6178711.7	3657963.4
浙 江	3210192.0	3173252.9	3500489.8
安 徽	830320.8	817476.6	502204.4
福 建	1952923.1	1935687.9	1631833.5
江 西	340346.3	337662.2	197669.2
山 东	1706784.6	1681187.5	829789.4
河 南	1267743.6	1201726.4	1076491.4
湖 北	1446310.7	1331523.9	899239.8
湖 南	518599.2	496392.8	380632.4
广 东	8535282.7	8354193.2	6220403.4
广 西	671411.1	666832.9	295935.6
海 南	102126.0	101177.3	43747.9
重 庆	790948.0	734161.4	700036.8
四 川	1773136.5	1751356.7	1223381.5
贵 州	279226.6	267403.0	143143.7
云 南	857313.1	849301.3	691070.5
西 藏	147100.6	147002.6	128827.0
陕 西	1812003.6	1747601.3	1141849.6
甘 肃	116687.5	116597.1	34273.8
青 海	22308.7	22085.5	7763.5
宁 夏	20344.5	20089.0	16918.9
新 疆	204181.6	193999.9	702288.5

1-B-13　续表 10

(外商投资企业)　　单位：万元

地　区	营业收入	#主营业务收入	资产总计
全　国	**56518733.1**	**54775122.3**	**37402347.3**
北　京	7570688.3	7363472.1	7008502.7
天　津	1809952.6	1752045.0	1787411.4
河　北	426494.1	419226.5	188431.9
山　西	61723.0	61723.0	64048.3
内蒙古	51633.9	51462.9	50612.2
辽　宁	1551142.6	1247503.9	1286704.8
吉　林	243687.9	238676.6	470636.4
黑龙江	352812.3	341558.3	960475.7
上　海	9739023.6	9564402.8	5596968.7
江　苏	6991164.6	6709249.4	5499076.6
浙　江	3794663.9	3656028.9	2619565.8
安　徽	869783.3	850432.2	563196.4
福　建	1461217.7	1447290.0	784145.0
江　西	476139.2	437519.8	152433.8
山　东	2189015.4	2147140.2	1256036.9
河　南	568430.0	560352.2	273589.9
湖　北	1891731.8	1697949.9	893978.3
湖　南	611481.3	600867.3	345130.6
广　东	8979041.8	8864034.4	3863984.7
广　西	97095.5	93945.5	74068.7
海　南	205597.6	202088.2	117259.2
重　庆	645661.2	637853.4	534862.9
四　川	2869751.1	2812914.6	1526046.2
贵　州	265118.9	259059.9	221532.5
云　南	827659.5	817718.8	430149.5
西　藏	4850.7	4839.7	1973.8
陕　西	1701626.0	1679449.9	714587.1
甘　肃	17935.3	17058.2	9867.5
青　海	299.1	298.5	300.9
宁　夏	9289.4	8943.8	8687.0
新　疆	234021.5	230016.5	98081.9

1-B-14 分地区零售业法人企业财务状况(按零售业态分)

(有店铺零售) 单位：万元

地 区	营业收入	#主营业务收入	资产总计
全 国	**1087616667.7**	**1070888103.5**	**705710464.2**
北 京	62864025.3	61230454.2	50615480.1
天 津	23257977.1	22767051.6	15898023.8
河 北	31133308.7	30555758.5	21642591.5
山 西	24137081.3	23792585.9	20249976.6
内蒙古	20918755.3	20661440.4	18273082.3
辽 宁	38888555.5	38106808.5	25766172.7
吉 林	16565088.7	16082524.0	11066812.5
黑龙江	16582155.7	16367942.4	10306707.6
上 海	52934035.4	51731514.0	40018928.4
江 苏	99653930.5	98266566.9	60855996.6
浙 江	68449530.4	67387641.8	44115897.4
安 徽	34826293.6	34458817.3	21966032.3
福 建	32558365.8	32204280.1	19858551.2
江 西	16485920.1	16302004.4	10512076.1
山 东	106338892.0	105369976.5	58034976.2
河 南	45821783.2	45353604.9	27586616.2
湖 北	52836449.3	52106545.5	33218586.3
湖 南	44542862.2	44090362.9	24042659.8
广 东	102983790.7	101097887.9	63683960.5
广 西	13282242.6	13060858.1	9406827.8
海 南	5241688.0	5169272.5	4243158.6
重 庆	36238618.4	35724131.4	17397979.6
四 川	46535306.0	45897724.9	25068289.8
贵 州	12685707.2	12502338.6	10244121.2
云 南	22703072.9	22355158.6	17564847.7
西 藏	2456129.8	2417078.0	1718877.0
陕 西	29141862.9	28641246.6	21113148.0
甘 肃	10264439.6	10112205.0	6498597.1
青 海	3144288.1	3112958.8	2816436.6
宁 夏	3559076.0	3494036.3	3205668.1
新 疆	10585435.5	10467327.0	8719384.4

1-B-14　续表 1

(食杂店)　　单位：万元

地　区	营业收入	#主营业务收入	资产总计
全　国	**4699342.0**	**4617673.4**	**3698468.5**
北　京	134710.8	130258.3	234647.1
天　津	53278.1	50645.1	101927.7
河　北	61750.2	61540.6	72226.3
山　西	111956.0	111845.4	158894.7
内蒙古	30897.4	30621.3	55469.8
辽　宁	31139.6	30941.8	33974.0
吉　林	31022.0	31009.9	10482.3
黑龙江	14794.6	14407.9	7053.3
上　海	237884.0	215162.4	152086.4
江　苏	403974.1	401952.6	275911.6
浙　江	332706.0	331434.3	160827.2
安　徽	129605.5	127416.2	106203.9
福　建	120713.0	119099.1	150785.3
江　西	72817.5	71222.1	72110.3
山　东	323485.8	321004.9	274273.9
河　南	203422.8	202263.3	111193.0
湖　北	447213.4	444935.5	163640.4
湖　南	399172.8	396664.1	143847.7
广　东	378237.7	360163.7	528737.1
广　西	42896.6	41115.5	59662.3
海　南	9218.9	8090.6	10581.7
重　庆	261026.4	259318.2	130926.5
四　川	246946.0	241992.0	248446.7
贵　州	30881.3	30050.3	62486.1
云　南	168812.3	167278.7	121869.9
西　藏	18346.3	15920.5	29594.8
陕　西	164103.7	163661.3	133019.9
甘　肃	17319.9	17080.0	32391.5
青　海	4122.7	4109.2	6740.7
宁　夏	8516.1	8120.2	20416.2
新　疆	208370.6	208348.5	28040.5

1-B-14 续表 2

(便利店) 单位：万元

地 区	营业收入	#主营业务收入	资产总计
全 国	**20428377.2**	**20052264.1**	**13753143.9**
北 京	876423.8	803404.9	915533.6
天 津	486398.5	467434.3	426953.5
河 北	444001.7	429183.9	469067.1
山 西	527743.6	515312.2	390432.7
内蒙古	1047725.3	1037397.9	495786.3
辽 宁	437676.8	435048.8	370287.5
吉 林	100565.7	98621.4	87246.4
黑龙江	150349.4	147888.5	134478.7
上 海	1684044.3	1630375.3	799764.3
江 苏	1136350.2	1132013.7	756221.3
浙 江	851349.6	837331.6	652885.8
安 徽	751179.6	745190.4	549431.1
福 建	379869.1	371624.6	283971.6
江 西	311650.8	305644.2	373512.8
山 东	2026145.6	2009817.3	932693.6
河 南	1584113.8	1577230.3	776151.6
湖 北	1730114.7	1709876.3	905575.9
湖 南	1023129.9	1013375.8	651062.9
广 东	1562530.7	1521553.3	914964.6
广 西	186290.2	180208.1	197316.8
海 南	81756.4	79791.4	245382.9
重 庆	840676.9	831049.8	473479.8
四 川	551702.9	548978.9	318040.3
贵 州	108101.6	97765.8	102487.6
云 南	499366.8	496796.5	333770.9
西 藏	11683.0	11619.3	22417.8
陕 西	471760.4	466884.2	530078.4
甘 肃	282914.3	274381.9	247957.8
青 海	124402.7	122564.5	73124.2
宁 夏	49312.8	47503.6	63843.3
新 疆	109046.1	106395.4	259222.6

1-B-14　续表 3

(折扣店)　　单位：万元

地　区	营业收入	#主营业务收入	资产总计
全　国	**895949.2**	**878580.2**	**585902.4**
北　京	207826.0	201848.4	62647.9
天　津	31765.1	31736.3	139130.9
河　北	40808.3	40748.7	8780.8
山　西	4379.3	4379.3	7225.2
内蒙古	2393.0	2393.0	3131.9
辽　宁	16460.2	16460.2	27309.5
吉　林	1129.5	1091.5	1868.0
黑龙江	7085.6	7058.9	4887.7
上　海	15174.3	14996.3	13379.9
江　苏	51316.8	49914.6	20705.8
浙　江	16814.6	16736.5	17134.5
安　徽	14519.5	14466.3	7992.1
福　建	12031.4	11999.5	13587.5
江　西	13246.1	13124.7	11715.7
山　东	41675.4	41564.0	23741.8
河　南	96845.5	96693.9	30498.4
湖　北	22246.7	22199.0	21517.7
湖　南	54465.9	54432.3	27261.7
广　东	52711.9	51381.7	36135.0
广　西	2277.4	2263.6	1900.4
海　南	594.4	594.4	540.2
重　庆	129986.8	123118.5	32257.2
四　川	2705.6	2666.1	7705.9
贵　州	427.7	427.7	3806.0
云　南	2807.4	2804.4	2191.2
西　藏	150.5	150.5	550.0
陕　西	4078.5	3991.8	7832.1
甘　肃	49622.1	48974.5	49923.2
青　海	51.1	51.1	96.2
宁　夏	165.4	155.4	250.1
新　疆	187.1	157.1	198.0

1-B-14 续表 4

(超市) 单位：万元

地 区	营业收入	#主营业务收入	资产总计
全 国	**37910842.4**	**37354374.2**	**25066919.7**
北 京	1504514.5	1421357.6	1686177.2
天 津	391224.5	384359.6	294675.5
河 北	927927.4	918559.8	803678.0
山 西	530024.4	524083.7	344424.0
内蒙古	310394.3	306799.0	234841.3
辽 宁	693380.9	683747.5	637654.4
吉 林	403321.2	396173.8	165048.6
黑龙江	343789.5	339011.2	968917.0
上 海	1325663.6	1285225.9	1663323.8
江 苏	2185322.2	2155182.9	1218496.1
浙 江	1320966.7	1277371.5	931707.4
安 徽	1926079.6	1895552.2	983370.6
福 建	1263377.8	1249336.5	595924.5
江 西	915729.5	910747.9	619797.6
山 东	4111992.2	4065474.2	2181234.4
河 南	3492172.1	3473250.7	2034396.5
湖 北	2999183.0	2977782.1	1510561.7
湖 南	3482524.6	3460868.3	1705880.5
广 东	2354958.2	2314985.2	2034928.4
广 西	425821.9	416001.2	357980.4
海 南	144326.4	132758.3	194090.1
重 庆	1102681.8	1097828.5	504976.0
四 川	2430859.2	2389004.3	952046.8
贵 州	384895.1	376402.8	241296.5
云 南	962876.4	951711.0	638482.6
西 藏	39318.7	38506.5	24603.3
陕 西	1173665.0	1161875.8	796374.3
甘 肃	486561.6	478595.7	387484.2
青 海	52642.6	52268.6	93782.4
宁 夏	54611.2	53847.8	73151.2
新 疆	170036.3	165704.2	187614.4

1-B-14　续表 5

(大型超市)　　单位：万元

地　区	营业收入	#主营业务收入	资产总计
全　国	**83054748.1**	**80078967.6**	**52535588.2**
北　京	6010811.4	5550902.9	3834244.9
天　津	1682839.9	1552917.5	1320078.3
河　北	1390513.1	1377787.3	891160.5
山　西	1048297.3	983702.0	1013710.3
内蒙古	364053.6	332761.4	247556.7
辽　宁	1810389.2	1754650.2	1203272.0
吉　林	452428.5	441848.4	245705.3
黑龙江	663689.7	649523.1	323560.9
上　海	5769509.6	5521795.0	8461028.7
江　苏	9960591.7	9668461.4	4784020.5
浙　江	6495263.2	6231921.1	4090274.1
安　徽	3067095.9	2995467.5	1528142.3
福　建	3463445.7	3408955.3	2276105.9
江　西	953828.7	937473.9	725752.4
山　东	9803048.6	9647051.4	4601373.9
河　南	3314160.3	3166588.2	2062736.6
湖　北	4666412.7	4530176.4	2696746.7
湖　南	3218683.0	3104517.7	2083924.3
广　东	8326364.1	8068734.3	4660616.2
广　西	1027496.9	975389.0	541696.2
海　南	241149.4	234567.9	108267.1
重　庆	2124447.2	2037153.6	908751.0
四　川	2310217.0	2239830.8	1225980.7
贵　州	394301.6	388325.4	150389.8
云　南	880661.8	870222.4	559463.4
西　藏	23363.3	19969.3	12058.7
陕　西	2064762.2	1937590.0	1125970.8
甘　肃	451243.8	405145.0	200531.1
青　海	68103.5	67261.7	35013.3
宁　夏	539001.7	533267.2	346630.8
新　疆	468573.4	445010.6	270824.9

1-B-14 续表 6

(仓储会员店)

单位：万元

地区	营业收入	#主营业务收入	资产总计
全国	**4487281.1**	**4395397.8**	**4972736.5**
北京	389386.5	388839.5	189665.3
天津	43729.2	41977.3	48392.9
河北	38410.0	37385.2	27234.8
山西	446733.5	383462.9	72277.2
内蒙古	25413.9	25060.1	46222.6
辽宁	24118.8	24118.8	77766.9
吉林	35885.7	35825.7	82164.7
黑龙江	24125.5	23529.9	15260.3
上海	1929871.9	1928261.2	665938.9
江苏	152822.4	152617.4	116465.5
浙江	50202.7	49105.8	59059.0
安徽	64181.2	63958.8	40341.9
福建	55062.7	54409.1	85211.5
江西	122358.5	121829.2	104393.1
山东	86272.4	85608.1	76303.4
河南	147783.2	145121.0	163404.1
湖北	68738.2	66164.8	58091.2
湖南	99597.3	99383.1	50820.7
广东	128674.1	121169.3	88178.1
广西	23181.3	22876.1	24232.0
海南	2831.3	2806.2	2334.9
重庆	97962.6	97522.3	55640.5
四川	204862.6	203093.4	441895.2
贵州	24932.4	24116.6	2034652.0
云南	67797.5	67258.5	76109.3
西藏	1708.7	1494.1	4313.9
陕西	71197.9	69920.7	188659.1
甘肃	22817.3	22544.7	35973.5
青海	3079.4	3046.4	8004.3
宁夏	16977.8	16336.7	20889.9
新疆	16564.8	16554.8	12840.2

1-B-14 续表 7

(百货店) 单位：万元

地区	营业收入	#主营业务收入	资产总计
全国	**132359772.3**	**127874531.5**	**109016512.6**
北京	7432938.2	7114174.7	7181984.9
天津	2179914.7	2087202.9	3124596.1
河北	6927103.8	6521691.5	4752075.9
山西	1873608.6	1826887.5	2026598.2
内蒙古	2440813.3	2380426.4	1883869.5
辽宁	8447837.5	7918285.5	7392555.6
吉林	3877176.1	3675131.0	3394937.2
黑龙江	3939710.0	3828960.2	2318298.0
上海	6645039.5	6350769.9	5480096.3
江苏	11481402.7	11110855.8	9898501.3
浙江	5753439.3	5503988.9	7436806.8
安徽	3943398.7	3857550.8	2980777.0
福建	1903582.9	1843756.2	1632669.3
江西	1580310.9	1550944.2	1171703.8
山东	16989948.7	16738011.3	12457892.7
河南	4864692.3	4785967.2	2595837.1
湖北	7694889.9	7400313.5	5308547.8
湖南	3742718.1	3689305.9	2644276.8
广东	8482356.2	8239062.8	7323662.3
广西	1674113.9	1634895.1	1556841.0
海南	677676.0	673116.7	904017.4
重庆	5187666.6	5013546.4	2859635.9
四川	4975265.0	4793917.7	2938661.9
贵州	905473.7	851550.1	848087.1
云南	1861671.1	1779882.1	1858374.1
西藏	67438.9	64944.3	110049.9
陕西	3779010.8	3684926.5	3802163.9
甘肃	1090916.2	1073257.2	991057.6
青海	330353.9	318205.0	399206.1
宁夏	235120.5	221906.5	268117.5
新疆	1374184.3	1341097.6	1474613.8

1-B-14 续表 8

(专业店)　　单位：万元

地区	营业收入		资产总计
		#主营业务收入	
全国	**431454100.6**	**427156842.5**	**260489281.7**
北京	25549002.0	25179356.4	21126977.6
天津	7093050.6	7001490.3	4053919.9
河北	8095064.4	8031498.3	6816608.8
山西	10980309.5	10916426.0	8128746.8
内蒙古	9020216.5	8966809.4	8283291.0
辽宁	16772610.9	16652844.8	9057491.8
吉林	6513570.0	6292363.8	3661057.1
黑龙江	7442223.6	7395871.9	4090323.6
上海	13067201.0	12834610.8	8839686.4
江苏	44097391.0	43718682.6	25146033.9
浙江	26702199.0	26440785.3	14999127.6
安徽	13804405.9	13710774.2	8882629.9
福建	12414100.1	12321830.7	7277484.5
江西	6321089.7	6276449.5	3775709.4
山东	42799165.4	42545823.3	21179967.2
河南	17969782.2	17846938.3	10485487.1
湖北	20414739.3	20236507.4	11812453.7
湖南	19601455.9	19443859.5	9835757.4
广东	45363356.3	44637290.3	26116014.9
广西	5551143.0	5497166.8	3721740.5
海南	2155743.9	2131234.3	1303118.5
重庆	13865672.8	13725811.7	7008651.3
四川	19286477.6	19121672.1	8638898.1
贵州	6012718.7	5956507.5	3264508.6
云南	9240958.0	9143036.0	6737312.4
西藏	527109.5	519178.7	589336.1
陕西	9721510.9	9628243.1	7765279.1
甘肃	4023086.4	3984189.7	2008534.7
青海	1484563.7	1477509.1	1387087.3
宁夏	1230657.6	1214073.2	1126581.4
新疆	4333525.0	4308007.3	3369464.8

1-B-14　续表 9

(专卖店)　　单位：万元

地　区	营业收入	#主营业务收入	资产总计
全　国	**314778189.9**	**311823450.8**	**180493926.3**
北　京	17895640.3	17647039.6	10947555.3
天　津	9887978.8	9812787.6	5138061.1
河　北	12391081.8	12327818.7	6897879.6
山　西	6682000.1	6625589.6	4195257.6
内蒙古	5935503.1	5847806.7	5231275.2
辽　宁	9564215.1	9508727.6	6036018.1
吉　林	4303341.5	4277349.7	2616881.1
黑龙江	3245613.3	3215602.1	1669670.1
上　海	19851438.4	19617979.4	10980405.5
江　苏	24720004.5	24543294.6	12895135.8
浙　江	24690019.5	24548629.8	12987044.3
安　徽	9320103.8	9257949.7	5559882.2
福　建	10513913.5	10401569.1	5973445.7
江　西	5088165.8	5013740.4	2947234.5
山　东	25740146.4	25538012.2	13248827.4
河　南	12062400.6	11991959.7	7284344.1
湖　北	12471705.0	12415905.8	6784751.2
湖　南	11000957.0	10928823.1	5543249.6
广　东	31388801.5	30934111.6	17225545.5
广　西	4087008.0	4032226.6	2490062.4
海　南	1772002.1	1751565.6	1282445.3
重　庆	8652859.0	8595712.5	3842528.4
四　川	14773632.6	14625787.6	8464296.7
贵　州	4267795.6	4225023.9	3077440.3
云　南	7946784.0	7821271.5	5873324.6
西　藏	569988.6	566458.6	265788.0
陕　西	7350873.4	7217632.3	4719416.3
甘　肃	3330777.3	3310491.7	2048519.4
青　海	532124.6	527311.5	543524.3
宁　夏	1320237.5	1296885.0	1119713.4
新　疆	3421077.3	3398386.8	2604403.3

1-B-14 续表 10

(家居建材商店) 单位：万元

地 区	营业收入	#主营业务收入	资产总计
全 国	**18700680.0**	**18478715.1**	**18997614.9**
北 京	711766.2	694802.5	1357819.6
天 津	239890.2	235931.1	504134.8
河 北	261844.7	259927.4	425107.6
山 西	361491.5	351403.1	570002.5
内蒙古	299624.4	297859.4	418957.8
辽 宁	403492.7	403118.8	366958.4
吉 林	116122.1	114942.6	111010.7
黑龙江	172435.7	171125.3	154172.3
上 海	538117.6	513486.1	1062400.3
江 苏	2243411.4	2206230.4	2276671.5
浙 江	649555.5	646934.5	816402.7
安 徽	705918.9	703093.7	453122.1
福 建	1209768.6	1205650.9	628540.8
江 西	542160.6	540096.1	187471.6
山 东	1440110.1	1425860.2	1042937.8
河 南	606399.4	601813.2	550661.0
湖 北	876934.1	870192.0	2477110.9
湖 南	711293.6	708978.7	484694.3
广 东	1060350.3	1027452.6	1331846.0
广 西	75018.4	73927.8	256471.6
海 南	82560.5	81618.7	121227.4
重 庆	2453219.9	2438623.7	870107.2
四 川	557409.9	548774.4	771447.3
贵 州	82047.2	80933.7	214159.0
云 南	248340.8	245956.8	353117.0
西 藏	12915.8	12680.1	12084.5
陕 西	1765408.2	1748456.0	789968.9
甘 肃	146352.5	145246.0	169594.5
青 海	20684.4	18387.1	30121.0
宁 夏	38210.4	37882.2	82402.7
新 疆	67824.4	67330.1	106891.0

1-B-14　续表 11

(购物中心)　　　　　　　　　　　　　　　　　　　　　　　　　　单位：万元

地　区	营业收入	#主营业务收入	资产总计
全　国	**8429802.8**	**8211103.5**	**7996698.6**
北　京	265818.7	260608.7	284260.2
天　津	229385.1	219765.1	196185.7
河　北	117799.4	115165.9	129253.0
山　西	559004.4	548615.7	2502858.1
内蒙古	231190.9	228800.2	246000.2
辽　宁	125306.6	125296.8	88744.0
吉　林	244853.2	235653.5	210964.0
黑龙江	119031.2	118019.7	216226.0
上　海	262428.7	242317.6	421363.1
江　苏	808541.9	722733.6	466285.7
浙　江	213582.0	206520.8	642836.0
安　徽	171970.0	166324.0	106729.2
福　建	65482.4	65055.4	49665.6
江　西	60430.0	59675.8	37788.8
山　东	932255.0	917038.0	334500.1
河　南	349039.5	345278.5	227231.7
湖　北	139146.3	137290.3	225510.6
湖　南	117777.4	117005.6	67633.9
广　东	908324.0	898255.7	434021.6
广　西	37524.6	36350.3	38860.3
海　南	3289.2	3287.2	8481.9
重　庆	153296.3	145214.1	98106.5
四　川	310897.4	309815.4	211335.4
贵　州	5544.8	5544.8	7783.0
云　南	177131.8	175919.4	80047.6
西　藏	4517.3	4517.3	7819.4
陕　西	1618207.8	1609809.9	373482.8
甘　肃	55600.6	55513.6	75447.9
青　海	8135.5	7048.5	104596.5
宁　夏	17207.7	15497.2	26210.9
新　疆	117083.1	113165.1	76468.8

1-B-14 续表 12

(厂家直销中心)

单位：万元

地 区	营业收入	#主营业务收入	资产总计
全 国	**30417582.1**	**29966202.9**	**28103670.9**
北 京	1885187.0	1837860.7	2793966.4
天 津	938522.3	880804.5	549967.3
河 北	437003.9	434451.2	349519.2
山 西	1011533.1	1000878.5	839549.3
内蒙古	1210529.5	1204705.5	1126680.1
辽 宁	561927.0	553567.8	474140.5
吉 林	485673.2	482512.7	479447.2
黑龙江	459307.5	456943.8	403859.8
上 海	1607662.5	1576533.9	1479454.8
江 苏	2412801.5	2404627.3	3001547.6
浙 江	1373432.4	1296881.9	1321792.1
安 徽	927835.0	921073.6	767410.1
福 建	1157018.6	1150993.7	891159.1
江 西	504132.2	501056.6	484886.0
山 东	2044646.3	2034711.5	1681229.9
河 南	1130971.5	1120500.4	1264674.8
湖 北	1305125.8	1295202.5	1254078.5
湖 南	1091086.7	1073148.9	804250.0
广 东	2977125.7	2923727.5	2989311.0
广 西	149470.3	148438.1	160063.8
海 南	70539.5	69841.2	62671.3
重 庆	1369122.2	1359232.0	612919.2
四 川	884330.1	872192.2	849534.9
贵 州	468587.5	465689.9	237025.2
云 南	645865.0	633021.4	930784.5
西 藏	1179589.4	1161638.8	640260.6
陕 西	957284.3	948255.0	880902.4
甘 肃	307227.6	296785.0	251181.9
青 海	516023.9	515196.0	135140.4
宁 夏	49057.4	48561.3	57461.0
新 疆	298963.2	297169.6	328802.0

1-B-14　续表 13

(无店铺零售)　　单位：万元

地　区	营业收入	#主营业务收入	资产总计
全　国	**35806836.1**	**35237426.6**	**15909755.8**
北　京	13669801.0	13508283.9	5326811.1
天　津	845572.5	844199.1	358626.5
河　北	41023.9	40540.4	71360.7
山　西	63556.3	62205.5	57848.6
内蒙古	39341.7	38114.5	30065.9
辽　宁	328007.1	327896.7	126378.5
吉　林	20077.9	20020.0	9273.1
黑龙江	21050.5	20949.3	16217.0
上　海	6133121.7	6057794.7	3063150.9
江　苏	1827237.5	1816842.9	962825.9
浙　江	1947806.7	1924344.8	1093989.1
安　徽	265690.3	264031.4	148928.4
福　建	933679.3	932029.1	642784.2
江　西	517717.7	515883.2	362861.3
山　东	358816.0	358699.9	138585.6
河　南	74708.5	73795.6	55103.1
湖　北	1002449.0	825495.2	313813.8
湖　南	519809.2	519369.0	231416.5
广　东	5072902.1	4992159.2	1948317.5
广　西	19359.3	19140.1	28712.1
海　南	1407.3	1387.2	7988.7
重　庆	349484.2	344301.6	177649.6
四　川	1057404.4	1051161.7	312735.8
贵　州	414963.9	401098.3	215312.0
云　南	75181.5	73816.7	56839.0
西　藏	478.0	478.0	150.0
陕　西	165520.2	163409.5	103277.1
甘　肃	2749.7	2487.5	9557.0
青　海	2350.1	2350.1	2829.1
宁　夏	12070.4	11884.4	20936.3
新　疆	23498.2	23257.1	15411.3

1-B-14 续表 14

(电视购物) 单位：万元

地区	营业收入	#主营业务收入	资产总计
全国	**2817920.5**	**2793727.1**	**911292.7**
北京	438032.9	435366.8	112837.5
天津	57393.8	57273.7	5272.2
河北	1126.7	1126.7	578.1
山西	920.8	920.8	696.5
内蒙古	19.2	19.2	160.0
辽宁	27643.6	27642.7	10335.0
吉林	10751.8	10748.2	2100.9
黑龙江	17052.1	17052.1	11667.9
上海	702498.1	701945.9	137027.2
江苏	271696.8	268334.9	109806.6
浙江	237570.7	237272.1	33301.1
安徽	70406.6	69220.3	23377.9
福建	16759.5	16759.5	2867.7
江西	73738.0	73675.9	66010.3
山东	72210.9	72210.9	34001.0
河南	9967.3	9819.6	11892.6
湖北	21752.7	21751.7	16327.0
湖南	386137.8	386137.8	158590.1
广东	52484.5	52297.8	31252.4
广西	90.0	90.0	50.0
海南	124.6	104.6	272.3
重庆	29159.1	29159.1	17050.8
四川	23892.2	22967.9	13956.0
贵州	147830.2	135646.7	60582.1
云南	18214.0	17252.7	8747.7
西藏			
陕西	127419.4	125903.4	40708.1
甘肃	110.6	109.5	52.0
青海			
宁夏	5.5	5.5	1445.9
新疆	2911.1	2911.1	225.6

1-B-14　续表 15

(邮购)　　　　单位：万元

地　区	营业收入	#主营业务收入	资产总计
全　国	**618638.1**	**611040.3**	**572193.3**
北　京	128140.5	124414.8	171714.6
天　津	15851.1	15490.2	5575.4
河　北	3708.1	3633.9	6343.9
山　西	1389.4	1389.4	1450.3
内蒙古	991.7	988.7	1659.1
辽　宁	5410.4	5404.9	4288.8
吉　林	300.1	300.1	840.9
黑龙江	79.6	79.6	104.5
上　海	60421.6	60265.4	192589.7
江　苏	43005.7	42859.6	27474.6
浙　江	18992.3	18900.2	16883.6
安　徽	1453.2	1453.2	1198.0
福　建	36293.5	36288.8	14764.6
江　西	776.2	776.2	317.4
山　东	4447.3	4447.3	5584.4
河　南	4700.5	4400.5	4534.0
湖　北	6776.7	6768.6	6220.9
湖　南	4491.5	4361.5	4694.5
广　东	64003.5	63133.4	50068.7
广　西	989.1	967.1	1186.9
海　南	14.3	14.3	278.7
重　庆	10487.4	8853.7	4156.5
四　川	199002.7	198992.7	39476.4
贵　州			
云　南	977.9	971.9	1324.3
西　藏			
陕　西	4785.7	4740.9	8699.9
甘　肃	43.2	38.4	19.6
青　海			40.0
宁　夏	36.7	36.7	56.5
新　疆	1068.4	1068.4	646.7

1-B-14 续表 16

(网上商店) 单位：万元

地区	营业收入	#主营业务收入	资产总计
全国	**28653099.6**	**28196030.5**	**10287542.9**
北京	12014999.8	11881218.8	3310837.3
天津	692538.5	692054.4	262394.1
河北	27427.8	27327.3	39120.5
山西	38760.8	38648.3	19688.4
内蒙古	6444.9	6344.9	4846.0
辽宁	266234.9	266206.9	74057.3
吉林	4800.2	4795.9	1977.0
黑龙江	2296.1	2296.1	2906.2
上海	4731896.7	4663671.2	2180502.2
江苏	1274761.0	1271060.6	535264.1
浙江	1627622.5	1604704.7	1003492.9
安徽	176440.2	176072.1	97626.2
福建	818662.1	817274.7	487995.2
江西	32154.4	30693.5	16620.5
山东	260990.3	260924.0	85449.4
河南	28397.4	28350.6	14291.8
湖北	937502.3	760658.5	252172.6
湖南	112645.9	112346.9	52233.2
广东	4579712.3	4536702.7	1564972.7
广西	9928.2	9842.0	6256.2
海南	800.0	800.0	3566.7
重庆	234770.6	233606.6	65020.4
四川	729617.2	727231.2	165915.5
贵州	5161.9	5032.8	3042.6
云南	16872.2	16649.9	6718.5
西藏			
陕西	19111.1	19009.5	26132.1
甘肃	165.6	155.4	2335.9
青海	2.0	2.0	1.0
宁夏	184.4	154.3	477.2
新疆	2198.5	2194.8	1629.4

1-B-14　续表 17

(自动售货亭)　　　　单位：万元

地　区	营业收入	#主营业务收入	资产总计
全　国	**188837.0**	**186342.4**	**172801.5**
北　京	16172.4	15151.9	20090.6
天　津	1093.5	1093.5	1828.5
河　北	325.5	305.5	90.4
山　西	3233.6	3203.6	1361.8
内蒙古	5378.9	5373.9	2197.5
辽　宁	2359.8	2359.4	3833.2
吉　林	3978.5	3928.5	3260.8
黑龙江	464.3	363.1	658.1
上　海	53536.1	53536.1	41115.7
江　苏	12093.4	11894.6	10754.1
浙　江	68.1	68.1	15.9
安　徽	1257.0	1257.0	869.9
福　建	4180.8	4166.8	9178.0
江　西	996.2	996.2	362.4
山　东	3025.8	3000.6	2582.8
河　南	8008.9	7621.6	4021.5
湖　北	1041.6	1013.7	1089.3
湖　南	2703.8	2703.8	6944.3
广　东	14512.5	14153.0	5493.2
广　西	2579.1	2522.0	3902.5
海　南	5.9	5.9	361.7
重　庆	1259.9	1259.7	4553.1
四　川	29696.7	29695.7	26739.2
贵　州	241.7	231.7	872.4
云　南	7180.1	7163.6	6351.5
西　藏	478.0	478.0	150.0
陕　西	4207.7	4207.7	9176.8
甘　肃	950.0	780.0	2165.9
青　海	2250.6	2250.6	895.4
宁　夏	108.0	108.0	85.0
新　疆	5448.6	5448.6	1799.9

1-B-14 续表 18

(电话购物) 单位：万元

地区	营业收入	#主营业务收入	资产总计
全国	**3528340.8**	**3450286.4**	**3965925.5**
北京	1072455.5	1052131.5	1711331.1
天津	78695.7	78287.4	83556.3
河北	8435.9	8146.9	25227.7
山西	19251.7	18043.3	34651.7
内蒙古	26507.0	25387.8	21203.3
辽宁	26358.4	26282.8	33864.2
吉林	247.4	247.4	1093.5
黑龙江	1158.4	1158.4	880.3
上海	584769.2	578376.2	511916.1
江苏	225680.7	222693.2	279526.6
浙江	63553.0	63399.8	40295.6
安徽	16133.3	16028.9	25856.4
福建	57783.4	57539.3	127978.7
江西	410052.9	409741.4	279550.7
山东	18141.7	18117.2	10967.9
河南	23634.3	23603.3	20363.2
湖北	35375.7	35302.7	38004.0
湖南	13830.2	13819.0	8954.4
广东	362189.4	325872.3	296530.5
广西	5773.0	5719.0	17316.5
海南	462.3	462.3	3509.3
重庆	73807.1	71422.5	86868.8
四川	75195.7	72274.3	66648.7
贵州	261730.1	260187.2	150814.9
云南	31937.3	31778.6	33696.9
西藏			
陕西	9996.2	9548.0	18560.2
甘肃	1480.4	1404.3	4983.6
青海	97.5	97.5	1792.7
宁夏	11735.8	11579.8	18871.7
新疆	11871.5	11634.1	11109.7

第2篇

住宿和餐饮业基本情况及财务状况

A. 行业部分

2-A-1　住宿业法人企业基本情况

分　　组	法人单位数（个）	年末从业人数（人）	年末餐饮营业面积（万平方米）
总　计	**73464**	**2943241**	**5670.8**
按国民经济行业分组			
旅游饭店	23975	1993307	2123.9
一般旅馆	42224	800795	2900.8
其他住宿业	7265	149139	646.1
按登记注册类型分组			
内资企业	71995	2684781	5556.0
国有企业	5051	365059	394.7
集体企业	2578	65801	152.2
股份合作企业	928	18085	58.7
联营企业	301	8251	19.2
国有联营企业	54	2747	4.7
集体联营企业	134	2652	9.0
国有与集体联营企业	29	1281	2.0
其他联营企业	84	1571	3.6
有限责任公司	14032	956109	1275.9
国有独资公司	417	61475	29.9
其他有限责任公司	13615	894634	1246.0
股份有限公司	1478	97437	148.8
私营企业	43975	1103138	3214.5
私营独资企业	19038	254782	1243.6
私营合伙企业	2787	49072	218.9
私营有限责任公司	20902	748330	1650.4
私营股份有限公司	1248	50954	101.5
其他企业	3652	70901	291.9
港、澳、台商投资企业	794	151730	64.5
合资经营企业	308	72878	23.4
合作经营企业	77	17644	5.4
独资经营企业	363	54843	33.1
投资股份有限公司	34	5379	2.3
其他港澳台商投资企业	12	986	0.4
外商投资企业	675	106730	50.3
中外合资经营企业	259	48814	19.3
中外合作经营企业	75	15505	5.3
外资企业	295	38988	23.7
外商投资股份有限公司	23	2197	1.0
其他外商投资企业	23	1226	1.0
按星级分组			
一星	1040	17362	275.0
二星	3353	114469	429.1
三星	8072	520109	678.2
四星	3389	543435	428.8
五星	1177	386521	339.2
其他	56433	1361345	3520.4

2-A-2 住宿业法人企业财务状况

单位：万元

分组	营业收入	#主营业务收入	资产总计
总计	**43626822.7**	**42946664.9**	**137459011.3**
按国民经济行业分组			
旅游饭店	31403247.6	30917370.8	107235118.6
一般旅馆	10495650.5	10336220.8	24276376.3
其他住宿业	1727924.6	1693073.3	5947516.4
按登记注册类型分组			
内资企业	37686568.2	37108284.7	114305973.9
国有企业	5217553.2	5111635.0	15490177.6
集体企业	828387.2	815081.6	1852333.9
股份合作企业	207176.6	201993.0	576248.3
联营企业	115809.0	114558.6	261403.0
国有联营企业	38509.5	38243.5	93905.8
集体联营企业	31197.0	30796.0	56019.5
国有与集体联营企业	20935.9	20779.3	50913.7
其他联营企业	25166.6	24739.8	60564.0
有限责任公司	14324848.7	14125459.1	51022134.6
国有独资公司	1061431.5	1044941.9	3731557.0
其他有限责任公司	13263417.2	13080517.2	47290577.7
股份有限公司	1454221.8	1434854.4	5087742.8
私营企业	14740277.9	14518892.1	38542732.9
私营独资企业	3014212.2	2971711.5	5914793.7
私营合伙企业	593739.8	583858.3	1020646.5
私营有限责任公司	10412657.4	10255405.3	29421836.5
私营股份有限公司	719668.4	707917.0	2185456.3
其他企业	798293.8	785810.9	1473200.7
港、澳、台商投资企业	3462359.0	3394362.3	14795066.7
合资经营企业	1662168.9	1622517.0	6450831.7
合作经营企业	409087.4	400439.9	1311568.7
独资经营企业	1275413.1	1256304.4	6564135.6
投资股份有限公司	100749.1	100167.2	384323.0
其他港澳台商投资企业	14940.6	14933.8	84207.8
外商投资企业	2477895.4	2444017.9	8357970.7
中外合资经营企业	1141229.6	1128660.6	3806898.3
中外合作经营企业	390968.1	387272.1	1008696.2
外资企业	891280.7	874884.9	3110483.8
外商投资股份有限公司	39089.9	38525.8	336078.5
其他外商投资企业	15327.1	14674.4	95813.8
按星级分组			
一星	233994.1	230583.2	644692.8
二星	1574615.2	1543858.0	3139473.1
三星	6947403.9	6821932.4	17357707.1
四星	8279512.6	8133354.7	26505046.3
五星	8274745.3	8170417.2	32710672.8
其他	18316551.5	18046519.5	57101419.2

2-A-3　餐饮业法人企业基本情况

分　　组	法人单位数（个）	年末从业人数（人）	年末餐饮营业面积（万平方米）
总　计	**126127**	**3973084**	**5917.2**
按国民经济行业分组			
正餐服务	97910	3073681	4916.0
快餐服务	9273	552486	388.0
饮料及冷饮服务	5981	100112	178.8
茶馆服务	1997	21593	71.0
咖啡馆服务	1850	43647	61.8
酒吧服务	997	16848	28.9
其他饮料及冷饮服务	1137	18024	17.2
其他餐饮业	12963	246805	434.3
小吃服务	4632	53206	109.7
餐饮配送服务	2361	64417	84.2
其他未列明餐饮业	5970	129182	240.4
按登记注册类型分组			
内资企业	123166	3364012	5638.8
国有企业	1474	71887	104.2
集体企业	1611	29348	60.0
股份合作企业	1227	22400	43.1
联营企业	296	5325	14.4
国有联营企业	17	380	0.7
集体联营企业	102	2066	5.9
国有与集体联营企业	18	237	1.1
其他联营企业	159	2642	6.8
有限责任公司	19144	843809	1069.3
国有独资公司	166	19541	12.3
其他有限责任公司	18978	824268	1057.0
股份有限公司	1502	87299	102.9
私营企业	90094	2170841	3901.2
私营独资企业	42127	638036	1637.3
私营合伙企业	3589	77066	187.3
私营有限责任公司	42578	1382167	1978.2
私营股份有限公司	1800	73572	98.3
其他企业	7818	133103	343.8
港、澳、台商投资企业	1342	195614	100.7
合资经营企业	279	47013	22.2
合作经营企业	65	8999	4.5
独资经营企业	946	137947	71.7
投资股份有限公司	26	1120	1.7
其他港澳台商投资企业	26	535	0.7
外商投资企业	1619	413458	177.6
中外合资经营企业	356	88844	41.9
中外合作经营企业	40	6161	1.9
外资企业	1103	313620	128.9
外商投资股份有限公司	65	3374	3.1
其他外商投资企业	55	1459	1.7

2-A-4 餐饮业法人企业财务状况

单位：万元

分 组	营业收入	#主营业务收入	资产总计
总 计	**61548690.9**	**60994692.0**	**67166534.0**
按国民经济行业分组			
正餐服务	46431557.9	46009338.9	56586538.6
快餐服务	10227586.0	10141478.2	5681063.4
饮料及冷饮服务	1638974.1	1626631.1	1328710.6
茶馆服务	225643.7	220695.1	308615.1
咖啡馆服务	879619.6	874993.5	609995.7
酒吧服务	172644.1	171275.0	199011.2
其他饮料及冷饮服务	361066.6	359667.5	211088.6
其他餐饮业	3250573.0	3217243.8	3570221.4
小吃服务	683000.7	676100.9	585629.4
餐饮配送服务	867796.4	857633.3	682270.3
其他未列明餐饮业	1699775.9	1683509.6	2302321.6
按登记注册类型分组			
内资企业	48921486.2	48439733.4	58388302.3
国有企业	956038.7	937709.3	1696964.0
集体企业	407772.4	399889.6	490397.2
股份合作企业	302110.3	298170.5	550017.7
联营企业	96466.0	95406.3	68811.8
国有联营企业	2100.2	2100.2	1599.1
集体联营企业	67939.7	67364.9	37264.0
国有与集体联营企业	2313.0	2020.3	6422.1
其他联营企业	24113.1	23920.9	23526.6
有限责任公司	12096301.4	11930432.5	18021715.3
国有独资公司	355385.8	350316.6	649136.0
其他有限责任公司	11740915.6	11580115.9	17372579.3
股份有限公司	1550202.3	1523320.9	2954554.6
私营企业	31879892.2	31651603.8	33030563.8
私营独资企业	9029538.6	8957150.2	7501526.0
私营合伙企业	976298.8	968183.6	761597.0
私营有限责任公司	20758322.9	20618606.0	23387472.1
私营股份有限公司	1115731.8	1107664.0	1379968.6
其他企业	1632702.9	1603200.4	1575277.9
港、澳、台商投资企业	3998083.8	3974193.6	3695188.7
合资经营企业	739291.4	732665.2	872798.3
合作经营企业	220330.6	220047.1	194171.6
独资经营企业	3009339.5	2992507.3	2500019.6
投资股份有限公司	21787.0	21645.7	115653.3
其他港澳台商投资企业	7335.3	7328.4	12545.9
外商投资企业	8629120.9	8580765.0	5083043.1
中外合资经营企业	1949757.1	1933865.8	1451887.2
中外合作经营企业	128359.8	128321.6	65595.1
外资企业	6468796.8	6438476.9	3470463.6
外商投资股份有限公司	56549.2	54446.3	75731.4
其他外商投资企业	25658.0	25654.3	19365.9

B. 地区部分

2-B-1　分地区住宿业法人企业基本情况

地　区	法人单位数（个）	年末从业人数（人）	年末餐饮营业面积（万平方米）
全　国	**73464**	**2943241**	**5670.8**
北　京	4810	181092	186.7
天　津	749	34468	58.1
河　北	2007	94422	199.5
山　西	1520	72154	133.5
内蒙古	1309	49911	163.0
辽　宁	2773	78100	113.7
吉　林	767	32387	77.3
黑龙江	1295	39920	89.5
上　海	3302	111526	208.5
江　苏	3642	150383	135.2
浙　江	6113	192828	376.8
安　徽	2067	75514	177.3
福　建	3122	121276	200.0
江　西	1702	66773	164.1
山　东	3687	158643	237.9
河　南	3647	145521	330.8
湖　北	2863	101917	225.2
湖　南	3408	145918	319.4
广　东	7491	382103	624.8
广　西	1726	73068	130.5
海　南	908	75685	107.2
重　庆	1909	62295	129.0
四　川	3258	131870	319.0
贵　州	1517	48506	160.4
云　南	2149	90860	181.7
西　藏	334	10839	49.3
陕　西	2578	111365	237.1
甘　肃	1213	41316	168.7
青　海	438	14252	67.0
宁　夏	363	13632	26.0
新　疆	797	34697	73.6

2-B-2 分地区住宿业法人企业基本(按国民经济行业分)

(旅游饭店)

地 区	法人单位数(个)	年末从业人数(人)	年末餐饮营业面积(万平方米)
全 国	**23975**	**1993307**	**2123.9**
北 京	1188	129962	60.6
天 津	222	20137	19.4
河 北	720	57083	66.6
山 西	387	39555	34.2
内蒙古	486	31624	58.0
辽 宁	777	55106	45.2
吉 林	275	22579	25.5
黑龙江	412	23169	34.2
上 海	530	68350	43.9
江 苏	1068	111369	69.3
浙 江	1608	139499	120.0
安 徽	816	52204	82.2
福 建	1153	86698	75.3
江 西	632	40521	64.4
山 东	1340	107591	93.8
河 南	1106	83893	119.6
湖 北	946	64727	89.9
湖 南	1157	91098	111.9
广 东	2679	278732	258.3
广 西	711	51688	54.4
海 南	567	69120	62.9
重 庆	644	41060	49.8
四 川	1098	85317	116.0
贵 州	562	32562	77.8
云 南	804	61849	59.1
西 藏	169	8313	26.9
陕 西	887	69633	86.0
甘 肃	391	25751	60.3
青 海	126	9311	18.7
宁 夏	150	9851	11.2
新 疆	364	24955	28.7

2-B-2 续表 1

(一般旅馆)

地 区	法人单位数 (个)	年末从业人数 (人)	年末餐饮营业面积 (万平方米)
全 国	**42224**	**800795**	**2900.8**
北 京	2988	44165	97.5
天 津	398	11073	24.8
河 北	1079	30083	112.2
山 西	912	26701	76.1
内蒙古	691	15685	83.9
辽 宁	1793	20475	59.7
吉 林	357	6883	34.3
黑龙江	746	13308	43.6
上 海	2527	38293	152.1
江 苏	2291	33661	57.2
浙 江	4236	49832	241.3
安 徽	1100	20059	77.9
福 建	1716	29105	106.1
江 西	859	22088	76.4
山 东	2049	44606	123.8
河 南	2313	55980	191.0
湖 北	1565	30963	103.5
湖 南	1757	43303	160.9
广 东	4253	88866	321.1
广 西	836	17993	60.1
海 南	269	5024	38.4
重 庆	1003	15214	60.2
四 川	1743	38268	142.0
贵 州	716	12007	49.5
云 南	1103	23756	94.9
西 藏	127	1757	17.1
陕 西	1399	34980	125.9
甘 肃	608	11134	82.2
青 海	240	4013	36.4
宁 夏	205	3421	14.5
新 疆	345	8099	36.0

2-B-2 续表 2

(其他住宿业)

地 区	法人单位数(个)	年末从业人数(人)	年末餐饮营业面积(万平方米)
全 国	**7265**	**149139**	**646.1**
北 京	634	6965	28.6
天 津	129	3258	13.8
河 北	208	7256	20.6
山 西	221	5898	23.2
内蒙古	132	2602	21.1
辽 宁	203	2519	8.8
吉 林	135	2925	17.5
黑龙江	137	3443	11.7
上 海	245	4883	12.5
江 苏	283	5353	8.7
浙 江	269	3497	15.5
安 徽	151	3251	17.2
福 建	253	5473	18.6
江 西	211	4164	23.3
山 东	298	6446	20.3
河 南	228	5648	20.2
湖 北	352	6227	31.8
湖 南	494	11517	46.6
广 东	559	14505	45.4
广 西	179	3387	16.1
海 南	72	1541	5.9
重 庆	262	6021	19.0
四 川	417	8285	61.0
贵 州	239	3937	33.1
云 南	242	5255	27.7
西 藏	38	769	5.2
陕 西	292	6752	25.3
甘 肃	214	4431	26.2
青 海	72	928	11.9
宁 夏	8	360	0.4
新 疆	88	1643	8.9

2-B-3 分地区住宿业法人企业基本情况(按登记注册类型分)

(内资企业)

地 区	法人单位数(个)	年末从业人数(人)	年末餐饮营业面积(万平方米)
全 国	**71995**	**2684781**	**5556.0**
北 京	4730	155108	182.6
天 津	720	31434	56.5
河 北	1993	92024	198.8
山 西	1515	71518	133.0
内蒙古	1298	48364	161.5
辽 宁	2692	68149	110.4
吉 林	754	30174	75.9
黑龙江	1276	37910	88.1
上 海	3215	95822	202.7
江 苏	3536	135855	125.1
浙 江	6002	175914	368.7
安 徽	2030	72196	173.9
福 建	3002	100684	191.7
江 西	1673	64292	162.6
山 东	3631	150617	234.6
河 南	3624	141236	329.4
湖 北	2831	95902	220.8
湖 南	3368	138606	316.0
广 东	7150	314426	595.5
广 西	1684	66427	127.2
海 南	858	61593	103.5
重 庆	1889	58400	127.0
四 川	3227	126156	314.4
贵 州	1507	47351	160.0
云 南	2103	86328	177.4
西 藏	330	10523	48.8
陕 西	2558	105154	235.6
甘 肃	1210	40752	168.4
青 海	436	13824	66.9
宁 夏	362	13550	25.9
新 疆	791	34492	73.1

2-B-3 续表 1

(国有企业)

地 区	法人单位数(个)	年末从业人数(人)	年末餐饮营业面积(万平方米)
全 国	**5051**	**365059**	**394.7**
北 京	555	40106	24.0
天 津	103	6320	5.9
河 北	278	21305	24.5
山 西	202	14855	15.9
内蒙古	80	5271	8.2
辽 宁	271	13262	15.2
吉 林	100	8453	9.3
黑龙江	166	9324	14.7
上 海	138	14399	9.7
江 苏	194	19778	10.1
浙 江	170	11143	8.0
安 徽	110	5800	8.0
福 建	140	9615	9.7
江 西	211	10673	20.6
山 东	268	28881	18.9
河 南	197	18909	15.7
湖 北	154	9971	14.6
湖 南	165	11763	14.0
广 东	309	27027	28.1
广 西	145	9130	12.7
海 南	56	3206	4.7
重 庆	54	4017	7.3
四 川	161	8974	14.5
贵 州	94	5224	12.5
云 南	179	10312	15.1
西 藏	46	3158	5.1
陕 西	192	12507	19.2
甘 肃	120	8370	10.8
青 海	33	1983	3.0
宁 夏	13	1323	0.8
新 疆	147	10000	14.0

2-B-3　续表 2

(集体企业)

地　区	法人单位数(个)	年末从业人数(人)	年末餐饮营业面积(万平方米)
全　国	**2578**	**65801**	**152.2**
北　京	363	7843	11.0
天　津	50	1425	3.4
河　北	125	3194	9.3
山　西	93	3070	6.3
内蒙古	29	921	2.7
辽　宁	166	3098	6.3
吉　林	24	331	1.0
黑龙江	44	687	2.0
上　海	102	2836	4.4
江　苏	125	2896	2.8
浙　江	136	3078	5.1
安　徽	55	858	2.5
福　建	89	1463	4.9
江　西	23	432	2.3
山　东	130	4693	6.7
河　南	119	4569	8.1
湖　北	50	2094	4.4
湖　南	57	1906	2.8
广　东	185	4754	10.5
广　西	84	1564	4.4
海　南	16	203	0.9
重　庆	39	1242	2.6
四　川	110	2551	9.2
贵　州	30	849	1.8
云　南	98	2580	8.8
西　藏	25	746	4.9
陕　西	91	2043	6.1
甘　肃	79	1617	12.6
青　海	17	1281	2.4
宁　夏	6	76	0.2
新　疆	18	901	1.9

2-B-3 续表 3

(股份合作企业)

地 区	法人单位数(个)	年末从业人数(人)	年末餐饮营业面积(万平方米)
全 国	**928**	**18085**	**58.7**
北 京	325	3696	9.8
天 津	3	512	0.2
河 北	15	782	1.7
山 西	4	120	0.3
内蒙古	11	305	1.8
辽 宁	24	182	0.3
吉 林	8	177	0.7
黑龙江	8	604	1.1
上 海	20	175	0.7
江 苏	19	127	0.4
浙 江	118	1235	5.4
安 徽	26	458	2.5
福 建	26	770	1.7
江 西	39	729	3.7
山 东	30	724	1.8
河 南	34	1247	3.4
湖 北	18	546	1.5
湖 南	25	932	3.1
广 东	55	1542	3.9
广 西	9	339	0.3
海 南	10	365	0.9
重 庆	9	111	0.8
四 川	43	1185	5.5
贵 州	8	175	1.6
云 南	11	278	0.9
西 藏	2	65	0.4
陕 西	16	500	1.0
甘 肃	9	175	2.8
青 海	1	14	
宁 夏	1	7	
新 疆	1	8	0.1

2-B-3　续表 4

(有限责任公司)

地　区	法人单位数(个)	年末从业人数(人)	年末餐饮营业面积(万平方米)
全　国	**14032**	**956109**	**1275.9**
北　京	1051	67755	49.9
天　津	193	14198	14.0
河　北	536	31831	52.8
山　西	148	12256	16.5
内蒙古	349	18588	44.5
辽　宁	393	19504	20.6
吉　林	166	9260	19.6
黑龙江	282	10977	21.7
上　海	340	34030	26.6
江　苏	471	39660	23.5
浙　江	512	58293	30.4
安　徽	393	25309	40.6
福　建	506	34251	31.5
江　西	313	20766	34.3
山　东	621	47005	39.0
河　南	897	48678	98.8
湖　北	675	34620	54.0
湖　南	443	41467	45.9
广　东	1457	118892	144.3
广　西	315	17520	22.9
海　南	394	41595	46.4
重　庆	298	22544	25.6
四　川	845	48632	98.7
贵　州	403	21967	54.1
云　南	464	33438	41.6
西　藏	60	2047	10.3
陕　西	878	48718	88.4
甘　肃	308	14438	46.9
青　海	52	2444	10.6
宁　夏	60	3431	3.4
新　疆	209	11995	18.6

2-B-3 续表 5

(股份有限公司)

地 区	法人单位数(个)	年末从业人数(人)	年末餐饮营业面积(万平方米)
全 国	**1478**	**97437**	**148.8**
北 京	38	2319	2.0
天 津	10	256	0.8
河 北	49	3487	5.0
山 西	30	2306	3.5
内蒙古	42	1718	11.5
辽 宁	38	1041	2.4
吉 林	25	1212	3.7
黑龙江	32	1563	3.0
上 海	32	1953	1.4
江 苏	75	6880	4.4
浙 江	31	4297	2.5
安 徽	58	4756	4.5
福 建	53	3434	4.0
江 西	77	3696	7.1
山 东	100	6203	8.5
河 南	119	7168	12.3
湖 北	41	3192	3.2
湖 南	88	8186	10.4
广 东	123	9432	10.7
广 西	65	3858	4.9
海 南	42	2914	4.0
重 庆	30	2348	1.7
四 川	105	6290	9.9
贵 州	20	702	4.6
云 南	47	2859	6.2
西 藏	7	381	0.4
陕 西	46	2109	8.3
甘 肃	33	1470	6.4
青 海	7	541	1.2
宁 夏	3	190	0.1
新 疆	12	676	0.4

2-B-3　续表 6

(私营企业)

地　区	法人单位数（个）	年末从业人数（人）	年末餐饮营业面积（万平方米）
全　国	**43975**	**1103138**	**3214.5**
北　京	2314	32810	83.8
天　津	301	7717	27.6
河　北	890	29633	97.0
山　西	1002	37945	87.7
内蒙古	706	19832	86.5
辽　宁	1652	29527	60.9
吉　林	367	9621	36.4
黑龙江	624	12910	36.6
上　海	2547	40799	157.7
江　苏	2534	64399	80.2
浙　江	4943	96380	312.3
安　徽	1269	33029	107.5
福　建	2002	47087	129.4
江　西	894	25481	83.2
山　东	2284	58720	143.4
河　南	1776	53134	149.1
湖　北	1640	40465	121.8
湖　南	2327	69147	212.0
广　东	4608	142338	374.2
广　西	993	31894	77.7
海　南	289	10381	40.6
重　庆	1322	25960	80.5
四　川	1782	54630	160.9
贵　州	873	17202	76.8
云　南	1148	33313	90.9
西　藏	149	3321	24.4
陕　西	1291	37417	110.4
甘　肃	524	12752	63.6
青　海	298	6808	47.1
宁　夏	259	8021	19.4
新　疆	367	10465	35.1

2-B-3 续表 7

(其他企业)

地 区	法人单位数(个)	年末从业人数(人)	年末餐饮营业面积(万平方米)
全 国	**3652**	**70901**	**291.9**
北 京	56	251	1.4
天 津	54	964	4.4
河 北	91	1442	7.8
山 西	33	919	2.9
内蒙古	76	1505	5.9
辽 宁	137	1419	4.0
吉 林	60	1086	5.0
黑龙江	113	1763	8.5
上 海	29	1002	1.9
江 苏	111	1963	3.5
浙 江	86	666	4.5
安 徽	115	1946	8.0
福 建	173	3157	10.1
江 西	107	2406	10.3
山 东	189	4212	15.4
河 南	450	7015	40.2
湖 北	243	4864	20.9
湖 南	251	4912	26.7
广 东	375	9438	22.0
广 西	66	2057	4.1
海 南	46	2570	5.7
重 庆	133	2155	8.3
四 川	167	3033	14.6
贵 州	66	1097	6.8
云 南	146	3226	13.4
西 藏	34	693	2.0
陕 西	29	1671	1.3
甘 肃	136	1929	25.1
青 海	28	753	2.6
宁 夏	18	404	2.0
新 疆	34	383	2.8

2-B-3 续表 8

(港、澳、台商投资企业)

地 区	法人单位数（个）	年末从业人数（人）	年末餐饮营业面积（万平方米）
全 国	**794**	**151730**	**64.5**
北 京	46	17721	2.8
天 津	12	1136	0.1
河 北	8	1086	0.2
山 西	3	566	0.3
内蒙古	2	294	0.1
辽 宁	32	5461	1.2
吉 林	3	443	0.2
黑龙江	12	1144	0.9
上 海	32	8301	3.0
江 苏	49	7256	3.3
浙 江	59	11285	4.4
安 徽	20	1922	2.0
福 建	66	12020	5.1
江 西	13	1217	0.8
山 东	26	5398	1.9
河 南	15	3424	1.0
湖 北	21	4548	1.4
湖 南	33	6276	3.1
广 东	223	38105	21.0
广 西	24	5292	1.9
海 南	29	7187	2.4
重 庆	9	1506	1.1
四 川	18	3757	2.8
贵 州	7	925	0.2
云 南	18	1852	2.4
西 藏	1	186	0.1
陕 西	9	3190	0.8
甘 肃	2	189	0.2
青 海			
宁 夏			
新 疆	2	43	

2-B-3 续表 9

(外商投资企业)

地 区	法人单位数(个)	年末从业人数(人)	年末餐饮营业面积(万平方米)
全 国	**675**	**106730**	**50.3**
北 京	34	8263	1.3
天 津	17	1898	1.4
河 北	6	1312	0.5
山 西	2	70	0.1
内蒙古	9	1253	1.4
辽 宁	49	4490	2.1
吉 林	10	1770	1.2
黑龙江	7	866	0.5
上 海	55	7403	2.9
江 苏	57	7272	6.8
浙 江	52	5629	3.7
安 徽	17	1396	1.4
福 建	54	8572	3.2
江 西	16	1264	0.6
山 东	30	2628	1.5
河 南	8	861	0.4
湖 北	11	1467	3.0
湖 南	7	1036	0.4
广 东	118	29572	8.3
广 西	18	1349	1.4
海 南	21	6905	1.3
重 庆	11	2389	1.0
四 川	13	1957	1.8
贵 州	3	230	0.2
云 南	28	2680	1.9
西 藏	3	130	0.4
陕 西	11	3021	0.7
甘 肃	1	375	0.1
青 海	2	428	0.1
宁 夏	1	82	0.1
新 疆	4	162	0.5

2-B-4　分地区住宿业法人企业基本情况(按星级分)

(一星)

地　区	法人单位数 (个)	年末从业人数 (人)	年末餐饮营业面积 (万平方米)
全　国	**1040**	**17362**	**275.0**
北　京	42	340	11.8
天　津	7	151	3.0
河　北	13	292	9.0
山　西	11	143	5.2
内蒙古	18	282	6.6
辽　宁	33	584	7.5
吉　林	16	229	3.5
黑龙江	16	246	3.3
上　海	33	236	9.1
江　苏	93	972	13.8
浙　江	89	1446	20.2
安　徽	52	625	8.1
福　建	33	427	11.8
江　西	19	552	5.2
山　东	39	601	13.0
河　南	64	1105	16.6
湖　北	41	594	13.2
湖　南	53	1088	13.1
广　东	195	2838	35.1
广　西	15	211	6.8
海　南	10	515	5.9
重　庆	24	754	6.9
四　川	24	1000	15.0
贵　州	9	229	3.4
云　南	29	945	9.9
西　藏	3	32	0.4
陕　西	17	298	11.1
甘　肃	21	431	3.2
青　海	4	37	0.9
宁　夏	8	90	0.8
新　疆	9	69	1.6

2-B-4 续表 1

(二星)

地 区	法人单位数(个)	年末从业人数(人)	年末餐饮营业面积(万平方米)
全 国	**3353**	**114469**	**429.1**
北 京	165	7014	14.7
天 津	27	701	4.5
河 北	85	4585	11.6
山 西	64	3595	6.7
内蒙古	87	3751	11.9
辽 宁	104	3046	11.6
吉 林	19	656	3.1
黑龙江	68	1738	7.6
上 海	72	1970	12.0
江 苏	153	3909	14.5
浙 江	314	9759	38.4
安 徽	108	3674	12.7
福 建	95	2523	15.0
江 西	100	2616	12.0
山 东	168	6465	18.7
河 南	249	9382	27.4
湖 北	126	4012	18.1
湖 南	225	7207	23.4
广 东	253	7683	43.0
广 西	104	3639	10.6
海 南	28	1065	8.7
重 庆	43	1146	8.3
四 川	117	5705	22.0
贵 州	54	1482	7.0
云 南	183	5634	18.4
西 藏	32	742	4.0
陕 西	116	4759	18.1
甘 肃	85	3277	16.6
青 海	29	498	2.3
宁 夏	12	200	0.9
新 疆	68	2036	5.3

2-B-4　续表 2

(三星)

地　区	法人单位数(个)	年末从业人数(人)	年末餐饮营业面积(万平方米)
全　国	**8072**	**520109**	**678.2**
北　京	283	27976	15.4
天　津	82	4720	6.2
河　北	215	18939	18.4
山　西	157	15477	12.7
内蒙古	109	8774	13.8
辽　宁	249	13973	15.5
吉　林	103	5988	8.2
黑龙江	350	8677	22.2
上　海	164	13459	18.8
江　苏	420	24640	21.8
浙　江	489	33918	34.0
安　徽	271	13377	20.2
福　建	316	18446	22.5
江　西	282	13060	26.3
山　东	434	35047	25.5
河　南	467	31563	49.2
湖　北	333	19199	28.3
湖　南	376	27565	43.9
广　东	926	57352	69.0
广　西	239	14615	18.0
海　南	105	5799	17.7
重　庆	135	9324	12.3
四　川	235	19376	24.1
贵　州	153	8709	15.3
云　南	310	15894	29.9
西　藏	69	2881	11.9
陕　西	285	21120	31.4
甘　肃	186	11492	21.9
青　海	55	3679	7.4
宁　夏	64	3587	3.2
新　疆	210	11483	13.3

2-B-4 续表 3

(四星)

地 区	法人单位数(个)	年末从业人数(人)	年末餐饮营业面积(万平方米)
全 国	**3389**	**543435**	**428.8**
北 京	113	32652	11.4
天 津	45	6604	6.3
河 北	113	19947	17.3
山 西	85	13020	8.6
内蒙古	60	7839	8.9
辽 宁	100	16062	9.3
吉 林	55	8661	3.4
黑龙江	60	7757	4.4
上 海	77	16877	10.8
江 苏	189	33812	22.4
浙 江	206	38808	22.8
安 徽	139	18165	22.8
福 建	164	25275	12.9
江 西	149	17643	12.6
山 东	171	32079	15.3
河 南	165	22348	30.0
湖 北	136	18408	18.9
湖 南	142	26397	24.1
广 东	324	55372	46.4
广 西	96	14555	10.2
海 南	84	11568	9.2
重 庆	68	11733	8.2
四 川	117	18751	20.4
贵 州	88	11514	12.0
云 南	136	16984	17.5
西 藏	40	3327	6.7
陕 西	84	14786	17.3
甘 肃	61	7368	9.0
青 海	24	3406	3.7
宁 夏	34	4254	2.7
新 疆	64	7463	3.3

2-B-4 续表 4

(五星)

地 区	法人单位数(个)	年末从业人数(人)	年末餐饮营业面积(万平方米)
全 国	**1177**	**386521**	**339.2**
北 京	50	26829	10.8
天 津	21	4425	5.9
河 北	29	10103	8.1
山 西	22	6169	4.8
内蒙古	16	6099	4.5
辽 宁	36	8531	7.5
吉 林	20	3929	5.3
黑龙江	16	2661	4.0
上 海	56	25170	9.7
江 苏	83	25985	14.2
浙 江	68	22529	16.4
安 徽	51	8039	10.5
福 建	62	22261	13.7
江 西	26	6244	4.6
山 东	54	16919	12.2
河 南	40	10403	17.6
湖 北	45	11764	16.5
湖 南	55	17583	16.0
广 东	171	69597	42.8
广 西	23	6749	8.7
海 南	48	18825	6.3
重 庆	35	11382	6.4
四 川	35	13430	25.2
贵 州	21	4023	38.0
云 南	44	11488	9.7
西 藏	4	580	1.3
陕 西	20	6835	14.5
甘 肃	8	2177	1.9
青 海	1	546	0.3
宁 夏	4	558	0.8
新 疆	13	4688	0.9

2-B-4 续表 5

(其他)

地 区	法人单位数(个)	年末从业人数(人)	年末餐饮营业面积(万平方米)
全 国	**56433**	**1361345**	**3520.4**
北 京	4157	86281	122.7
天 津	567	17867	32.1
河 北	1552	40556	135.0
山 西	1181	33750	95.5
内蒙古	1019	23166	117.3
辽 宁	2251	35904	62.1
吉 林	554	12924	53.9
黑龙江	785	18841	48.0
上 海	2900	53814	148.1
江 苏	2704	61065	48.5
浙 江	4947	86368	245.0
安 徽	1446	31634	102.9
福 建	2452	52344	124.1
江 西	1126	26658	103.4
山 东	2821	67532	153.3
河 南	2662	70720	190.0
湖 北	2182	47940	130.1
湖 南	2557	66078	198.8
广 东	5622	189261	388.5
广 西	1249	33299	76.3
海 南	633	37913	59.4
重 庆	1604	27956	87.0
四 川	2730	73608	212.2
贵 州	1192	22549	84.8
云 南	1447	39915	96.3
西 藏	186	3277	24.9
陕 西	2056	63567	144.7
甘 肃	852	16571	116.2
青 海	325	6086	52.4
宁 夏	241	4943	17.5
新 疆	433	8958	49.2

2-B-5　分地区住宿业法人企业财务状况

单位：万元

地　区	营业收入	#主营业务收入	资产总计
全　国	**43626822.7**	**42946664.9**	**137459011.3**
北　京	3926728.1	3891784.5	14851297.0
天　津	496484.4	485950.3	2018850.4
河　北	939900.0	933046.5	4022042.4
山　西	629905.3	618332.1	1977665.6
内蒙古	622011.0	614097.2	2032766.1
辽　宁	1297206.4	1285600.3	3684368.5
吉　林	464831.2	454783.4	1408638.8
黑龙江	494999.3	488192.1	1446656.0
上　海	2886645.2	2823057.4	9266938.9
江　苏	2555051.4	2517539.4	8039296.7
浙　江	3376207.7	3312501.8	11006280.2
安　徽	960215.7	938505.3	3612001.0
福　建	1820247.8	1791251.3	4988283.7
江　西	822833.6	813803.8	2706959.7
山　东	2556171.0	2534721.3	6009007.1
河　南	1853012.6	1830500.2	4230861.9
湖　北	1534249.0	1516063.0	3918400.2
湖　南	2046489.5	2028879.2	4628668.6
广　东	5532947.4	5440733.0	16436508.1
广　西	761498.5	743736.4	2492827.5
海　南	1094129.7	1082087.7	4116793.4
重　庆	980133.3	965645.7	3421823.7
四　川	1755684.0	1727608.1	6228731.3
贵　州	544893.0	535319.9	1875312.3
云　南	1067503.4	1011108.1	4327590.9
西　藏	124946.2	117956.3	580642.6
陕　西	1330892.8	1313227.0	3793618.3
甘　肃	468915.4	461678.7	1737934.0
青　海	127696.1	125234.1	585183.9
宁　夏	127856.9	125849.3	557269.5
新　疆	426536.8	417871.8	1455793.0

2-B-6 分地区住宿业法人企业财务状况(按国民经济行业分)

(旅游饭店) 单位：万元

地 区	营业收入	#主营业务收入	资产总计
全 国	**31403247.6**	**30917370.8**	**107235118.6**
北 京	3013770.6	2992139.0	12275572.3
天 津	310964.9	304631.6	1426780.3
河 北	597426.9	594283.7	2645051.0
山 西	379468.9	374327.3	1221329.0
内蒙古	427188.2	419768.0	1419749.1
辽 宁	976049.3	971111.0	2983902.4
吉 林	364076.3	354898.5	1216543.8
黑龙江	304485.7	299350.9	936533.4
上 海	1985883.2	1941122.4	6693394.2
江 苏	1952443.2	1921406.4	6747905.6
浙 江	2590494.5	2538259.6	9247037.1
安 徽	642786.5	625936.5	2801773.7
福 建	1354695.2	1331508.5	4095988.1
江 西	509794.9	504739.5	1900605.9
山 东	1783062.4	1765003.6	4636119.5
河 南	1054243.0	1039433.1	3004123.2
湖 北	994182.8	986124.6	3050052.4
湖 南	1302388.8	1291859.1	3270149.6
广 东	4352417.7	4290178.8	13568745.2
广 西	577603.7	564586.1	1987372.6
海 南	1041743.2	1030788.0	3954261.2
重 庆	657118.0	645202.8	1970155.0
四 川	1231388.8	1209945.9	4664908.8
贵 州	398186.8	392393.2	1479474.4
云 南	778292.7	732043.4	3357488.0
西 藏	96434.0	92988.1	459320.0
陕 西	878586.7	866908.4	2865400.3
甘 肃	312376.4	310539.0	1231010.3
青 海	96346.6	94770.2	438566.6
宁 夏	99913.6	98670.1	462788.1
新 疆	339434.0	332453.4	1223017.7

2-B-6 续表 1

(一般旅馆) 单位：万元

地 区	营业收入	#主营业务收入	资产总计
全 国	**10495650.5**	**10336220.8**	**24276376.3**
北 京	829120.8	818625.1	2317080.4
天 津	134902.0	131227.9	387572.1
河 北	276460.4	273914.2	1106528.2
山 西	201314.3	197581.4	651847.6
内蒙古	164403.4	164218.5	490243.9
辽 宁	283182.9	276592.0	584194.7
吉 林	68359.3	67647.0	138207.0
黑龙江	160447.2	159153.8	242974.3
上 海	784871.9	767449.7	2363031.7
江 苏	527564.3	521825.2	1124631.4
浙 江	742926.8	731861.1	1627546.7
安 徽	282303.0	278099.8	665512.3
福 建	378464.8	373812.6	716119.2
江 西	258644.3	255248.4	681580.7
山 东	682310.7	679188.6	1110657.3
河 南	738113.2	730754.1	1139846.5
湖 北	454769.9	448358.0	694242.5
湖 南	595723.6	590256.1	758588.4
广 东	1033884.3	1010959.3	2482787.8
广 西	153803.4	150321.5	442685.4
海 南	42712.2	42042.4	132437.1
重 庆	239430.2	237513.2	448602.7
四 川	443625.1	438154.7	1232973.0
贵 州	120502.1	117442.4	294950.3
云 南	247787.8	239118.3	825626.8
西 藏	23418.6	20175.4	105254.8
陕 西	380552.5	375586.8	736419.0
甘 肃	119463.5	115484.8	383666.2
青 海	25094.1	24341.4	109591.4
宁 夏	25895.1	25206.1	81012.6
新 疆	75598.7	74061.0	199964.3

2-B-6 续表 2

(其他住宿业)

单位：万元

地 区	营业收入	#主营业务收入	资产总计
全 国	**1727924.6**	**1693073.3**	**5947516.4**
北 京	83836.7	81020.5	258644.3
天 津	50617.6	50090.7	204498.0
河 北	66012.7	64848.5	270463.2
山 西	49122.1	46423.4	104489.0
内蒙古	30419.3	30110.7	122773.1
辽 宁	37974.2	37897.3	116271.4
吉 林	32395.6	32237.9	53888.0
黑龙江	30066.4	29687.4	267148.3
上 海	115890.1	114485.3	210513.0
江 苏	75043.9	74307.8	166759.7
浙 江	42786.4	42381.1	131696.5
安 徽	35126.1	34469.1	144715.0
福 建	87087.7	85930.2	176176.4
江 西	54394.4	53815.8	124773.1
山 东	90797.9	90529.1	262230.2
河 南	60656.3	60313.1	86892.2
湖 北	85296.3	81580.4	174105.3
湖 南	148377.1	146764.0	599930.6
广 东	146645.4	139594.9	384975.0
广 西	30091.4	28828.7	62769.5
海 南	9674.3	9257.2	30095.1
重 庆	83585.1	82929.7	1003065.9
四 川	80670.1	79507.4	330849.5
贵 州	26204.2	25484.2	100887.6
云 南	41422.9	39946.4	144476.1
西 藏	5093.6	4792.7	16067.9
陕 西	71753.6	70731.9	191799.1
甘 肃	37075.5	35654.9	123257.5
青 海	6255.4	6122.4	37025.8
宁 夏	2048.2	1973.1	13468.8
新 疆	11504.1	11357.4	32811.0

2-B-7 分地区住宿业法人企业财务状况(按登记注册类型分)

(内资企业) 单位：万元

地 区	营业收入	#主营业务收入	资产总计
全 国	**37686568.2**	**37108284.7**	**114305973.9**
北 京	2976858.1	2944858.3	11081192.3
天 津	441216.7	431920.9	1841713.7
河 北	916038.4	909184.9	3814130.6
山 西	622525.3	610952.1	1954500.7
内蒙古	590725.8	584920.0	1853230.8
辽 宁	1095346.0	1084114.8	2900763.1
吉 林	414413.0	405075.3	1264170.3
黑龙江	440282.0	433979.1	1215684.3
上 海	2227711.6	2187762.4	6656349.9
江 苏	2298009.9	2261396.1	6860267.2
浙 江	2915906.9	2865551.5	8996491.2
安 徽	914836.1	893163.3	3058167.3
福 建	1390540.3	1368539.3	3643716.0
江 西	790689.7	781690.4	2560635.3
山 东	2407610.2	2395001.6	5336290.5
河 南	1783612.0	1761418.1	3733170.3
湖 北	1419846.2	1402134.5	3631177.5
湖 南	1955190.8	1938263.3	4267481.7
广 东	4141074.4	4078523.1	11633692.5
广 西	665668.0	648674.0	2010402.1
海 南	796141.0	786311.1	3075529.7
重 庆	898621.5	886087.9	3149941.6
四 川	1602418.4	1574539.0	5695755.3
贵 州	527056.2	517483.1	1837501.7
云 南	1000548.3	945369.1	3997797.4
西 藏	116706.4	109716.4	574135.6
陕 西	1210077.9	1194329.1	3439610.8
甘 肃	455521.7	448284.9	1714905.1
青 海	121585.7	119535.3	526113.3
宁 夏	126557.4	124549.8	530937.0
新 疆	423232.2	414956.2	1450519.1

2-B-7 续表 1

(国有企业) 单位：万元

地 区	营业收入	#主营业务收入	资产总计
全 国	**5217553.2**	**5111635.0**	**15490177.6**
北 京	763486.9	753245.7	2891643.4
天 津	53864.4	52470.4	155320.3
河 北	214312.7	212514.5	701597.6
山 西	117753.2	115774.9	363098.9
内蒙古	53224.0	51595.0	189260.2
辽 宁	196658.9	193042.7	431670.2
吉 林	126550.1	122173.5	552879.2
黑龙江	94376.7	93003.2	364495.4
上 海	391436.4	381232.7	1233612.1
江 苏	337461.2	323238.4	1272090.2
浙 江	199950.3	196248.7	330310.6
安 徽	77152.4	73740.7	181147.7
福 建	131167.6	128580.9	373108.7
江 西	117523.1	117157.6	372422.9
山 东	423751.9	420947.0	998291.2
河 南	231768.5	228363.4	514644.3
湖 北	142647.7	141012.7	320218.1
湖 南	173099.6	171853.3	352518.6
广 东	458162.1	449803.3	1262123.2
广 西	99660.1	94022.9	298374.9
海 南	25862.5	25086.6	170184.4
重 庆	53599.7	51455.4	95719.9
四 川	116438.1	113352.4	367300.1
贵 州	64694.4	63855.7	109460.4
云 南	107068.8	101618.5	401039.7
西 藏	36332.1	33526.8	229066.2
陕 西	139244.1	136928.4	283571.6
甘 肃	113155.5	112815.3	217176.0
青 海	21036.7	20610.7	67567.2
宁 夏	15929.7	15921.1	114609.0
新 疆	120183.9	116442.5	275655.3

2-B-7　续表 2

(集体企业)　　单位：万元

地区	营业收入	#主营业务收入	资产总计
全国	**828387.2**	**815081.6**	**1852333.9**
北京	123206.4	121656.6	366984.0
天津	27814.0	27245.3	67411.5
河北	30605.8	30180.8	46623.6
山西	23875.2	23832.1	76730.0
内蒙古	6119.6	6043.9	8850.3
辽宁	44416.2	44296.4	53970.6
吉林	9875.5	9875.5	9183.1
黑龙江	6862.0	6861.2	12000.6
上海	36674.1	36081.8	92767.9
江苏	48624.9	48176.0	127748.2
浙江	53873.3	53648.2	115145.7
安徽	10614.8	10498.7	21772.8
福建	20354.7	19957.1	18212.3
江西	4736.6	4657.4	5450.6
山东	67589.4	67086.6	108899.5
河南	48560.1	47078.0	90272.7
湖北	36999.3	36802.4	46496.6
湖南	28628.0	28414.0	35149.0
广东	50728.7	49062.9	99767.6
广西	14149.4	13886.8	47293.9
海南	1503.6	1447.1	3172.1
重庆	24337.0	24166.1	21242.3
四川	21176.3	20178.5	119108.8
贵州	10109.7	10070.4	25107.5
云南	19848.0	19641.1	61517.6
西藏	5225.9	4701.2	20247.6
陕西	16870.8	15178.1	40242.4
甘肃	10906.2	10754.0	27011.0
青海	13492.8	13423.0	32465.0
宁夏	871.8	867.8	1852.4
新疆	9737.1	9312.6	49636.8

2-B-7 续表 3

(股份合作企业)

单位：万元

地 区	营业收入	#主营业务收入	资产总计
全 国	**207176.6**	**201993.0**	**576248.3**
北 京	50661.4	50476.6	120111.8
天 津	11261.4	11256.3	13641.9
河 北	5545.4	5545.4	33909.2
山 西	286.0	248.0	977.3
内蒙古	3517.3	3506.5	4805.0
辽 宁	1789.5	1765.7	4290.2
吉 林	5856.4	4597.1	4628.2
黑龙江	11499.9	10523.9	26271.8
上 海	1731.3	1730.9	1738.7
江 苏	2816.7	2792.2	12621.4
浙 江	14759.8	14667.7	37558.2
安 徽	7687.0	7476.1	13444.6
福 建	5458.2	5456.5	12945.8
江 西	13163.2	12945.6	30851.7
山 东	7904.0	7815.0	16345.7
河 南	7977.4	7733.2	12733.5
湖 北	4682.5	4682.5	13099.7
湖 南	7309.4	7233.4	12610.2
广 东	10240.5	10028.8	11760.8
广 西	2763.6	2038.7	5433.0
海 南	5409.9	4969.6	88519.8
重 庆	2164.7	2154.7	4678.3
四 川	11437.8	11155.6	67481.6
贵 州	627.1	618.3	3672.4
云 南	3528.2	3506.6	3959.7
西 藏	1291.4	1271.4	1951.6
陕 西	5132.2	5122.2	12978.4
甘 肃	539.6	539.3	2278.7
青 海	27.6	27.6	489.7
宁 夏	23.0	23.0	300.0
新 疆	84.5	84.5	159.6

2-B-7　续表 4

(有限责任公司)　　单位：万元

地　区	营业收入	#主营业务收入	资产总计
全　国	**14324848.7**	**14125459.1**	**51022134.6**
北　京	1438098.5	1425654.9	6185719.3
天　津	212788.6	210560.4	1024285.4
河　北	344083.0	340795.9	1717585.2
山　西	122790.5	120268.0	320522.5
内蒙古	269855.2	266344.4	741364.2
辽　宁	303146.1	300956.9	962407.6
吉　林	129681.5	128558.1	328134.8
黑龙江	132069.5	130648.2	403631.0
上　海	898718.7	884731.7	2847211.9
江　苏	689906.6	676190.9	2330633.2
浙　江	1068398.4	1049737.6	3726016.8
安　徽	317792.9	308421.3	1156461.2
福　建	519960.2	508328.1	1680788.7
江　西	261164.1	257524.3	935088.1
山　东	768344.8	763331.8	1960594.1
河　南	578909.4	571714.6	1511181.8
湖　北	508933.5	501433.6	1728092.2
湖　南	643928.1	639581.5	1615872.1
广　东	1693968.8	1673973.5	5953017.8
广　西	178188.1	175706.7	608821.4
海　南	573177.7	567549.7	2023684.6
重　庆	358565.2	354348.5	1948329.9
四　川	616576.8	607049.4	2512840.2
贵　州	276251.4	271533.4	1070757.1
云　南	449733.7	433669.9	1684396.1
西　藏	24618.9	24439.2	115124.6
陕　西	565696.2	559837.8	2015461.7
甘　肃	165615.4	162217.8	1010279.9
青　海	22419.5	21880.9	120845.0
宁　夏	36796.3	36145.3	121409.1
新　疆	154671.1	152324.9	661577.1

2-B-7 续表 5

(股份有限公司) 单位：万元

地区	营业收入	#主营业务收入	资产总计
全国	**1454221.8**	**1434854.4**	**5087742.8**
北京	51745.3	51534.5	295543.9
天津	5060.3	4333.8	8380.1
河北	39635.2	39577.3	344269.5
山西	14405.4	14306.1	39795.7
内蒙古	20282.0	20247.1	94088.3
辽宁	33270.8	33270.5	64105.7
吉林	15600.2	15456.1	46626.9
黑龙江	23228.2	23129.6	58942.6
上海	41521.3	40347.0	110648.1
江苏	146282.8	146019.9	441612.0
浙江	86798.5	81349.0	350427.1
安徽	64926.4	63986.2	243073.3
福建	40617.6	39543.2	121342.7
江西	53123.3	52792.3	180578.6
山东	117952.1	117765.5	263747.3
河南	96035.1	95857.2	170027.9
湖北	46277.4	45979.4	138203.6
湖南	127785.0	126806.4	661140.3
广东	134124.8	132937.3	481430.7
广西	42090.9	40840.0	137842.8
海南	33693.9	32755.6	109824.9
重庆	37689.8	37320.2	155790.4
四川	83222.9	82432.5	287386.1
贵州	6611.8	6062.4	15959.9
云南	33838.8	32935.2	109081.6
西藏	3274.9	3212.1	16426.5
陕西	21452.7	20736.8	44044.6
甘肃	13621.8	13406.8	40979.8
青海	11474.1	11454.1	19502.8
宁夏	1679.9	1679.9	7326.3
新疆	6898.5	6780.4	29593.1

2-B-7 续表 6

(私营企业) 单位：万元

地区	营业收入	#主营业务收入	资产总计
全国	**14740277.9**	**14518892.1**	**38542732.9**
北京	542125.3	534870.2	1208936.5
天津	116398.4	112632.6	555494.1
河北	269897.9	268857.9	937188.6
山西	333998.7	327119.9	1134482.8
内蒙古	221887.9	219998.9	783198.3
辽宁	493346.7	488105.8	1311643.7
吉林	113785.4	111573.9	304552.1
黑龙江	158049.5	155798.7	325408.2
上海	806727.4	792894.1	2319744.2
江苏	1044048.8	1036456.5	2632598.9
浙江	1473747.8	1451755.2	4387924.6
安徽	416876.0	409488.3	1382643.7
福建	620051.6	614045.2	1334049.2
江西	306530.2	302450.2	953957.3
山东	956323.6	953342.8	1877893.9
河南	754853.6	746105.7	1329856.6
湖北	628485.7	621015.7	1285526.3
湖南	914692.2	906002.2	1508829.4
广东	1665109.2	1635176.0	3632151.3
广西	309819.6	303236.3	877072.8
海南	120609.8	118792.4	635486.3
重庆	385179.6	381695.2	888736.3
四川	711702.8	699282.1	2242410.5
贵州	158511.3	155273.1	585805.4
云南	349828.4	319989.3	1613829.3
西藏	42455.7	39174.2	149762.5
陕西	440115.5	435304.8	1003667.6
甘肃	135885.5	133135.4	363637.2
青海	51663.4	50679.0	271217.7
宁夏	68297.9	66954.8	280380.5
新疆	129272.5	127685.7	424647.2

2-B-7 续表 7

(其他企业) 单位：万元

地 区	营业收入	#主营业务收入	资产总计
全 国	**798293.8**	**785810.9**	**1473200.7**
北 京	1148.8	1050.0	2661.9
天 津	13504.9	12897.4	16545.7
河 北	8818.5	8573.2	20631.0
山 西	8950.2	8937.0	18646.7
内蒙古	13530.2	14874.6	29891.3
辽 宁	21414.3	21373.2	68228.0
吉 林	12998.0	12775.2	18061.7
黑龙江	13483.2	13301.2	24443.2
上 海	39768.0	39766.3	25917.2
江 苏	24585.6	24253.8	40653.9
浙 江	5374.8	5353.3	11961.5
安 徽	19458.0	19230.1	53216.8
福 建	33384.8	33082.8	64849.4
江 西	33423.9	33167.7	81009.2
山 东	63378.8	62368.7	106266.8
河 南	60102.6	59196.2	97688.6
湖 北	50499.5	49917.6	96308.2
湖 南	53548.6	52471.3	70196.5
广 东	115375.9	114433.2	154357.8
广 西	18508.8	18456.1	32900.8
海 南	32095.1	31921.7	35273.6
重 庆	36675.8	34538.2	35306.0
四 川	30822.7	30171.7	65653.9
贵 州	9035.7	8858.0	25732.1
云 南	33819.8	31125.9	120922.2
西 藏	2622.3	2546.1	39391.1
陕 西	19622.9	19277.5	37351.5
甘 肃	15797.7	15416.3	53542.4
青 海	1471.7	1460.0	14026.0
宁 夏	2913.9	2912.9	4953.8
新 疆	2158.8	2103.8	6612.1

2-B-7　续表 8

(港、澳、台商投资企业)　　　　单位：万元

地　区	营业收入	#主营业务收入	资产总计
全　国	**3462359.0**	**3394362.3**	**14795066.7**
北　京	627193.3	625273.7	2538535.9
天　津	18380.4	17811.4	111793.9
河　北	12085.7	12085.7	135691.8
山　西	7059.0	7059.0	15509.7
内蒙古	4554.5	4554.5	57779.5
辽　宁	124527.2	124367.8	511253.8
吉　林	7668.6	7653.6	47249.6
黑龙江	23658.4	23158.6	157314.4
上　海	355122.7	332301.4	1892541.9
江　苏	127197.8	126805.0	546767.9
浙　江	344173.4	334841.1	1370974.5
安　徽	29407.6	29380.0	467788.1
福　建	261197.5	258936.9	820754.8
江　西	15156.1	15125.6	75026.6
山　东	106546.0	97755.7	593344.9
河　南	51638.2	51354.7	435196.6
湖　北	90173.5	90172.3	219279.6
湖　南	78169.7	77625.5	260963.0
广　东	717372.2	699626.3	2717047.2
广　西	75915.9	75559.4	393903.5
海　南	162061.2	160179.6	718140.8
重　庆	29631.4	29631.4	96372.1
四　川	84224.5	84153.3	230892.9
贵　州	14590.8	14590.8	20126.1
云　南	28859.4	28851.9	138851.9
西　藏	5685.0	5685.0	3226.4
陕　西	56349.4	56063.1	211459.1
甘　肃	3381.3	3381.3	6418.8
青　海			
宁　夏			
新　疆	378.5	377.7	861.3

2-B-7 续表 9

(外商投资企业) 单位：万元

地区	营业收入	#主营业务收入	资产总计
全国	**2477895.4**	**2444017.9**	**8357970.7**
北京	322676.8	321652.6	1231568.8
天津	36887.3	36217.9	65342.8
河北	11775.9	11775.9	72220.0
山西	321.0	321.0	7655.2
内蒙古	26730.7	24622.6	121755.8
辽宁	77333.2	77117.7	272351.7
吉林	42749.6	42054.5	97218.9
黑龙江	31058.9	31054.4	73657.2
上海	303810.9	302993.6	718047.1
江苏	129843.7	129338.3	632261.6
浙江	116127.4	112109.2	638814.5
安徽	15971.9	15962.0	86045.6
福建	168510.0	163775.0	523812.9
江西	16987.8	16987.8	71297.7
山东	42014.8	41964.0	79371.8
河南	17762.5	17727.5	62495.0
湖北	24229.3	23756.2	67943.1
湖南	13129.0	12990.3	100224.0
广东	674500.8	662583.6	2085768.3
广西	19914.7	19503.0	88521.8
海南	135927.6	135597.0	323122.8
重庆	51880.4	49926.4	175510.0
四川	69041.1	68915.9	302083.1
贵州	3246.0	3246.0	17684.5
云南	38095.6	36887.2	190941.6
西藏	2554.9	2554.9	3280.7
陕西	64465.5	62834.9	142548.4
甘肃	10012.5	10012.5	16610.1
青海	6110.4	5698.8	59070.6
宁夏	1299.5	1299.5	26332.5
新疆	2926.1	2537.9	4412.7

2-B-8　分地区住宿业法人企业财务状况(按星级分)

(一星)　　单位：万元

地　区	营业收入	#主营业务收入	资产总计
全　国	**233994.1**	**230583.2**	**644692.8**
北　京	4575.1	4520.9	4881.9
天　津	1936.4	1934.4	1519.5
河　北	2423.4	2056.7	8717.4
山　西	1152.4	1150.4	2791.4
内蒙古	2458.3	2407.7	3281.4
辽　宁	12265.8	12255.8	76868.4
吉　林	1531.6	1406.6	1353.9
黑龙江	2400.1	2361.1	5550.5
上　海	3655.7	3643.3	5225.1
江　苏	16323.6	15923.0	22444.4
浙　江	26715.2	25646.0	152898.5
安　徽	5876.9	5772.6	12411.0
福　建	5092.6	5084.4	17262.4
江　西	6650.6	6648.5	9675.5
山　东	9562.2	9550.1	8320.4
河　南	13317.4	13283.6	13535.3
湖　北	7706.4	7705.4	17678.7
湖　南	14062.5	13934.2	17556.1
广　东	29357.3	29105.8	46212.0
广　西	1566.9	1552.0	6773.9
海　南	3181.9	3178.9	27459.0
重　庆	18560.2	18516.8	57309.4
四　川	14073.0	13976.4	44474.3
贵　州	2580.6	2131.6	4268.4
云　南	14437.5	14328.6	55670.3
西　藏	438.5	438.5	946.5
陕　西	2900.4	2897.9	4085.1
甘　肃	7895.7	7884.7	11109.4
青　海	397.2	397.2	360.0
宁　夏	460.7	455.7	1743.5
新　疆	438.0	434.4	2309.4

2-B-8 续表 1

(二星)　　单位：万元

地 区	营业收入	#主营业务收入	资产总计
全 国	**1574615.2**	**1543858.0**	**3139473.1**
北 京	134831.1	133304.2	172231.1
天 津	9221.9	8554.6	53268.6
河 北	51239.5	50791.8	98840.3
山 西	28494.1	28410.3	63021.5
内蒙古	52545.0	49951.2	117307.3
辽 宁	45066.6	44569.5	85278.5
吉 林	12942.8	12914.8	10514.3
黑龙江	19501.3	19366.9	180540.5
上 海	33898.3	32383.3	77163.9
江 苏	59489.2	59002.3	126197.8
浙 江	134920.4	132839.9	317070.6
安 徽	52355.6	50423.2	82757.3
福 建	32442.9	31902.5	33041.3
江 西	28041.5	27571.2	66527.5
山 东	110430.7	109591.6	174915.5
河 南	134574.8	131921.6	173785.3
湖 北	79282.3	79155.1	138653.0
湖 南	95358.9	94445.6	122039.9
广 东	95200.6	92911.0	140580.5
广 西	31979.2	31035.4	102646.3
海 南	7292.0	7124.5	88705.2
重 庆	22585.5	22506.7	14855.9
四 川	87158.8	83151.0	180415.4
贵 州	18149.2	18042.0	43679.0
云 南	62515.0	59912.9	196977.0
西 藏	6651.7	6474.2	24378.6
陕 西	53373.6	52655.1	74162.1
甘 肃	42472.3	41075.4	102298.1
青 海	3541.8	3498.8	13213.7
宁 夏	2496.3	2481.8	4116.6
新 疆	26562.2	25889.3	60290.4

2-B-8　续表 2

(三星)　　单位：万元

地　区	营业收入	#主营业务收入	资产总计
全　国	**6947403.9**	**6821932.4**	**17357707.1**
北　京	518607.9	511158.6	1890241.9
天　津	54000.6	53740.0	247402.4
河　北	177495.9	176545.9	552797.2
山　西	141026.9	138072.0	369093.5
内蒙古	95930.0	94123.5	267307.5
辽　宁	207215.9	205591.5	505240.8
吉　林	98022.0	92910.7	185504.8
黑龙江	103074.7	101319.5	219540.1
上　海	249521.6	246981.1	871065.5
江　苏	366277.0	362128.0	894028.0
浙　江	515926.0	507651.8	1426902.3
安　徽	166200.5	163057.2	418220.4
福　建	241459.3	233039.0	508900.7
江　西	155992.2	153769.2	422517.6
山　东	610716.6	607579.1	976693.3
河　南	376984.6	371644.5	717348.7
湖　北	248756.0	245975.5	548579.9
湖　南	395176.9	390813.2	620117.7
广　东	748545.5	728317.3	1597534.3
广　西	138911.1	134830.9	349777.7
海　南	61642.0	59789.2	217991.6
重　庆	133527.6	131195.3	307016.8
四　川	243240.6	237898.1	614303.6
贵　州	95787.0	93437.6	274725.6
云　南	182791.8	173919.2	534979.7
西　藏	33205.2	30696.5	115838.4
陕　西	255426.7	251204.7	517245.5
甘　肃	128574.2	127367.1	424869.7
青　海	36152.8	35355.1	218971.9
宁　夏	36071.3	34920.3	104275.0
新　疆	131143.5	126900.8	438674.8

2-B-8 续表 3

(四星)　单位：万元

地 区	营业收入	#主营业务收入	资产总计
全 国	**8279512.6**	**8133354.7**	**26505046.3**
北 京	741799.1	741211.9	2723674.6
天 津	95633.5	95069.4	356609.6
河 北	223465.4	221887.3	896530.1
山 西	138341.9	136444.5	355941.9
内蒙古	90766.9	90132.2	350246.1
辽 宁	288604.1	287394.2	976824.8
吉 林	142437.5	139603.8	430383.2
黑龙江	96630.2	95307.5	356441.7
上 海	442645.6	431882.3	1003526.9
江 苏	595318.4	581814.3	1675996.8
浙 江	720117.3	702187.2	2317449.2
安 徽	248444.5	238221.9	849833.9
福 建	361927.9	357579.2	937686.6
江 西	222314.3	218304.9	819852.7
山 东	490061.7	486531.5	1589801.3
河 南	297714.4	292813.2	917196.0
湖 北	245707.7	239237.5	854992.2
湖 南	364544.3	362953.0	920684.7
广 东	839701.3	832019.8	2585906.1
广 西	162137.3	155849.6	645471.9
海 南	146158.9	144287.5	415144.0
重 庆	199536.3	195367.8	389497.6
四 川	276909.5	274926.8	974967.3
贵 州	143660.8	141740.0	421824.6
云 南	220524.3	190171.6	1253663.8
西 藏	38479.9	37719.6	176722.8
陕 西	177928.5	177239.5	450906.3
甘 肃	82886.5	82315.5	273815.5
青 海	36592.5	36162.2	105643.9
宁 夏	42532.4	42467.5	170108.0
新 疆	105989.6	104511.5	307702.4

2-B-8　续表 4

(五星)　　　　单位：万元

地　区	营业收入	#主营业务收入	资产总计
全　国	**8274745.3**	**8170417.2**	**32710672.8**
北　京	838427.3	836521.7	3135726.1
天　津	82764.2	82000.4	335946.9
河　北	147230.1	146793.8	852653.9
山　西	74393.8	71683.7	316771.7
内蒙古	90943.6	88966.1	434271.1
辽　宁	175301.4	175201.4	615807.8
吉　林	75793.3	75734.4	198321.0
黑龙江	56324.9	56257.3	196098.1
上　海	954382.0	927241.4	3940107.9
江　苏	554740.1	544821.8	2705157.7
浙　江	541758.9	531175.3	2197283.5
安　徽	112579.1	111881.6	961639.1
福　建	467097.2	462472.4	1576695.9
江　西	88327.3	87762.5	404859.1
山　东	347985.3	339480.7	1194330.6
河　南	145571.4	145209.1	736495.9
湖　北	227163.5	225411.7	834207.1
湖　南	281406.7	280302.6	1319173.7
广　东	1455103.9	1438998.4	4705912.1
广　西	120247.7	119767.1	469430.9
海　南	440223.6	437718.3	1352233.0
重　庆	199768.3	197343.1	1035825.4
四　川	292191.7	289232.0	1286213.6
贵　州	70485.0	70319.8	215839.8
云　南	174932.3	171451.6	683437.1
西　藏	10263.4	9988.0	120396.6
陕　西	123404.2	121286.3	438857.3
甘　肃	32518.7	32518.7	65565.8
青　海	8953.4	8953.4	21417.5
宁　夏	8707.2	8707.2	98022.3
新　疆	75756.0	75215.3	261974.4

2-B-8 续表 5

(其他) 单位：万元

地　区	营业收入	#主营业务收入	资产总计
全　国	**18316551.5**	**18046519.5**	**57101419.2**
北　京	1688487.6	1665067.2	6924541.6
天　津	252927.7	244651.5	1024103.5
河　北	338045.7	334970.9	1612503.5
山　西	246496.3	242571.2	870045.6
内蒙古	289367.2	288516.5	860352.7
辽　宁	568752.7	560587.9	1424348.2
吉　林	134104.0	132213.0	582561.6
黑龙江	217068.1	213579.8	488485.1
上　海	1202542.0	1180926.0	3369849.5
江　苏	962903.2	953850.0	2615471.9
浙　江	1436770.0	1413001.6	4594676.1
安　徽	374759.0	369148.8	1287139.4
福　建	712227.9	701173.9	1914696.9
江　西	321507.7	319747.4	983527.2
山　东	987414.4	981988.4	2064946.1
河　南	884850.0	875628.2	1672500.8
湖　北	725633.0	718577.8	1524289.2
湖　南	895940.2	886430.5	1629096.5
广　东	2365038.8	2319380.6	7360363.1
广　西	306656.3	300701.3	918726.9
海　南	435631.3	429989.3	2015260.6
重　庆	406155.4	400716.0	1617318.4
四　川	842110.4	828423.8	3128357.2
贵　州	214230.3	209648.9	914974.9
云　南	412302.4	401324.2	1602863.0
西　藏	35907.5	32639.5	142359.7
陕　西	717859.4	707943.5	2308361.9
甘　肃	174567.9	170517.3	860275.4
青　海	42058.4	40867.3	225576.8
宁　夏	37589.1	36816.8	179004.1
新　疆	86647.4	84920.4	384841.6

2-B-9　分地区餐饮业法人企业基本情况

地　区	法人单位数（个）	年末从业人数（人）	年末餐饮营业面积（万平方米）
全　国	**126127**	**3973084**	**5917.2**
北　京	11513	324849	397.6
天　津	2232	82450	92.0
河　北	2451	84269	172.0
山　西	1891	101794	133.9
内蒙古	1464	63533	135.7
辽　宁	3701	79370	132.0
吉　林	827	24156	56.6
黑龙江	1398	33909	66.8
上　海	9212	354993	400.4
江　苏	7686	297844	350.8
浙　江	7774	221824	329.0
安　徽	3807	115482	184.7
福　建	3308	115449	147.0
江　西	1589	54202	110.6
山　东	8481	251018	417.4
河　南	7489	181485	409.4
湖　北	7351	193759	315.5
湖　南	5820	148946	291.8
广　东	11115	470995	404.3
广　西	1746	51862	76.4
海　南	454	17744	36.9
重　庆	10527	175832	311.0
四　川	4535	196309	309.5
贵　州	2543	41996	129.8
云　南	1423	51158	99.8
西　藏	127	3841	9.5
陕　西	3355	147819	188.0
甘　肃	1270	44259	106.6
青　海	296	9547	43.6
宁　夏	339	15559	21.9
新　疆	403	16831	36.6

2-B-10 分地区餐饮业法人企业基本(按国民经济行业分)

(正餐服务)

地 区	法人单位数(个)	年末从业人数(人)	年末餐饮营业面积(万平方米)
全 国	**97910**	**3073681**	**4916.0**
北 京	8475	231107	310.4
天 津	1535	46746	67.9
河 北	2041	78320	158.0
山 西	1627	89222	117.1
内蒙古	1284	59728	125.4
辽 宁	2978	60977	112.0
吉 林	646	20588	47.6
黑龙江	1180	30163	56.5
上 海	6091	237520	301.1
江 苏	5944	205504	287.6
浙 江	5926	170128	270.6
安 徽	3031	94919	152.5
福 建	2597	90586	123.4
江 西	1303	42745	94.7
山 东	6860	217550	344.5
河 南	6172	153012	354.0
湖 北	5782	155270	269.7
湖 南	4516	118612	238.8
广 东	7988	334832	321.3
广 西	1176	36585	61.2
海 南	313	14432	30.2
重 庆	8780	152336	271.4
四 川	3659	146846	259.0
贵 州	2165	38343	117.0
云 南	1184	42503	89.1
西 藏	88	3053	7.2
陕 西	2743	130736	154.4
甘 肃	1007	36122	82.7
青 海	234	8631	40.5
宁 夏	296	14741	20.7
新 疆	289	11824	29.3

2-B-10 续表 1

(快餐服务)

地 区	法人单位数(个)	年末从业人数(人)	年末餐饮营业面积(万平方米)
全 国	**9273**	**552486**	**388.0**
北 京	964	59429	39.2
天 津	256	28428	11.0
河 北	152	2615	5.7
山 西	108	9120	4.6
内蒙古	71	1713	2.5
辽 宁	284	12837	11.8
吉 林	42	703	1.3
黑龙江	91	1822	3.7
上 海	870	56290	34.7
江 苏	664	69992	32.1
浙 江	581	35521	25.1
安 徽	383	15317	16.0
福 建	248	17714	12.2
江 西	67	7636	3.9
山 东	970	21715	42.8
河 南	752	17613	31.0
湖 北	458	26444	16.4
湖 南	294	14303	11.4
广 东	1087	97679	46.6
广 西	143	10164	3.8
海 南	23	852	0.7
重 庆	301	9553	8.0
四 川	135	15202	8.0
贵 州	61	622	1.4
云 南	34	5150	2.4
西 藏	3	66	
陕 西	121	7928	6.5
甘 肃	50	3044	1.9
青 海	7	87	0.2
宁 夏	13	273	0.4
新 疆	40	2654	2.6

2-B-10 续表 2

(饮料及冷饮服务)

地 区	法人单位数 (个)	年末从业人数 (人)	年末餐饮营业面积 (万平方米)
全 国	**5981**	**100112**	**178.8**
北 京	767	7732	14.7
天 津	67	603	1.3
河 北	50	495	1.6
山 西	37	644	1.1
内蒙古	21	336	0.9
辽 宁	143	1775	2.8
吉 林	40	330	1.5
黑龙江	28	362	0.8
上 海	919	28080	28.6
江 苏	291	5097	9.1
浙 江	562	6527	16.4
安 徽	178	2363	7.8
福 建	188	3289	4.4
江 西	64	1192	3.5
山 东	109	1288	3.1
河 南	113	1631	3.8
湖 北	154	2918	5.9
湖 南	384	6761	15.4
广 东	713	14662	14.7
广 西	132	1096	2.0
海 南	45	777	1.8
重 庆	253	2025	4.5
四 川	322	4991	17.3
贵 州	77	687	1.7
云 南	70	701	1.7
西 藏	24	482	1.6
陕 西	153	1913	5.6
甘 肃	46	1097	4.1
青 海	13	138	0.8
宁 夏	10	78	0.2
新 疆	8	42	0.3

2-B-10 续表 3

(其他餐饮业)

地　区	法人单位数(个)	年末从业人数(人)	年末餐饮营业面积(万平方米)
全　国	**12963**	**246805**	**434.3**
北　京	1307	26581	33.2
天　津	374	6673	11.8
河　北	208	2839	6.8
山　西	119	2808	11.0
内蒙古	88	1756	6.9
辽　宁	296	3781	5.4
吉　林	99	2535	6.3
黑龙江	99	1562	5.8
上　海	1332	33103	36.0
江　苏	787	17251	22.0
浙　江	705	9648	16.8
安　徽	215	2883	8.3
福　建	275	3860	7.0
江　西	155	2629	8.5
山　东	542	10465	27.0
河　南	452	9229	20.7
湖　北	957	9127	23.5
湖　南	626	9270	26.3
广　东	1327	23822	21.7
广　西	295	4017	9.4
海　南	73	1683	4.2
重　庆	1193	11918	27.0
四　川	419	29270	25.2
贵　州	240	2344	9.6
云　南	135	2804	6.5
西　藏	12	240	0.7
陕　西	338	7242	21.5
甘　肃	167	3996	18.0
青　海	42	691	2.2
宁　夏	20	467	0.6
新　疆	66	2311	4.5

2-B-11 分地区餐饮业法人企业基本情况(按登记注册类型分)

(内资企业)

地 区	法人单位数(个)	年末从业人数(人)	年末餐饮营业面积(万平方米)
全 国	**123166**	**3364012**	**5638.8**
北 京	11201	247137	356.4
天 津	2109	54502	82.3
河 北	2426	83199	169.9
山 西	1882	95028	132.8
内蒙古	1435	62348	128.2
辽 宁	3499	65355	117.4
吉 林	797	23546	54.8
黑龙江	1342	29806	62.9
上 海	8653	230403	348.8
江 苏	7448	225554	328.8
浙 江	7627	192691	314.8
安 徽	3768	113228	182.5
福 建	3191	94978	137.1
江 西	1563	46445	108.9
山 东	8351	240704	407.4
河 南	7461	174624	406.5
湖 北	7284	167183	307.6
湖 南	5777	139396	287.7
广 东	10578	366237	359.8
广 西	1716	44382	74.3
海 南	439	16682	35.6
重 庆	10492	163565	303.8
四 川	4479	179701	302.8
贵 州	2536	41646	129.3
云 南	1386	45875	97.8
西 藏	125	3812	9.4
陕 西	3315	133089	183.6
甘 肃	1265	42101	106.3
青 海	288	9511	43.4
宁 夏	337	15301	21.7
新 疆	396	15983	36.2

2-B-11　续表 1

(国有企业)

地　区	法人单位数(个)	年末从业人数(人)	年末餐饮营业面积(万平方米)
全　国	**1474**	**71887**	**104.2**
北　京	110	3277	3.7
天　津	40	1581	1.6
河　北	47	2220	4.6
山　西	66	5194	5.7
内蒙古	42	2316	4.8
辽　宁	74	1888	2.4
吉　林	28	1551	2.3
黑龙江	44	2207	5.6
上　海	68	2905	2.4
江　苏	94	4274	4.1
浙　江	37	1252	1.7
安　徽	38	1549	2.1
福　建	37	2414	4.2
江　西	48	1569	3.8
山　东	140	10110	11.3
河　南	77	2599	6.5
湖　北	72	2892	3.7
湖　南	65	1801	6.0
广　东	72	5581	4.0
广　西	50	1546	3.0
海　南	9	582	0.5
重　庆	20	2141	1.3
四　川	41	1987	3.4
贵　州	21	870	4.6
云　南	20	808	1.2
西　藏	1	15	0.1
陕　西	55	2710	3.5
甘　肃	27	1283	2.8
青　海	1	1	0.1
宁　夏	6	526	0.6
新　疆	24	2238	2.7

2-B-11 续表 2

(集体企业)

地 区	法人单位数(个)	年末从业人数(人)	年末餐饮营业面积(万平方米)
全 国	**1611**	**29348**	**60.0**
北 京	299	3004	8.5
天 津	37	655	1.6
河 北	39	954	3.4
山 西	38	876	1.8
内蒙古	5	203	0.3
辽 宁	104	1138	1.7
吉 林	14	431	1.4
黑龙江	13	199	0.5
上 海	180	2765	3.3
江 苏	86	1508	2.6
浙 江	70	663	1.4
安 徽	45	845	1.3
福 建	33	919	2.1
江 西	18	336	1.2
山 东	108	2993	5.9
河 南	67	1094	2.1
湖 北	51	987	2.0
湖 南	19	276	0.9
广 东	105	3579	2.9
广 西	24	452	1.6
海 南			
重 庆	100	1795	4.6
四 川	55	1182	2.4
贵 州	8	169	0.7
云 南	27	757	1.4
西 藏	5	119	0.5
陕 西	38	1038	1.9
甘 肃	14	261	1.9
青 海	2	51	0.1
宁 夏	1	7	
新 疆	6	92	0.1

2-B-11　续表 3

(股份合作企业)

地 区	法人单位数（个）	年末从业人数（人）	年末餐饮营业面积（万平方米）
全 国	**1227**	**22400**	**43.1**
北 京	487	5104	11.2
天 津	9	112	0.1
河 北	20	669	1.0
山 西	8	257	1.1
内蒙古	8	584	0.3
辽 宁	24	362	0.7
吉 林	6	120	1.1
黑龙江	6	97	0.2
上 海	43	759	1.1
江 苏	24	378	0.9
浙 江	40	946	1.6
安 徽	20	450	1.5
福 建	13	301	0.5
江 西	29	658	1.4
山 东	23	695	1.7
河 南	58	1454	3.3
湖 北	27	642	1.7
湖 南	13	206	1.4
广 东	271	4306	4.1
广 西	8	355	0.3
海 南	4	119	0.1
重 庆	12	257	0.3
四 川	35	2479	2.4
贵 州	7	224	0.5
云 南	10	215	0.8
西 藏			
陕 西	6	175	0.2
甘 肃	11	312	0.5
青 海	2	99	2.7
宁 夏	2	33	0.2
新 疆	1	32	0.1

2-B-11 续表 4

(有限责任公司)

地 区	法人单位数(个)	年末从业人数(人)	年末餐饮营业面积(万平方米)
全 国	**19144**	**843809**	**1069.3**
北 京	2762	88681	107.0
天 津	539	18157	27.5
河 北	689	27412	47.1
山 西	238	17126	20.9
内蒙古	441	20709	38.1
辽 宁	517	11931	23.1
吉 林	224	8807	15.6
黑龙江	258	8904	14.5
上 海	549	33309	28.2
江 苏	789	43471	43.5
浙 江	446	25736	27.6
安 徽	633	26841	33.2
福 建	544	18210	23.5
江 西	239	9952	20.5
山 东	1095	52740	55.0
河 南	1136	43180	65.8
湖 北	1118	56626	63.6
湖 南	462	25549	27.7
广 东	1746	89491	68.9
广 西	227	9201	12.7
海 南	143	8724	9.8
重 庆	693	25622	30.5
四 川	1262	60021	107.5
贵 州	357	14741	20.8
云 南	322	13752	22.4
西 藏	18	841	1.0
陕 西	1205	62898	68.1
甘 肃	333	13250	25.6
青 海	30	1493	6.9
宁 夏	54	3546	5.4
新 疆	75	2888	7.1

2-B-11　续表 5

(股份有限公司)

地　区	法人单位数（个）	年末从业人数（人）	年末餐饮营业面积（万平方米）
全　国	**1502**	**87299**	**102.9**
北　京	130	9290	6.7
天　津	27	2079	1.3
河　北	57	2985	4.6
山　西	31	1558	2.5
内蒙古	37	2919	2.6
辽　宁	57	1556	1.8
吉　林	34	986	2.0
黑龙江	30	714	1.5
上　海	17	1557	1.0
江　苏	104	5154	8.5
浙　江	29	3539	2.9
安　徽	64	1889	3.2
福　建	38	816	1.8
江　西	55	2018	4.5
山　东	108	10877	7.1
河　南	135	4451	10.1
湖　北	49	2757	3.6
湖　南	50	2130	3.4
广　东	110	7076	5.1
广　西	40	1535	1.9
海　南	20	954	9.2
重　庆	55	6373	3.2
四　川	68	3679	3.4
贵　州	12	577	0.7
云　南	26	808	2.2
西　藏	3	67	0.1
陕　西	65	6506	4.9
甘　肃	32	1531	2.0
青　海	7	529	0.3
宁　夏	4	94	0.1
新　疆	8	295	0.4

2-B-11 续表 6

(私营企业)

地 区	法人单位数(个)	年末从业人数(人)	年末餐饮营业面积(万平方米)
全 国	**90094**	**2170841**	**3901.2**
北 京	7298	137136	216.5
天 津	1208	27704	43.6
河 北	1429	46602	102.3
山 西	1459	68671	99.3
内蒙古	803	33233	76.0
辽 宁	2542	45933	82.5
吉 林	426	10126	27.9
黑龙江	856	15529	35.4
上 海	7669	186568	305.6
江 苏	6087	165657	256.0
浙 江	6896	159204	276.5
安 徽	2747	78054	131.0
福 建	2202	67093	94.4
江 西	985	28748	66.0
山 东	6214	151795	295.6
河 南	4501	99073	242.5
湖 北	5323	95109	208.5
湖 南	4562	96973	218.5
广 东	7604	239700	254.6
广 西	1238	28683	48.2
海 南	226	5598	13.5
重 庆	8765	118811	243.7
四 川	2805	105459	167.2
贵 州	1984	23352	96.0
云 南	888	27812	63.2
西 藏	86	2640	7.1
陕 西	1885	56594	100.5
甘 肃	701	22411	62.6
青 海	213	6787	31.1
宁 夏	252	10659	13.9
新 疆	240	9127	21.6

2-B-11　续表 7

(其他企业)

地　区	法人单位数(个)	年末从业人数(人)	年末餐饮营业面积(万平方米)
全　国	**7818**	**133103**	**343.8**
北　京	85	455	2.2
天　津	235	4025	6.3
河　北	140	2306	6.8
山　西	41	1332	1.5
内蒙古	97	2280	6.1
辽　宁	172	2482	4.7
吉　林	63	1509	4.2
黑龙江	131	2118	5.0
上　海	110	2375	6.9
江　苏	248	4782	12.8
浙　江	105	1277	3.1
安　徽	208	3318	9.4
福　建	318	5148	10.4
江　西	182	3040	10.4
山　东	650	11318	30.6
河　南	1451	22006	73.6
湖　北	627	7639	23.6
湖　南	595	12108	29.0
广　东	623	15552	18.7
广　西	127	2569	6.4
海　南	37	705	2.4
重　庆	841	8507	20.0
四　川	207	4769	16.3
贵　州	141	1588	5.0
云　南	89	1623	6.4
西　藏	11	122	0.6
陕　西	49	2869	3.2
甘　肃	144	3009	10.8
青　海	32	547	2.1
宁　夏	18	436	1.6
新　疆	41	1289	3.8

2-B-11 续表 8

(港、澳、台商投资企业)

地 区	法人单位数(个)	年末从业人数(人)	年末餐饮营业面积(万平方米)
全 国	**1342**	**195614**	**100.7**
北 京	135	26977	12.9
天 津	37	1648	0.8
河 北	10	384	1.7
山 西	3	123	0.1
内蒙古	11	600	2.5
辽 宁	39	2483	2.4
吉 林	2	236	1.0
黑龙江	19	1562	2.2
上 海	288	67245	27.1
江 苏	106	11894	6.1
浙 江	58	3327	4.4
安 徽	16	1301	1.2
福 建	67	8111	5.8
江 西	14	1527	0.8
山 东	34	5537	2.2
河 南	13	1312	1.3
湖 北	35	3786	2.5
湖 南	20	1081	1.1
广 东	343	41629	18.3
广 西	17	658	1.0
海 南	9	762	0.3
重 庆	10	1140	0.3
四 川	21	4952	1.7
贵 州	4	66	0.3
云 南	13	1535	0.7
西 藏			
陕 西	14	5545	1.8
甘 肃	3	185	0.1
青 海	1	8	
宁 夏			
新 疆			

2-B-11　续表 9

(外商投资企业)

地　区	法人单位数（个）	年末从业人数（人）	年末餐饮营业面积（万平方米）
全　国	**1619**	**413458**	**177.6**
北　京	177	50735	28.3
天　津	86	26300	8.9
河　北	15	686	0.5
山　西	6	6643	0.9
内蒙古	18	585	5.0
辽　宁	163	11532	12.2
吉　林	28	374	0.8
黑龙江	37	2541	1.7
上　海	271	57345	24.6
江　苏	132	60396	15.9
浙　江	89	25806	9.8
安　徽	23	953	1.0
福　建	50	12360	4.0
江　西	12	6230	1.0
山　东	96	4777	7.8
河　南	15	5549	1.6
湖　北	32	22790	5.3
湖　南	23	8469	3.0
广　东	194	63129	26.1
广　西	13	6822	1.1
海　南	6	300	1.0
重　庆	25	11127	6.9
四　川	35	11656	5.0
贵　州	3	284	0.2
云　南	24	3748	1.3
西　藏	2	29	
陕　西	26	9185	2.5
甘　肃	2	1973	0.3
青　海	7	28	0.1
宁　夏	2	258	0.2
新　疆	7	848	0.4

2-B-12 分地区餐饮业法人企业财务状况

单位：万元

地 区	营业收入	#主营业务收入	资产总计
全 国	**61548690.9**	**60994692.0**	**67166534.0**
北 京	6278518.1	6204015.3	5686281.9
天 津	1304591.7	1283216.7	1684328.9
河 北	736199.3	730956.3	1216575.4
山 西	998742.3	990687.2	2075107.1
内蒙古	905533.8	897266.7	1730380.7
辽 宁	1772858.8	1766253.0	2260322.0
吉 林	318672.2	316167.1	632157.6
黑龙江	462446.2	458729.5	554481.0
上 海	6716408.9	6657713.3	5025699.7
江 苏	4941975.9	4915812.4	5813991.0
浙 江	3553572.6	3527129.0	4179067.4
安 徽	1502855.2	1485173.8	2583861.4
福 建	2008588.1	1993127.5	1664561.6
江 西	627772.9	627522.6	947408.2
山 东	4319107.6	4296596.4	5381771.6
河 南	2589809.0	2573049.5	2329809.7
湖 北	3000818.6	2978019.0	3307533.6
湖 南	2097363.5	2080345.9	1918108.8
广 东	7220138.8	7165508.3	5493284.3
广 西	460314.2	455508.2	507970.6
海 南	232385.7	228805.6	409948.4
重 庆	3084777.9	3047824.3	2156442.1
四 川	2814743.1	2777010.2	4191938.2
贵 州	365575.2	351447.1	598545.3
云 南	659378.9	649120.4	1093425.3
西 藏	45052.5	44021.1	59138.7
陕 西	1667648.6	1644209.5	2077367.6
甘 肃	465521.1	458413.6	664461.0
青 海	69547.2	69129.4	200737.5
宁 夏	136203.8	134106.0	343871.0
新 疆	191569.3	187807.1	377956.9

2-B-13 分地区餐饮业法人企业财务状况(按国民经济行业分)

(正餐服务) 单位：万元

地 区	营业收入	#主营业务收入	资产总计
全 国	**46431557.9**	**46009338.9**	**56586538.6**
北 京	4364142.7	4313056.1	4169755.6
天 津	702884.6	688925.7	1358082.9
河 北	697754.9	692639.3	1153052.3
山 西	867003.8	859075.0	1969408.8
内蒙古	853783.0	845934.1	1644086.2
辽 宁	1101702.5	1095652.9	1804066.8
吉 林	281660.4	279362.0	541446.1
黑龙江	402917.3	399524.2	502782.1
上 海	4659164.9	4618047.8	3766295.1
江 苏	3549831.5	3532943.9	5030136.6
浙 江	2698543.7	2677689.9	3648796.0
安 徽	1241702.2	1228793.7	2339606.1
福 建	1452486.5	1443906.3	1350983.9
江 西	513578.8	513292.4	798983.2
山 东	3666386.6	3648659.7	4941263.4
河 南	2191456.5	2176733.1	2037224.6
湖 北	2453793.0	2433365.3	2939110.8
湖 南	1693831.0	1679098.7	1602600.7
广 东	4786574.7	4753826.1	3951078.6
广 西	332523.4	328351.4	426868.8
海 南	202193.6	198876.8	353942.4
重 庆	2659890.7	2624611.7	1785166.7
四 川	1963637.6	1930654.7	3651459.0
贵 州	341352.3	327726.9	555838.0
云 南	544961.5	537656.0	1001312.0
西 藏	38083.1	37847.6	44164.3
陕 西	1470998.2	1456210.6	1807538.9
甘 肃	385278.8	378820.6	581772.2
青 海	65819.2	65449.0	176818.0
宁 夏	128348.7	126272.1	335156.2
新 疆	119272.2	116335.2	317742.2

2-B-13 续表 1

(快餐服务) 单位：万元

地 区	营业收入	#主营业务收入	资产总计
全 国	**10227586.0**	**10141478.2**	**5681063.4**
北 京	1384155.5	1363693.4	709066.7
天 津	498519.8	495374.9	217230.6
河 北	21790.8	21734.5	24696.5
山 西	106730.3	106645.3	37882.3
内蒙古	26305.9	26279.6	32218.4
辽 宁	603807.0	603608.9	290704.2
吉 林	8392.8	8317.0	11929.0
黑龙江	40132.0	39892.0	24566.4
上 海	984106.1	972338.3	561095.7
江 苏	1036434.9	1031118.0	483997.5
浙 江	649807.1	647681.4	328232.1
安 徽	204889.3	200780.5	169345.3
福 建	445276.9	440432.0	211703.9
江 西	69749.7	69444.6	31455.8
山 东	506809.6	502615.7	326175.7
河 南	264853.3	263784.4	189094.0
湖 北	379017.6	377929.7	205412.8
湖 南	225784.1	225050.5	137091.0
广 东	1913693.8	1899952.2	1145630.0
广 西	105709.0	105523.6	45894.5
海 南	12337.4	12323.9	8681.2
重 庆	193312.6	193110.3	103787.2
四 川	252989.8	252160.1	147984.8
贵 州	5865.0	5798.3	5979.2
云 南	82163.6	79553.7	37536.8
西 藏	971.0	971.0	887.2
陕 西	116336.5	108501.6	142368.1
甘 肃	36681.3	36633.9	17909.5
青 海	432.6	410.9	1218.0
宁 夏	2692.7	2692.7	1952.6
新 疆	47838.0	47125.0	29336.4

2-B-13　续表 2

(饮料及冷饮服务)　　单位：万元

地　区	营业收入	#主营业务收入	资产总计
全　国	**1638974.1**	**1626631.1**	**1328710.6**
北　京	173514.7	172774.3	145020.1
天　津	2787.6	2669.0	2407.7
河　北	2190.7	2146.1	11583.7
山　西	3134.7	3113.6	4527.4
内蒙古	5817.2	5815.2	4910.8
辽　宁	27686.8	27618.0	67882.3
吉　林	2709.7	2670.9	3185.0
黑龙江	4298.6	4290.5	6581.3
上　海	679454.1	677091.9	341670.0
江　苏	78571.4	78426.6	81779.8
浙　江	63331.6	60953.6	76027.5
安　徽	26165.2	25773.8	24902.5
福　建	43250.7	42405.0	30544.0
江　西	11381.2	11299.5	9532.0
山　东	20479.4	20406.8	19362.3
河　南	19529.7	19493.6	14885.4
湖　北	44308.4	44213.7	30440.0
湖　南	67534.5	66912.0	75714.6
广　东	204815.7	203978.9	165719.7
广　西	6458.2	6423.0	14674.2
海　南	7938.0	7793.4	21513.5
重　庆	29466.1	29015.7	43899.3
四　川	70933.8	69469.9	58465.0
贵　州	4235.6	4159.9	6720.0
云　南	5844.0	5799.8	13551.7
西　藏	4993.9	4199.5	6835.7
陕　西	14935.6	14525.9	27034.2
甘　肃	10882.5	10866.5	8512.4
青　海	865.3	865.3	1408.9
宁　夏	302.0	302.0	882.6
新　疆	1157.3	1157.3	8537.0

2-B-13 续表 3

(其他餐饮业)

单位：万元

地 区	营业收入	#主营业务收入	资产总计
全 国	**3250573.0**	**3217243.8**	**3570221.4**
北 京	356705.3	354491.6	662439.5
天 津	100399.7	96247.0	106607.7
河 北	14463.0	14436.3	27242.8
山 西	21873.5	21853.3	63288.5
内蒙古	19627.7	19237.8	49165.3
辽 宁	39662.4	39373.2	97668.6
吉 林	25909.2	25817.1	75597.4
黑龙江	15098.3	15022.8	20551.1
上 海	393683.9	390235.3	356638.9
江 苏	277138.0	273323.9	218077.1
浙 江	141890.3	140804.1	126011.8
安 徽	30098.5	29825.8	50007.6
福 建	67574.0	66384.2	71329.8
江 西	33063.2	33486.2	107437.2
山 东	125431.9	124914.2	94970.2
河 南	113969.5	113038.4	88605.7
湖 北	123699.6	122510.2	132570.0
湖 南	110214.0	109284.7	102702.5
广 东	315054.5	307751.1	230856.0
广 西	15623.6	15210.1	20533.0
海 南	9916.7	9811.5	25811.3
重 庆	202108.5	201086.6	223589.0
四 川	527182.0	524725.5	334029.4
贵 州	14122.3	13762.0	30008.0
云 南	26409.8	26110.9	41024.7
西 藏	1004.5	1003.0	7251.5
陕 西	65378.3	64971.4	100426.4
甘 肃	32678.4	32092.7	56266.9
青 海	2430.1	2404.3	21292.6
宁 夏	4860.4	4839.2	5879.5
新 疆	23301.8	23189.6	22341.2

2-B-14　分地区餐饮业法人企业财务状况(按登记注册类型分)

(内资企业)　　单位：万元

地　区	营业收入	#主营业务收入	资产总计
全　国	**48921486.2**	**48439733.4**	**58388302.3**
北　京	4268986.7	4206700.1	4575492.5
天　津	813059.1	794153.3	1231191.9
河　北	725666.5	720423.5	1192301.0
山　西	913185.7	905130.6	2049724.7
内蒙古	737597.4	729362.3	1590069.2
辽　宁	1128073.0	1121920.5	1889478.6
吉　林	309235.8	306790.7	622528.8
黑龙江	380835.8	377319.2	428156.8
上　海	4028084.1	3984931.7	3263763.0
江　苏	3899085.1	3878323.5	5013078.1
浙　江	2961705.3	2940051.7	3627132.5
安　徽	1455323.4	1437886.3	2515985.6
福　建	1601028.0	1590475.1	1328266.9
江　西	553667.0	553416.7	863197.7
山　东	3960521.4	3940696.2	5094973.7
河　南	2473231.8	2456652.9	2185734.8
湖　北	2604811.6	2582496.8	3037620.6
湖　南	1943835.2	1926938.6	1843905.5
广　东	4918639.6	4875394.7	4057535.0
广　西	383770.1	378964.1	469228.4
海　南	210858.2	207294.3	389474.6
重　庆	2887157.0	2850515.5	2023011.5
四　川	2507676.2	2470786.5	3979801.9
贵　州	360527.1	346399.0	591765.6
云　南	573511.3	565464.6	1020575.1
西　藏	44652.1	43620.7	59010.7
陕　西	1471540.4	1455788.5	1897547.8
甘　肃	436092.8	428985.4	653837.6
青　海	69189.5	68771.8	198973.7
宁　夏	133843.7	131745.9	324156.9
新　疆	166095.2	162333.0	370781.6

2-B-14 续表 1

(国有企业) 单位：万元

地 区	营业收入	#主营业务收入	资产总计
全 国	**956038.7**	**937709.3**	**1696964.0**
北 京	62491.6	56274.7	75169.4
天 津	22572.7	21934.2	28023.2
河 北	21379.6	21311.3	37915.9
山 西	44685.3	43671.7	65567.0
内蒙古	22733.5	22693.4	91106.7
辽 宁	28305.6	28223.4	86770.3
吉 林	20070.5	20070.5	92445.2
黑龙江	34682.9	34416.9	42419.4
上 海	56470.6	54544.8	23683.3
江 苏	62357.4	61694.7	107978.6
浙 江	17058.3	17058.3	25905.9
安 徽	20843.5	20763.4	38085.5
福 建	33384.3	33371.6	35235.3
江 西	14747.6	14747.6	37009.3
山 东	144463.6	142098.1	377042.5
河 南	40822.5	40767.1	25927.2
湖 北	48108.1	47610.5	59107.9
湖 南	17667.1	17624.9	24745.2
广 东	76373.6	75610.0	100069.5
广 西	10819.1	10330.0	19798.0
海 南	4324.7	4212.3	20036.0
重 庆	24930.5	24927.6	50317.4
四 川	23009.8	22790.4	53437.5
贵 州	7498.1	7448.2	8951.2
云 南	9772.6	9628.5	10312.8
西 藏	160.0	160.0	100.0
陕 西	31299.9	30788.4	47370.7
甘 肃	14887.3	14114.9	22512.8
青 海			
宁 夏	5564.2	5406.5	5455.6
新 疆	34554.2	33415.3	84464.5

2-B-14　续表 2

(集体企业)　　单位：万元

地　区	营业收入	#主营业务收入	资产总计
全　国	**407772.4**	**399889.6**	**490397.2**
北　京	36646.4	36478.7	32423.5
天　津	6005.8	6005.8	6047.8
河　北	6853.3	6759.0	7264.8
山　西	6402.6	6275.6	14108.0
内蒙古	1306.2	1306.2	1163.5
辽　宁	19479.5	19476.0	10809.6
吉　林	5949.5	5917.5	2827.3
黑龙江	1380.0	1359.0	1189.7
上　海	34797.3	33692.0	31829.4
江　苏	19225.0	19196.2	69414.3
浙　江	7190.0	5881.9	10210.6
安　徽	9477.1	8386.2	6290.0
福　建	13445.2	13432.6	10868.6
江　西	5040.1	4943.8	4628.4
山　东	52152.7	52028.2	60099.4
河　南	17739.5	17490.6	8029.9
湖　北	14313.7	14261.3	12391.4
湖　南	2978.8	2949.3	4153.1
广　东	58355.7	57984.6	34996.0
广　西	3631.2	3576.2	3368.2
海　南			
重　庆	42897.0	42349.9	16182.6
四　川	17057.1	16751.7	120290.6
贵　州	1628.9	1574.0	1436.2
云　南	6995.5	6670.4	8737.1
西　藏	1927.8	1139.4	635.8
陕　西	12726.6	11862.3	9099.2
甘　肃	1888.0	1863.6	1741.5
青　海	46.0	46.0	98.8
宁　夏	33.6	33.6	29.0
新　疆	202.2	198.2	32.8

2-B-14 续表 3

(股份合作企业) 单位：万元

地 区	营业收入	#主营业务收入	资产总计
全 国	**302110.3**	**298170.5**	**550017.7**
北 京	74765.6	74657.1	50458.6
天 津	627.0	627.0	4227.5
河 北	9553.3	9553.3	10324.5
山 西	3157.5	3157.5	4002.9
内蒙古	9424.7	9419.7	5144.1
辽 宁	2991.5	2979.8	3666.8
吉 林	2459.1	2399.0	1113.3
黑龙江	1461.5	1461.5	1121.1
上 海	9372.3	9156.4	10431.7
江 苏	5381.8	5347.8	4276.8
浙 江	14050.2	13996.0	5728.3
安 徽	5683.3	5669.1	4757.4
福 建	2751.5	2731.5	3549.8
江 西	10429.5	10404.0	18889.1
山 东	6747.0	6664.7	22413.6
河 南	12704.5	12618.0	11735.0
湖 北	7049.1	6989.1	6324.1
湖 南	1772.0	1752.0	1318.0
广 东	64676.8	64530.1	20746.3
广 西	3742.5	3574.2	4684.0
海 南	1637.2	1637.2	10674.2
重 庆	6908.5	6908.5	2734.5
四 川	38365.6	35583.3	320040.1
贵 州	813.4	787.7	6608.4
云 南	1936.4	1926.4	7057.5
西 藏			
陕 西	2528.6	2519.6	2441.7
甘 肃	602.1	602.1	2037.5
青 海	149.1	149.1	2094.5
宁 夏	25.0	25.0	1257.3
新 疆	343.6	343.6	159.2

2-B-14　续表 4

(有限责任公司)　　单位：万元

地　区	营业收入	#主营业务收入	资产总计
全　国	**12096301.4**	**11930432.5**	**18021715.3**
北　京	1643551.9	1605518.2	2070164.9
天　津	306813.2	302154.7	525260.9
河　北	236415.0	234506.1	425426.4
山　西	205580.4	203208.9	583393.7
内蒙古	216716.6	212345.7	536062.3
辽　宁	184948.0	184026.6	412256.2
吉　林	107899.6	106688.5	174520.7
黑龙江	99364.9	98760.8	136782.6
上　海	667491.7	655518.6	585877.1
江　苏	708122.5	705056.4	1331592.6
浙　江	456893.0	452450.1	712742.6
安　徽	331052.3	322661.0	714863.1
福　建	232531.3	230567.4	360513.7
江　西	116802.8	116370.9	255555.1
山　东	753483.9	746808.9	1460950.4
河　南	520300.4	515970.8	669299.3
湖　北	808102.5	803691.9	1167535.2
湖　南	402434.9	398224.9	355416.1
广　东	1300321.3	1290867.1	1447861.1
广　西	93896.7	93522.2	96368.5
海　南	143196.7	141446.4	241593.8
重　庆	520176.7	512623.1	446902.1
四　川	805655.9	787078.9	1328471.8
贵　州	146839.3	136178.3	254307.3
云　南	170830.6	169387.0	287333.0
西　藏	12094.3	12093.8	9600.0
陕　西	692672.1	683364.0	949024.4
甘　肃	136384.0	134580.0	226972.4
青　海	9941.9	9916.2	33321.8
宁　夏	32841.1	32642.3	140070.8
新　疆	32946.0	32202.8	81675.6

2-B-14 续表 5

(股份有限公司) 单位：万元

地 区	营业收入	#主营业务收入	资产总计
全 国	**1550202.3**	**1523320.9**	**2954554.6**
北 京	243612.2	240759.4	625160.6
天 津	22699.7	22300.7	107875.3
河 北	31705.2	31652.3	41604.1
山 西	8510.3	8198.6	20843.5
内蒙古	100132.7	99451.1	142485.1
辽 宁	39182.7	39106.7	38972.9
吉 林	16219.7	16182.4	50461.9
黑龙江	7366.1	7348.5	5360.8
上 海	124003.0	123062.9	240744.2
江 苏	86838.9	83633.7	168081.4
浙 江	64538.8	64328.8	99543.8
安 徽	21015.0	20001.0	74665.4
福 建	12033.4	11916.2	15374.2
江 西	21951.6	21413.1	32050.9
山 东	184686.1	184297.8	418098.2
河 南	60189.7	59457.9	77951.1
湖 北	29500.0	29265.2	62300.6
湖 南	41637.4	41365.1	41994.9
广 东	96230.6	93784.9	89666.3
广 西	12989.5	12915.5	17362.4
海 南	10645.7	10610.2	18917.2
重 庆	128492.3	116823.3	207289.1
四 川	46589.6	46419.9	119821.0
贵 州	6559.0	6554.0	12168.6
云 南	11412.7	11409.7	7158.9
西 藏	281.4	276.4	1595.9
陕 西	91401.9	91046.5	139007.8
甘 肃	18650.3	18612.6	29316.7
青 海	6441.8	6441.8	14868.4
宁 夏	1102.9	1102.9	1395.7
新 疆	3581.9	3581.9	32417.7

2-B-14　续表 6

(私营企业)　　单位：万元

地　区	营业收入	#主营业务收入	资产总计
全　国	**31879892.2**	**31651603.8**	**33030563.8**
北　京	2201920.7	2187034.9	1713770.3
天　津	412347.1	404788.5	526167.3
河　北	399877.7	396960.5	646132.2
山　西	636173.5	631996.3	1349895.0
内蒙古	365509.9	362804.4	787242.3
辽　宁	813186.6	810952.3	1312825.8
吉　林	143800.9	142772.5	279869.2
黑龙江	215937.5	213581.5	218812.0
上　海	3108708.7	3082441.2	2324628.9
江　苏	2951634.5	2939016.9	3128908.4
浙　江	2386243.7	2370863.4	2753738.7
安　徽	1025598.8	1019147.3	1601407.8
福　建	1231652.9	1223393.6	857913.7
江　西	346469.6	346956.1	481962.3
山　东	2622504.7	2612979.3	2603119.3
河　南	1557523.0	1549167.0	1188720.6
湖　北	1522086.8	1506690.6	1579488.7
湖　南	1332358.0	1321524.6	1310428.8
广　东	3129030.3	3103982.1	2233454.0
广　西	240264.2	236864.2	307908.1
海　南	45390.3	43933.0	88918.7
重　庆	2027960.1	2012450.0	1217490.0
四　川	1528591.6	1514406.0	1974885.4
贵　州	183972.7	181081.7	292299.8
云　南	354846.9	351985.1	683736.0
西　藏	29165.3	28927.8	45803.3
陕　西	598168.3	593565.0	710094.2
甘　肃	237432.2	233629.9	335861.3
青　海	50389.9	50021.8	138525.1
宁　夏	91890.3	90149.1	170868.5
新　疆	89255.5	87537.2	165688.2

2-B-14 续表 7

(其他企业) 单位：万元

地 区	营业收入	#主营业务收入	资产总计
全 国	**1632702.9**	**1603200.4**	**1575277.9**
北 京	3633.6	3614.3	3281.0
天 津	41289.8	35648.7	32171.9
河 北	19667.5	19492.1	23540.2
山 西	8539.5	8515.4	11514.5
内蒙古	20534.8	20102.8	24721.7
辽 宁	38663.6	35840.2	23600.7
吉 林	12564.1	12487.8	21091.3
黑龙江	20168.4	19916.4	22098.3
上 海	25849.0	25124.3	44111.6
江 苏	63200.0	62079.9	200454.3
浙 江	14976.9	14718.8	18500.0
安 徽	38450.4	38292.3	73426.6
福 建	74372.4	74205.3	41299.1
江 西	36790.3	37201.6	32286.7
山 东	192654.7	191990.6	150187.2
河 南	255849.0	253621.4	195143.1
湖 北	127388.1	125784.9	137468.3
湖 南	141367.3	139878.1	102802.9
广 东	184982.3	179966.9	127656.1
广 西	18358.9	18113.5	19669.3
海 南	5663.6	5455.2	9334.7
重 庆	135082.5	133783.7	81691.9
四 川	48045.1	47394.8	57147.1
贵 州	11644.7	11204.2	11834.3
云 南	17321.6	14064.2	16115.4
西 藏	943.3	943.3	1270.7
陕 西	39401.3	39308.1	38611.8
甘 肃	25643.1	24976.4	34555.1
青 海	2218.8	2194.8	9945.0
宁 夏	2386.6	2386.6	5080.0
新 疆	5051.5	4893.7	4667.4

2-B-14　续表 8

(港、澳、台商投资企业)　　单位：万元

地　区	营业收入	#主营业务收入	资产总计
全　国	**3998083.8**	**3974193.6**	**3695188.7**
北　京	683423.3	681295.1	514050.0
天　津	23478.5	23170.2	35133.8
河　北	4591.6	4591.6	18307.7
山　西	1570.9	1570.9	1247.8
内蒙古	7081.6	7067.4	6210.8
辽　宁	77779.5	77648.0	86358.8
吉　林	4458.0	4398.0	1910.0
黑龙江	43303.5	43303.5	26370.4
上　海	1241570.6	1232460.6	782447.7
江　苏	192845.1	192426.6	326802.3
浙　江	64452.1	62012.6	176196.2
安　徽	30201.3	30188.5	23623.4
福　建	216455.3	211587.2	209405.4
江　西	16151.9	16151.9	62642.6
山　东	81078.9	81077.8	131949.2
河　南	25682.8	25502.2	68610.0
湖　北	74404.6	74103.2	78715.6
湖　南	22556.5	22546.5	13153.8
广　东	912363.6	910649.4	818950.3
广　西	9934.9	9934.9	8347.4
海　南	14962.6	14962.6	18519.3
重　庆	18776.7	18776.7	32521.9
四　川	110796.2	110796.2	94123.9
贵　州	758.7	758.7	1940.9
云　南	31124.8	28932.9	54060.1
西　藏			
陕　西	86068.5	86068.5	102852.8
甘　肃	2037.9	2037.9	711.4
青　海	174.2	174.2	25.1
宁　夏			
新　疆			

2-B-14 续表 9

(外商投资企业) 单位：万元

地 区	营业收入	#主营业务收入	资产总计
全 国	**8629120.9**	**8580765.0**	**5083043.1**
北 京	1326108.1	1316020.2	596739.4
天 津	468054.1	465893.1	418003.2
河 北	5941.2	5941.2	5966.7
山 西	83985.7	83985.7	24134.6
内蒙古	160854.9	160837.0	134100.7
辽 宁	567006.2	566684.5	284484.6
吉 林	4978.4	4978.4	7718.8
黑龙江	38306.9	38106.9	99953.8
上 海	1446754.2	1440320.9	979489.1
江 苏	850045.8	845062.3	474110.6
浙 江	527415.2	525064.7	375738.7
安 徽	17330.5	17099.0	44252.5
福 建	191104.8	191065.3	126889.3
江 西	57954.0	57954.0	21567.8
山 东	277507.3	274822.4	154848.6
河 南	90894.4	90894.4	75464.9
湖 北	321602.4	321419.1	191197.4
湖 南	130971.8	130860.8	61049.5
广 东	1389135.6	1379464.2	616798.9
广 西	66609.2	66609.2	30394.8
海 南	6564.8	6548.6	1954.6
重 庆	178844.2	178532.1	100908.8
四 川	196270.7	195427.6	118012.4
贵 州	4289.4	4289.4	4838.7
云 南	54742.8	54722.8	18790.0
西 藏	400.4	400.4	128.0
陕 西	110039.8	102352.6	76966.9
甘 肃	27390.4	27390.4	9912.0
青 海	183.5	183.5	1738.8
宁 夏	2360.1	2360.1	19714.1
新 疆	25474.1	25474.1	7175.2

第3篇

房地产开发经营业生产经营及财务状况

3-1　各地区按登记注册类型分房地产开发企业个数

单位：个

地　区	总　计	内资企业						
			国有企业	集体企业	股份合作企业	国有联营企业	集体联营企业	国有与集体联营企业
全　国	**132105**	**126051**	**2430**	**866**	**420**	**18**	**22**	**21**
北　京	3426	3153	83	20	5		1	
天　津	1491	1362	104	17	2	2	1	
河　北	6453	6372	43	4	32		1	
山　西	3101	3085	85	14	2			
内蒙古	3141	3129	20	8	5			1
辽　宁	6238	5703	67	10	19			1
吉　林	2088	2055	12	2	3			1
黑龙江	2590	2547	55	1	7			
上　海	3740	3220	120	37	1	3	2	1
江　苏	10620	9823	177	89	20	2	3	4
浙　江	7396	7005	65	28	6	1		1
安　徽	5215	5093	114	12	20	1		
福　建	4040	3510	138	32	2		1	1
江　西	3606	3477	85	16	41	2	3	
山　东	9463	9191	179	131	40	1	2	
河　南	8247	8122	110	29	54	2		2
湖　北	6324	6175	131	29	21			1
湖　南	5930	5769	98	11	15			1
广　东	9892	8875	191	255	27		3	
广　西	3788	3640	98	21	8			
海　南	1655	1549	47	7	5	1	2	1
重　庆	3279	3130	54	5	2			1
四　川	5049	4899	68	19	26			
贵　州	3212	3170	51	11	19			2
云　南	3696	3650	65	4	17	1		2
西　藏	50	50	1	2			1	1
陕　西	3365	3323	98	26	7		2	
甘　肃	1675	1654	41	17	7			
青　海	461	457	6	1	2	1		
宁　夏	588	584	1	4				
新　疆	2286	2279	23	4	5	1		

注：本表包含未纳入联网直报的房地产开发企业。

3-1 续表 1　　单位：个

地区	其他联营企业	国有独资公司	其他有限责任公司	股份有限公司	私营独资企业	私营合伙企业	私营有限责任公司
全国	**49**	**1732**	**51931**	**5012**	**3189**	**511**	**54560**
北京		57	2108	71	9		769
天津		59	663	59	15	2	394
河北		22	2879	246	168	28	2642
山西		35	528	32	17	2	2283
内蒙古		17	1348	113	71	18	1417
辽宁	4	50	2161	194	71	2	2900
吉林	1	18	967	114	42	4	820
黑龙江		23	1195	166	48	9	915
上海	1	147	1347	59	9	5	1434
江苏	8	132	2576	411	430	49	5384
浙江	2	149	2644	106	8	3	3915
安徽	6	69	1843	165	132	40	2381
福建	1	103	1558	102	33	4	1439
江西		33	1317	242	181	69	1231
山东		109	3603	470	356	45	3870
河南	5	31	4356	516	461	48	2092
湖北		58	2311	296	209	56	2737
湖南	2	90	2263	355	47	21	2504
广东	11	79	4392	241	209	26	3121
广西	1	44	1125	171	16	4	2012
海南	1	29	893	77	21	7	409
重庆		88	1026	70	66	10	1644
四川		69	2223	259	80	16	1961
贵州	1	50	1626	113	125	14	1015
云南	2	46	1502	133	77	10	1597
西藏	1	4	11	2	1	1	22
陕西	1	52	1636	127	181	11	1079
甘肃	1	18	776	61	26	2	638
青海		10	100	13	9	2	290
宁夏		13	137	5	14		384
新疆		28	817	23	57	3	1261

3-1　续表 2　　单位：个

地区	私营股份有限公司	其他内资企业	港、澳、台商投资企业	合资经营企业(港、澳、台资)	合作经营企业(港、澳、台资)	港、澳、台商独资经营企业	港、澳、台商投资股份有限公司
全　国	**3758**	**1532**	**4032**	**1470**	**394**	**2075**	**68**
北　京	30		166	61	64	41	
天　津	20	24	69	34	1	31	3
河　北	189	118	50	26	2	21	1
山　西	81	6	10	6		4	
内蒙古	77	34	6	5			1
辽　宁	147	77	342	147	12	175	8
吉　林	53	18	23	10	1	10	1
黑龙江	87	41	30	13	1	13	2
上　海	53	1	336	125	22	186	3
江　苏	372	166	490	187	18	275	6
浙　江	75	2	236	96	1	133	6
安　徽	218	92	70	33	2	32	3
福　建	81	15	397	108	16	263	10
江　西	182	75	92	40	4	46	1
山　东	266	119	177	83	15	78	1
河　南	221	195	81	32	5	42	1
湖　北	201	125	107	53	2	49	2
湖　南	324	38	110	52	3	54	1
广　东	162	158	779	157	208	398	9
广　西	131	9	89	49	8	32	
海　南	29	20	79	20	2	52	3
重　庆	139	25	99	37	2	56	1
四　川	138	40	83	28	3	44	5
贵　州	123	20	33	20		13	
云　南	132	62	37	24	1	11	
西　藏	1	2					
陕　西	98	5	20	7	1	12	
甘　肃	45	22	14	12		2	
青　海	19	4	2	1		1	
宁　夏	24	2	1	1			
新　疆	40	17	4	3		1	

3-1 续表 3

单位：个

地 区	其他港、澳、台投资企业	外商投资企业	中外合资经营企业	中外合作经营企业	独资企业	外商投资股份有限公司	其他外商投资企业
全 国	**25**	**2022**	**808**	**165**	**956**	**65**	**28**
北 京		107	41	42	20	4	
天 津		60	27	3	25	4	1
河 北		31	12	1	17		1
山 西		6	3		3		
内蒙古		6	1		4		1
辽 宁		193	93	8	86	6	
吉 林	1	10	7	1	2		
黑龙江	1	13	6	1	6		
上 海		184	67	10	100	6	1
江 苏	4	307	113	14	173	4	3
浙 江		155	81	2	69	3	
安 徽		52	22	2	24	1	3
福 建		133	41	3	81	5	3
江 西	1	37	17		16	1	3
山 东		95	46	10	38		1
河 南	1	44	21	1	20	2	
湖 北	1	42	20	1	17	1	3
湖 南		51	23		24	4	
广 东	7	238	63	50	111	12	2
广 西		59	27	4	25	1	2
海 南	2	27	5	2	18	2	
重 庆	3	50	16	2	25	5	2
四 川	3	67	30	3	33	1	
贵 州		9	4	2	3		
云 南	1	9	4	1	2	1	1
西 藏							
陕 西		22	8	2	10	1	1
甘 肃		7	5		2		
青 海		2	1			1	
宁 夏		3	2		1		
新 疆		3	2		1		

3-2 各地区按资质等级分房地产开发企业个数

单位：个

地 区	总 计	一 级	二 级	三 级	四 级	暂 定	其 他
全 国	**132105**	**2064**	**11918**	**26349**	**21134**	**46074**	**24566**
北 京	3426	122	210	267	1252	682	893
天 津	1491	37	118	153	682	278	223
河 北	6453	48	358	752	1612	2051	1632
山 西	3101	15	192	401	1253	1110	130
内蒙古	3141	48	223	473	1378	566	453
辽 宁	6238	82	303	1337	111	2833	1572
吉 林	2088	14	200	403	472	796	203
黑龙江	2590	25	364	1277	208	452	264
上 海	3740	71	321	445	11	2057	835
江 苏	10620	260	2664	1800	185	3498	2213
浙 江	7396	168	659	1733	905	2630	1301
安 徽	5215	109	448	1086	446	2254	872
福 建	4040	61	166	870	725	1552	666
江 西	3606	36	308	852	444	1131	835
山 东	9463	157	522	1232	1653	3558	2341
河 南	8247	157	816	1335	713	3887	1339
湖 北	6324	120	552	1168	1306	2266	912
湖 南	5930	53	306	2026	626	1663	1256
广 东	9892	121	333	1633	2077	3255	2473
广 西	3788	18	133	676	512	1753	696
海 南	1655	17	44	136	128	864	466
重 庆	3279	63	719	945	104	1172	276
四 川	5049	60	688	2695	236	857	513
贵 州	3212	24	179	491	728	1310	480
云 南	3696	45	257	377	1256	1316	445
西 藏	50	2	3	15	9	13	8
陕 西	3365	65	353	655	926	537	829
甘 肃	1675	9	131	489	497	460	89
青 海	461	9	113	129	80	84	46
宁 夏	588	11	101	119	120	200	37
新 疆	2286	37	134	379	479	989	268

注：本表包含未纳入联网直报的房地产开发企业数据。

3-3 各地区按登记注册类型分房地产开发企业年末从业人数

单位：人

地区	总计	内资企业	国有企业	集体企业	股份合作企业	国有联营企业	集体联营企业	国有与集体联营企业
全国	**3349693**	**3136947**	**81791**	**17440**	**10501**	**755**	**400**	**541**
北京	100190	86568	3354	435	104		75	
天津	44366	38696	3866	642	75	41	30	
河北	164220	160956	1653	47	542		2	
山西	69806	69363	3051	407	55			
内蒙古	69956	69542	413	314	274			
辽宁	124499	108955	1404	123	420			25
吉林	48827	47175	265	15	51			18
黑龙江	54718	53768	1435	5	132			
上海	82453	62267	2929	614	8	60	38	8
江苏	236006	212408	4747	1355	393	30	31	34
浙江	134912	124372	1988	340	136	335		33
安徽	135192	130896	3218	203	279			
福建	101726	88587	3902	537	24		1	10
江西	99635	95544	1973	230	870	50	38	
山东	265844	256839	7237	3864	1538	22	25	
河南	218854	214824	3512	1101	2267	66		21
湖北	169061	163568	5360	591	249			
湖南	157845	152695	2962	310	480			34
广东	263001	223079	4638	4469	537		121	
广西	90440	85991	2723	339	127			
海南	53130	47735	2464	78	184	117	11	3
重庆	112259	105486	2694	49	73			22
四川	158280	151957	2930	276	670			
贵州	73995	72667	1176	92	351			298
云南	89529	86467	1592	59	199	12		31
西藏	1360	1360	6	99			8	4
陕西	104876	102635	8131	456	225		20	
甘肃	45978	44463	1466	230	90			
青海	13077	12973	282	15	44	12		
宁夏	18974	18746	25	50				
新疆	46684	46365	395	95	104	10		

注：本表包含未纳入联网直报的房地产开发企业数据。

3-3　续表 1

单位：人

地　区	其他联营企业	国有独资公司	其他有限责任公司	股份有限公司	私营独资企业	私营合伙企业	私营有限责任公司
全　国	**1022**	**70993**	**1364910**	**157850**	**65083**	**10578**	**1229112**
北　京		2999	63379	3900	120		11516
天　津		2358	17610	2391	317	16	10079
河　北		678	76225	6646	3200	370	63038
山　西		1091	14029	893	294	19	47930
内蒙古		791	28276	2685	1157	268	33529
辽　宁	24	2220	47114	5548	1172	42	47328
吉　林	9	437	22882	2790	844	70	18274
黑龙江		1564	26033	3777	1146	74	16756
上　海	5	3549	25647	2378	185	78	25797
江　苏	72	3760	64275	10721	7591	917	107824
浙　江	20	3330	52085	3703	53	6	61128
安　徽	70	2741	50797	11637	2195	827	51764
福　建	6	4663	40551	2316	455	73	33602
江　西		1174	35612	7687	3603	1932	35778
山　东		6419	105830	14891	7882	911	97603
河　南	119	1010	117901	13020	11584	1375	51596
湖　北		4508	63009	10563	4337	1138	66220
湖　南	65	3145	63661	9279	1007	506	61156
广　东	262	5303	113384	9472	3405	381	74949
广　西	50	2157	27626	3865	341	81	45193
海　南	11	1798	27176	2822	225	123	11516
重　庆		4138	34067	3930	2346	421	51749
四　川		2715	69529	9705	1867	215	58665
贵　州	3	1130	39949	3301	2238	236	21331
云　南	34	1617	39632	3434	1052	166	34348
西　藏	258	157	252	58	10	20	461
陕　西	6	2142	51381	4501	4626	204	27615
甘　肃	8	876	21363	1084	334	16	18003
青　海		372	3315	221	205	51	7968
宁　夏		1042	4631	193	446		11671
新　疆		1109	17689	439	846	42	24725

3-3 续表 2

单位：人

地 区	私营股份有限公司	其他内资企业	港、澳、台商投资企业	合资经营企业(港、澳、台资)	合作经营企业(港、澳、台资)	港、澳、台商独资经营企业	港、澳、台商投资股份有限公司
全 国	**95286**	**30685**	**133759**	**47572**	**11615**	**71504**	**2471**
北 京	686		8274	2463	2827	2984	
天 津	779	492	2865	1141	120	1422	182
河 北	6816	1739	1529	817	14	692	6
山 西	1517	77	213	114		99	
内蒙古	1205	630	47	45			2
辽 宁	2511	1024	9328	3865	202	5107	154
吉 林	1141	379	1316	433	2	818	38
黑龙江	1653	1193	693	288	37	336	32
上 海	971		12954	6582	1027	5233	112
江 苏	7804	2854	14604	4976	299	9093	189
浙 江	1187	28	6827	2670	15	3995	147
安 徽	5325	1840	2490	920	38	1489	43
福 建	2249	198	9923	3079	332	6181	331
江 西	4424	2173	2723	1170	63	1437	18
山 东	7925	2692	6022	2630	325	3039	28
河 南	6933	4319	2126	674	202	1211	
湖 北	4903	2690	3778	1664	33	1922	114
湖 南	8487	1603	3230	1474	46	1670	40
广 东	3914	2244	24478	4598	5582	13948	183
广 西	3286	203	2565	1003	308	1254	
海 南	655	552	4326	1420	17	2237	616
重 庆	5430	567	4358	1611	38	2536	40
四 川	4205	1180	3372	977	40	2095	196
贵 州	2319	243	1174	703		471	
云 南	3181	1110	2252	758	18	1470	
西 藏		27					
陕 西	3188	140	959	318	30	611	
甘 肃	772	221	877	762		115	
青 海	464	24	39	20		19	
宁 夏	667	21	112	112			
新 疆	689	222	305	285		20	

3-3　续表 3　　　　单位：人

地　区	其他港、澳、台投资企业	外商投资企　业	中外合资经营企业	中外合作经营企业	独资企业	外商投资股份有限公　司	其他外商投资企业
全　国	**597**	**78987**	**26484**	**6355**	**42374**	**2615**	**1159**
北　京		5348	2233	1705	924	486	
天　津		2805	802	139	1332	82	450
河　北		1735	408	8	1256		63
山　西		230	148		82		
内蒙古		367	99		148		120
辽　宁		6216	2045	448	3595	128	
吉　林	25	336	279	28	29		
黑龙江		257	72	7	178		
上　海		7232	2227	389	4182	424	10
江　苏	47	8994	2986	276	5661	39	32
浙　江		3713	1505	21	2086	101	
安　徽		1806	445	90	1210	28	33
福　建		3216	823	45	1983	256	109
江　西	35	1368	913		401	30	24
山　东		2983	1463	579	925		16
河　南	39	1904	789	5	1056	54	
湖　北	45	1715	828	100	635	46	106
湖　南		1920	689		1128	103	
广　东	167	15444	3064	1403	10709	256	12
广　西		1884	740	123	775	215	31
海　南	36	1069	208	192	626	43	
重　庆	133	2415	760	111	1292	153	99
四　川	64	2951	1169	157	1540	85	
贵　州		154	71	57	26		
云　南	6	810	652	49	46	16	47
西　藏							
陕　西		1282	344	423	473	35	7
甘　肃		638	598		40		
青　海		65	30			35	
宁　夏		116	90		26		
新　疆		14	4		10		

3-4 各地区按资质等级分房地产开发企业年末从业人数

单位：人

地 区	总 计	一 级	二 级	三 级	四 级	暂 定	其 他
全 国	**3349693**	**148196**	**496805**	**716005**	**468655**	**1078863**	**441169**
北 京	100190	13149	14390	10099	31886	16624	14042
天 津	44366	2502	6280	5424	17474	8113	4573
河 北	164220	9372	18802	23049	38095	46247	28655
山 西	69806	1383	10704	11713	26882	16985	2139
内蒙古	69956	3174	9257	11154	28693	10532	7146
辽 宁	124499	4298	14135	29383	1549	53002	22132
吉 林	48827	588	8728	10090	7694	18027	3700
黑龙江	54718	1857	12206	22968	3454	8263	5970
上 海	82453	4458	10863	10993	356	40220	15563
江 苏	236006	10423	74362	33590	3438	79131	35062
浙 江	134912	8359	19243	31292	11185	46941	17892
安 徽	135192	3715	17862	27662	8202	61223	16528
福 建	101726	4134	8247	26231	14375	39763	8976
江 西	99635	1372	11124	23794	9356	32522	21467
山 东	265844	10206	24929	43849	42650	96235	47975
河 南	218854	7350	35226	33843	19150	96023	27262
湖 北	169061	8304	24763	35507	30197	54281	16009
湖 南	157845	3305	14909	57872	13963	40378	27418
广 东	263001	14680	18138	60243	48590	80728	40622
广 西	90440	997	8478	18534	10553	40590	11288
海 南	53130	259	2201	5306	4803	29933	10628
重 庆	112259	8267	34255	26010	1694	34679	7354
四 川	158280	7069	32254	81207	3618	23319	10813
贵 州	73995	1063	9076	12999	14355	28529	7973
云 南	89529	3705	14533	9238	27022	28409	6622
西 藏	1360	12	219	657	89	262	121
陕 西	104876	8551	19274	21952	25282	14221	15596
甘 肃	45978	879	7414	15146	12326	8896	1317
青 海	13077	465	5074	3273	1426	2065	774
宁 夏	18974	1318	4536	3821	3228	5289	782
新 疆	46684	2982	5323	9106	7070	17433	4770

注：本表包含未纳入联网直报的房地产开发企业数据。

3-5　各地区按登记注册类型分房地产开发企业资产总计

单位：万元

地　区	总　计	内资企业	国有企业	集体企业	股份合作企　业	国有联营企　业	集体联营企　业	国有与集体联营企业
全　国	**4745674345**	**4171833132**	**192323007**	**13605289**	**4970395**	**1080197**	**109805**	**134295**
北　京	408857459	357960999	14820473	1412842	111504		2615	
天　津	193136226	177356494	21804645	1214208	258202	32892	3007	
河　北	133336508	129414856	1634141	11038	138775		3200	
山　西	53340612	52574955	1472177	57008	30917			
内蒙古	72684447	72194809	599473	8949	14469			2200
辽　宁	209245561	166381150	1946346	34216	475511			1000
吉　林	51034622	48868534	231125	359	114044			11366
黑龙江	88600698	86459972	1430121	5957	17021			
上　海	410896288	336730050	51798215	1155550	1459	82379	17991	1271
江　苏	404391762	348645537	21954176	2415918	686300	2705	2219	25004
浙　江	341622612	303317012	3822446	379031	188636	856124		8733
安　徽	138188015	131608339	6719679	39571	34828	25446		
福　建	172792328	148268213	8431232	485841	514		237	7343
江　西	69610359	64676343	1695311	35128	265354	1474	1627	
山　东	247602277	229596575	9060164	1925600	495722	3355	1734	
河　南	142016177	133403604	4579261	231539	234126	22713		5717
湖　北	147945577	137873783	4298801	408913	89545			
湖　南	108653080	103062014	1630965	44611	16288			106
广　东	443965471	338058138	5976436	2907140	234297		73053	
广　西	79674595	75067534	1821405	111449	12389			
海　南	90844005	61521413	1013661	84140	236126	30741	1200	6094
重　庆	173946779	152289498	6988764	23414	19850			43189
四　川	206826105	177831130	12179723	307316	934405			
贵　州	61823077	59779623	609823	23825	122509			3450
云　南	108454442	102682024	1150647	34391	90865	7763		18117
西　藏	661382	661382	1573	4223			1400	706
陕　西	90620704	84229416	2992836	76183	92839		1520	
甘　肃	22213125	21556600	942872	61326	7481			
青　海	11918330	11880264	142027	5899	27808	13605		
宁　夏	20805604	19856716	235905	79184				
新　疆	39966118	38026155	338586	20522	18611	1000		

注：本表包含未纳入联网直报的房地产开发企业数据。

3-5 续表 1　　单位：万元

地区	其他联营企业	国有独资公司	其他有限责任公司	股份有限公司	私营独资企业	私营合伙企业	私营有限责任公司
全国	**443538**	**383586064**	**2075366696**	**240878093**	**19616623**	**2590093**	**1140501738**
北京		15733252	265162528	33187132	447164		23412651
天津		45355994	73345764	8180900	790819	189648	21638111
河北		722767	69317160	7719090	747288	88057	45334803
山西		1516682	14405666	948411	58771	1602	32765940
内蒙古		2067582	31066821	4310301	1540956	243144	31577491
辽宁	6338	11547510	73172168	18030723	708265	20528	57712962
吉林	100	904329	27286202	2498088	205898	2482	11845740
黑龙江		27831588	33161147	2888536	131052	42361	19656456
上海	5163	40451809	145065198	17155007	432789	190027	76257347
江苏	49842	30756145	145528152	14435503	3513789	314430	118793620
浙江	8024	22099008	163357560	9214196	45486	33776	101076578
安徽	37585	14705482	60161274	4491352	736812	136400	39322850
福建	497	22834008	70350795	4874998	355393	13232	39149455
江西		9950548	27507313	3775482	506333	202234	18579834
山东		18458330	116230514	13690153	1066694	89605	62372890
河南	11248	5140734	77297395	7140738	1769093	166660	33787290
湖北		11899721	66250498	12641964	822188	172167	38433722
湖南	70461	9287419	57972520	4298612	259053	170979	26468822
广东	174812	10680190	178352899	35929328	1696769	90435	92248060
广西	9257	9867317	24880138	2966650	172568	19514	32291831
海南	300	8479993	32921916	4936895	343870	79889	12667165
重庆		36790190	52530428	4571282	175182	29241	45031514
四川		9050979	92450767	10237493	556149	43247	49682361
贵州	91	3899018	36755102	2430305	501937	99571	13532305
云南	12346	4131344	57509201	7101053	178829	19883	27759389
西藏	55970	29534	223984	6630	11956	2500	322357
陕西	2	3545266	51467237	2193893	1105749	104335	20580574
甘肃	1500	529845	10687848	540721	54557	9373	8241427
青海		1388200	2737326	143188	106698	9208	6969444
宁夏		1462768	4650583	84859	451589		12348850
新疆		2468513	13560590	254612	122928	5564	20639897

3-5　续表 2　　　　单位：万元

地　区	私营股份有限公司	其他内资企　业	港、澳、台商投资企　业	合资经营企业(港、澳、台资)	合作经营企业(港、澳、台资)	港、澳、台商独资经营企业	港、澳、台商投资股份有限公司
全　国	**75652892**	**20974408**	**371240915**	**124014587**	**35954597**	**202770495**	**7453831**
北　京	3670836		31783530	8078649	9021717	14683164	
天　津	2174206	2368097	8479740	2914339	524074	4182045	859281
河　北	2759694	938843	1838597	979998	6477	851732	390
山　西	1294351	23429	328079	93828		234252	
内蒙古	593543	169880	59849	58718			1130
辽　宁	2597713	127869	26998981	12381922	578623	13747879	290557
吉　林	838493	4930309	1544902	519374	3941	986194	13728
黑龙江	1148324	147411	1210010	818206	540	354564	34963
上　海	4113345	2500	47162194	19211967	1916313	25845485	188429
江　苏	8249049	1918686	36956962	13145673	943917	22227237	541139
浙　江	2195703	31712	23285458	9681702	140992	12933190	529574
安　徽	3819813	1377247	4187453	1673460	39324	2168045	306624
福　建	1620534	144132	19760855	7944732	634396	10783980	397747
江　西	1862245	293459	3823884	1994866	28640	1782325	7502
山　东	5531271	670544	13234014	6266958	1046978	5890891	29187
河　南	2407473	609616	6109052	1483195	298664	4244950	
湖　北	2342631	513633	7113456	2548134	4745	4069577	489999
湖　南	2667546	174631	4066119	1428648	24046	2611473	1951
广　东	8511960	1182759	73380842	13368479	19840750	38557029	1276738
广　西	2653802	261216	3026898	1156581	489878	1380439	
海　南	391573	327851	18783604	3691169	95426	13046280	1930438
重　庆	3047335	3039109	15608785	6468975	96928	8666094	105404
四　川	1662092	726599	10096145	2582305	38621	6825673	449050
贵　州	1637647	164040	1652943	995155		657788	
云　南	4060053	608143	4551254	1327780		3222278	
西　藏		550					
陕　西	1957759	111223	3443554	553672	179607	2710275	
甘　肃	413683	65969	382302	328722		53580	
青　海	335759	1102	13515	5209		8307	
宁　夏	541328	1650	424628	424628			
新　疆	553130	42201	1933313	1887545		45768	

3-5 续表 3

单位：万元

地区	其他港、澳、台投资企业	外商投资企业	中外合资经营企业	中外合作经营企业	独资企业	外商投资股份有限公司	其他外商投资企业
全国	**1047405**	**202600297**	**76155231**	**18319065**	**94991677**	**11792435**	**1341889**
北京		19112930	7197504	4465411	4179180	3270835	
天津		7299992	2081807	335173	4189018	504279	189716
河北		2083055	295813	11385	1774357		1500
山西		437578	115010		322568		
内蒙古		429789	64190		73394		292205
辽宁		15865430	6353675	1883452	7220312	407991	
吉林	21665	621187	520269	40355	60563		
黑龙江	1737	930716	367099	12426	551191		
上海		27004044	7356077	2187169	13225127	4202670	33000
江苏	98996	18789264	7261177	937222	10429653	95231	65980
浙江		15020141	4063038	255842	10677405	23856	
安徽		2392223	735167	218562	1205066	180580	52849
福建		4763260	999652	5882	3243991	391598	122137
江西	10551	1110132	755391		271523	82416	802
山东		4771687	2315054	786507	1657749		12378
河南	82243	2503520	495669	100	1773187	234564	
湖北	1000	2958338	932054	376857	1206519	68259	374649
湖南		1524947	839654		611364	73929	
广东	337846	32526491	8066603	3618221	19965552	871650	4466
广西		1580163	561603	176173	728837	112827	723
海南	20292	10538988	9043240	114469	1144710	236569	
重庆	271384	6048497	1859907	784948	2874875	344183	184584
四川	200496	18898830	12102399	752219	5868790	175422	
贵州		390512	219440	152506	18565		
云南	1197	1221164	349410	349617	21504	494132	6501
西藏							
陕西		2947734	775642	854569	1307231	9891	400
甘肃		274223	254975		19248		
青海		24551	12998			11553	
宁夏		524260	154509		369751		
新疆		6650	6204		447		

3-6　各地区按资质等级分房地产开发企业资产总计

单位：万元

地　区	总　计	一　级	二　级	三　级	四　级	暂　定	其　他
全　国	**4745674345**	**489229795**	**957680858**	**845214003**	**498246382**	**1515877639**	**439425669**
北　京	408857459	84133353	58629368	39239572	118225158	70032269	38597738
天　津	193136226	18120111	52797178	16351460	58095059	40789163	6983256
河　北	133336508	13099535	24001347	22250459	30738631	29853536	13393000
山　西	53340612	1790418	9794249	9123304	20993420	9928144	1711076
内蒙古	72684447	8276961	14774433	11438190	23070536	10378109	4746219
辽　宁	209245561	9413083	23174811	55197498	578141	101001871	19880157
吉　林	51034622	898303	12768888	8415699	4342885	18215196	6393650
黑龙江	88600698	4439078	26594724	43565083	749159	10459974	2792680
上　海	410896288	71819596	71868522	33824490	622023	189766698	42994960
江　苏	404391762	37061403	162775693	33687294	941262	138522873	31403238
浙　江	341622612	35365747	50459340	69218903	15023527	126514038	45041056
安　徽	138188015	3984355	27945804	31359373	3692370	62815627	8390486
福　建	172792328	18362777	24460860	38506491	22115102	58265380	11081718
江　西	69610359	1001695	14923222	18488136	4388252	25451856	5357198
山　东	247602277	14991936	34825230	40408157	27397930	110953725	19025298
河　南	142016177	11448335	30372921	16976388	4696956	71017166	7504411
湖　北	147945577	21779210	32599002	24426445	10235374	47737654	11167892
湖　南	108653080	5204244	13338798	45443679	4964095	30716398	8985867
广　东	443965471	68659825	47512436	104881936	60247250	107713162	54950861
广　西	79674595	2006987	11281761	17394455	4663533	32252265	12075594
海　南	90844005	210515	11879725	9095729	15693339	32246377	21718321
重　庆	173946779	18253175	69505133	17910644	747660	60653083	6877085
四　川	206826105	14639362	50919247	77907780	2078286	31312713	29968717
贵　州	61823077	1839067	16257095	10564338	10101372	19007738	4053467
云　南	108454442	8328821	25738331	8519263	21185348	36201615	8481064
西　藏	661382	10153	76675	324037	115002	105965	29549
陕　西	90620704	5838035	17531732	18329769	21449009	18632679	8839479
甘　肃	22213125	540247	5216089	7203035	3269581	5538777	445396
青　海	11918330	754727	5016093	3298646	1259339	1029499	560026
宁　夏	20805604	2833420	6188574	4293306	2467677	4452357	570269
新　疆	39966118	4125323	4453577	7570441	4099104	14311731	5405942

注：本表包含未纳入联网直报的房地产开发企业数据。

3-7 各地区按用途分房地产开发企业房屋施工面积

单位：平方米

地区	房屋施工面积	住宅	#别墅、高档公寓	办公楼	商业营业用房	其他
全国	**6655718884**	**4863473285**	**194268726**	**245774076**	**806267551**	**740203972**
北京	138868667	74068835	5300571	21141321	12333734	31324777
天津	108921748	75624831	3492710	8410005	11586121	13300791
河北	299491173	235582606	3958692	6593431	30910245	26404891
山西	140400463	107549465	933719	3271129	16478129	13101740
内蒙古	186243206	126341053	2872215	6928978	34961397	18011778
辽宁	416256030	314165103	9404680	7964625	62302769	31823533
吉林	121812769	93177664	3215260	3027171	16275329	9332605
黑龙江	135673668	102413971	1096115	1993260	18778597	12487840
上海	135165832	81257388	14487545	14317330	15007172	24583942
江苏	525741736	387567789	26593823	19896645	69047112	49230190
浙江	376472402	238283084	16935460	24770196	42269885	71149237
安徽	302352047	215312267	4317162	10340259	47877116	28822405
福建	262872821	178354244	7000668	13634462	30028227	40855888
江西	119956700	90187901	2950696	4239112	15153604	10376083
山东	505491659	385718397	9127931	15532625	61609498	42631139
河南	359793297	281135915	2293739	12970646	37090969	28595767
湖北	218658140	166402685	3579737	5961103	25842873	20451479
湖南	254000906	195942736	5377045	5807039	25780676	26470455
广东	464804659	336906742	26826818	16757148	43238350	67902419
广西	160401719	124196768	2680525	3219050	15343974	17641927
海南	61730000	51734863	7835681	531123	4394414	5069600
重庆	262518928	192489455	7339197	7819761	29657174	32552538
四川	321649797	232089086	6454179	9225370	37848443	42486898
贵州	173569607	123163643	1798239	5021286	24197562	21187116
云南	182607156	129693854	10501491	5579545	25460859	21872898
西藏	576994	391533	75225	15552	131909	38000
陕西	172408620	142258587	2490876	5011267	14477556	10661210
甘肃	68483978	53244870	312511	1078019	8195927	5965162
青海	23766416	17482615	77850	751357	3117529	2414915
宁夏	60432278	40908334	1213270	1712018	11415852	6396074
新疆	94595468	69827001	3725096	2253243	15454549	7060675

3-8 各地区按资质等级分房地产开发企业房屋施工面积

单位：平方米

地 区	总 计	一 级	二 级	三 级	四 级	暂 定	其 他
全 国	**6655718884**	**332737269**	**1240839573**	**1451296970**	**847461196**	**2523672516**	**259711360**
北 京	138868667	20683246	19433386	10426837	45818036	34341367	8165795
天 津	108921748	5540371	16912361	11165801	42736649	30524008	2042558
河 北	299491173	19197206	50886614	58311826	82139156	82832398	6123973
山 西	140400463	6129350	26181501	28504476	56459174	22011227	1114735
内蒙古	186243206	13675299	31786841	28617561	83618446	23910795	4634264
辽 宁	416256030	10531924	44690801	91853259	2365557	240947281	25867208
吉 林	121812769	2332908	33167806	22973310	17249386	45086698	1002661
黑龙江	135673668	9221385	35754813	59779584	3975401	22138195	4804290
上 海	135165832	3694973	19009059	10457279	141509	92991466	8871546
江 苏	525741736	29967127	208089775	49184647	1684189	212159900	24656098
浙 江	376472402	17822046	55535625	88294434	22594136	156577211	35648950
安 徽	302352047	6872436	47758219	71386561	10920770	158456361	6957700
福 建	262872821	11900661	33273387	75785442	26517386	112173666	3222279
江 西	119956700	1904637	17494388	35446543	10210380	52432260	2468492
山 东	505491659	24518565	60955149	85074120	81785582	231128869	22029374
河 南	359793297	15674111	77729953	52461073	21764272	181473406	10690482
湖 北	218658140	12991092	37693700	45375736	34604890	84517073	3475649
湖 南	254000906	9147176	30983978	110264468	19871700	78954253	4779331
广 东	464804659	26014898	32751043	114112276	95787872	163655380	32483190
广 西	160401719	3316420	21131193	36446573	14212199	77257878	8037456
海 南	61730000	139625	2387105	8864784	6071038	38378161	5889287
重 庆	262518928	18222907	96720177	37236571	1799572	107106601	1433100
四 川	321649797	19176910	71461666	161174029	5671699	55224605	8940888
贵 州	173569607	1953105	39570781	32702173	31431509	61785976	6126063
云 南	182607156	11056701	37453824	18474162	42472039	65716601	7433829
西 藏	576994		62600	349878	88275	76241	
陕 西	172408620	10056656	36530833	46337162	43066247	27722193	8695529
甘 肃	68483978	1580239	14051862	22110448	14797382	14971377	972670
青 海	23766416	1908737	10732103	5012769	3400519	2239376	472912
宁 夏	60432278	8439219	18041948	11608246	10140140	11177549	1025176
新 疆	94595468	9067339	12607082	21504942	14066086	35704144	1645875

3-9 各地区按用途分房地产开发企业房屋新开工面积

单位：平方米

地区	房屋新开工面积	住宅	#别墅、高档公寓	办公楼	商业营业用房	其他
全国	**2012078421**	**1458448011**	**44545931**	**68872386**	**259020016**	**225738008**
北京	35775238	17365374	806164	6713983	3510120	8185761
天津	26729302	17448490	851129	1738386	3701067	3841359
河北	69326456	54457690	701979	1720186	7048190	6100390
山西	36733362	27233857	204985	764671	4727956	4006878
内蒙古	50428081	36333289	611424	995041	8793001	4306750
辽宁	134444501	101416585	2449108	1967966	19654992	11404958
吉林	37462431	28580063	548878	962091	5057305	2862972
黑龙江	40304430	29204846	210517	347159	7339332	3413093
上海	27059518	16430929	2522792	2640574	2749628	5238387
江苏	163581844	122118054	5522426	5479353	20479044	15505393
浙江	93151038	57879849	3473709	5767114	11239713	18264362
安徽	100777146	71439862	1413662	2460885	16247740	10628659
福建	71930075	47958333	1878544	3815720	8888489	11267533
江西	41389557	30508301	869361	1671250	5295691	3914315
山东	153907591	114972651	2077391	5672444	19768307	13494189
河南	124650920	100553125	854264	3299049	11855137	8943609
湖北	82267115	62502260	1118461	2013280	10221554	7530021
湖南	88691284	68541533	1547889	1497105	9204162	9448484
广东	142654768	101147526	6221431	5631998	14815841	21059403
广西	37156659	29019285	532927	727366	3310908	4099100
海南	17354194	14716908	1715714	145875	1347429	1143982
重庆	76416324	53875951	1525224	2411484	10013212	10115677
四川	101635691	70087143	1184017	2644242	14021846	14882460
贵州	56282413	39741638	722189	1713325	8063899	6763551
云南	64817961	45290932	2804487	1713344	10030775	7782910
西藏	277633	223699	67849		15934	38000
陕西	44833504	34881570	312675	1792114	4748274	3411546
甘肃	24511929	19170533	180140	301253	3006849	2033294
青海	8597550	5998511	77850	437473	1234069	927497
宁夏	21631198	14357657	464169	598609	4244425	2430507
新疆	37298708	24991567	1074576	1229046	8385127	2692968

3-10 各地区按资质等级分房地产开发企业房屋新开工面积

单位：平方米

地 区	总 计	一 级	二 级	三 级	四 级	暂 定	其 他
全 国	**2012078421**	**74039455**	**308752425**	**405053424**	**238651272**	**887186115**	**98395730**
北 京	35775238	4487609	3668499	2196990	9728344	13026836	2666960
天 津	26729302	882839	3599607	2063812	11848980	7756897	577167
河 北	69326456	3201021	10816248	12103833	17282799	24170060	1752495
山 西	36733362	995162	4510412	7606599	14885513	8404615	331061
内蒙古	50428081	2326544	4915295	7246716	25101670	8659704	2178152
辽 宁	134444501	3485221	15944260	27437997	917923	75387820	11271280
吉 林	37462431	1316638	8249678	7216284	5037758	14898952	743121
黑龙江	40304430	1084170	7163822	18863669	1480272	9590981	2121516
上 海	27059518	762258	3754958	1461044	81380	16610586	4389292
江 苏	163581844	7835508	57693867	12045163	554929	75927275	9525102
浙 江	93151038	2885378	10463706	16917701	4407327	48953935	9522991
安 徽	100777146	1565654	12804619	21372389	2783751	59237458	3013275
福 建	71930075	2111656	4516734	14950153	4163945	44547653	1639934
江 西	41389557	197481	4646534	11172946	2987372	21600150	785074
山 东	153907591	6520794	14412047	23620572	21081868	80281056	7991254
河 南	124650920	2512510	21666399	15417618	9094725	70604529	5355139
湖 北	82267115	3216472	11883735	14441506	12523704	39296523	905175
湖 南	88691284	2584102	9171109	36958563	8768268	29323534	1885708
广 东	142654768	7310665	6878872	28189055	29549116	59558935	11168125
广 西	37156659	575484	4579421	8879349	2696331	18122912	2303162
海 南	17354194		622109	2065460	705756	12341758	1619111
重 庆	76416324	4954992	20256312	10866024	665956	38797973	875067
四 川	101635691	3914472	19133110	54881987	1055156	19989053	2661913
贵 州	56282413	282724	10473334	7647259	8489870	25609921	3779305
云 南	64817961	2311481	10260726	5924165	13490178	27866647	4964764
西 藏	277633		62600	165204	20855	28974	
陕 西	44833504	1892206	6703271	11637476	13414798	9258731	1927022
甘 肃	24511929	436217	3496239	7800392	5796284	6353891	628906
青 海	8597550	573163	4108722	1278407	1726846	727404	183008
宁 夏	21631198	2494471	6735007	4680223	2628908	4767392	325197
新 疆	37298708	1322563	5561173	7944868	5680690	15483960	1305454

3-11 各地区按用途分房地产开发企业房屋竣工面积

单位：平方米

地区	房屋竣工面积	住宅	#别墅、高档公寓	办公楼	商业营业用房	其他
全国	**1014349920**	**787406216**	**28560362**	**27893993**	**108524151**	**90525560**
北京	26663519	16920382	1335124	2730543	1783635	5228959
天津	28053693	21176645	829347	1885922	1878036	3113090
河北	44370153	35177952	422256	1582367	5017652	2592182
山西	22848204	18479861	90443	307505	2729776	1331062
内蒙古	26382430	20012110	436056	416637	3914285	2039398
辽宁	61519737	50256920	459124	662431	7160794	3439592
吉林	22536496	17699470	386653	256054	3075023	1505949
黑龙江	29327010	23444092	141351	320683	3398376	2163859
上海	22544350	14174113	2363957	1760124	2534452	4075661
江苏	97115969	75841663	5177920	3324337	9955904	7994065
浙江	46923435	31876188	2479688	2464379	4719920	7862948
安徽	51803477	39190002	694106	1319186	6988218	4306071
福建	33697633	23380622	857014	983343	4048481	5285187
江西	17902613	14275297	370467	245541	2601599	780176
山东	75085237	60633524	1105436	1271712	8164655	5015346
河南	59658658	49163110	169213	1217969	6208120	3069459
湖北	30408434	25473941	446070	430660	3286795	1217038
湖南	45937631	37647106	1052539	494725	4133294	3662506
广东	62732984	47482471	3966495	2645815	4691472	7913226
广西	17126793	13853670	317331	181317	1754402	1337404
海南	6093959	5176237	800390	13105	428695	475922
重庆	38043584	28674528	1221810	757561	4560779	4050716
四川	51088647	40288772	785190	1013324	4826988	4959563
贵州	17647766	13522943	89039	299955	2185841	1639027
云南	20192016	15761336	1537060	412362	2208593	1809725
西藏	180938	106497	56600		74441	
陕西	15116691	12727673	155927	426760	1149216	813042
甘肃	9155605	7690707	785	33416	976193	455289
青海	5926216	4743898		87395	527768	567155
宁夏	11044486	8613711	228164	98611	1336863	995301
新疆	17221556	13940775	584807	250254	2203885	826642

3-12 各地区按资质等级分房地产开发企业房屋竣工面积

单位：平方米

地 区	总 计	一 级	二 级	三 级	四 级	暂 定	其 他
全 国	**1014349920**	**58966024**	**209231447**	**259108340**	**143271982**	**313653389**	**30118738**
北 京	26663519	5386180	4924294	3426238	8200167	3909688	816952
天 津	28053693	2772878	2857977	2456906	10138612	9063102	764218
河 北	44370153	2130748	9692574	7809471	13412382	10625759	699219
山 西	22848204	2672822	4483064	5719882	7933658	2032218	6560
内蒙古	26382430	1561710	3097227	5644396	12181751	3737648	159698
辽 宁	61519737	1986868	7306735	17567849	950474	30473352	3234459
吉 林	22536496		5670020	5680446	4382080	6761345	42605
黑龙江	29327010	1242668	8904598	13297796	1110212	2829283	1942453
上 海	22544350	446318	3096056	2379978	60129	15731337	830532
江 苏	97115969	7061736	38172513	11356802	458437	35380948	4685533
浙 江	46923435	2568700	8132835	13395975	2850375	15807981	4167569
安 徽	51803477	1018657	9995667	17306305	2245217	20233138	1004493
福 建	33697633	1871097	4914794	10990282	4190544	11714204	16712
江 西	17902613	34222	2876550	7414041	2177057	5188731	212012
山 东	75085237	4651401	9969551	15003013	15375015	28297284	1788973
河 南	59658658	2455775	12599163	11365145	4552707	26761594	1924274
湖 北	30408434	1377732	4775061	7549504	6836755	9610645	258737
湖 南	45937631	2148028	5872435	20610595	4489448	11727703	1089422
广 东	62732984	3811985	5220734	17721991	15600010	16939387	3438877
广 西	17126793	439928	2639544	4722300	2089464	6808657	426900
海 南	6093959	90787	243609	841383	518482	3741019	658679
重 庆	38043584	3699043	15748238	7758423	360620	10272041	205219
四 川	51088647	2908483	13596815	27003714	842272	6137595	599768
贵 州	17647766	265269	4083930	4252470	4443470	4446609	156018
云 南	20192016	1138559	4879609	2302361	5835021	5874975	161491
西 藏	180938		62600	3987	67420	46931	
陕 西	15116691	759839	5034591	4319451	3019187	1666995	316628
甘 肃	9155605	106211	1307707	3092994	2926659	1630279	91755
青 海	5926216	630507	3197572	1066212	775942	165550	90433
宁 夏	11044486	2562874	3212622	2181996	1755121	1162961	168912
新 疆	17221556	1164999	2662762	4866434	3493294	4874430	159637

3-13 各地区按用途分房地产开发企业房屋竣工价值

单位：万元

地区	房屋竣工价值	住宅	#别墅、高档公寓	办公楼	商业营业用房	其他
全国	**268053771**	**200394205**	**11967830**	**10957180**	**32756607**	**23945779**
北京	7812608	4367252	415185	1117892	666131	1661333
天津	7490533	5714232	196445	463246	471195	841860
河北	11991098	8973706	256551	777834	1615260	624298
山西	4984611	4015974	21976	71181	622214	275242
内蒙古	6295327	4666119	223913	113061	1026920	489227
辽宁	14908128	12146000	147933	147116	1806324	808688
吉林	5014080	3801042	92960	54674	807876	350488
黑龙江	6423877	5063098	49678	125995	745347	489437
上海	10527593	6107139	1255445	1271193	1549969	1599292
江苏	29755109	22902384	2678269	1279449	3323262	2250014
浙江	15292537	10358219	1041429	967148	1678634	2288536
安徽	13418215	9961029	246879	494269	2037418	925499
福建	8155744	5603070	256068	291534	1085188	1175952
江西	3862584	3039187	99679	61115	598145	164137
山东	17313928	13717108	296393	348855	2020220	1227745
河南	11178279	8841498	30759	350847	1366878	619056
湖北	7032206	5667090	262870	111194	985648	268274
湖南	11571564	8895546	557684	354379	1469573	852066
广东	21143801	15365265	1374940	1211656	2108878	2458002
广西	3908901	3101989	102615	35690	457413	313809
海南	2379101	1988583	622489	3634	215067	171817
重庆	11522457	8677998	588847	263536	1613295	967628
四川	12976225	9700986	428269	548729	1325842	1400668
贵州	3564920	2569981	23623	97083	526496	371360
云南	4736722	3623974	410748	107206	601807	403735
西藏	61556	33411	20000		28145	
陕西	4307322	3485812	35317	166463	404559	250488
甘肃	2082009	1749230	234	7171	229376	96232
青海	1607565	1257678		29456	156043	164388
宁夏	3105009	2119701	73690	36497	701514	247297
新疆	3630162	2879904	156942	49077	511970	189211

3-14 各地区按资质等级分房地产开发企业房屋竣工价值

单位：万元

地 区	总 计	一 级	二 级	三 级	四 级	暂 定	其 他
全 国	**268053771**	**17290372**	**57131002**	**63570478**	**34591965**	**86926315**	**8543639**
北 京	7812608	1299752	1459132	906364	2563830	1224386	359144
天 津	7490533	641407	681078	575314	2793888	2611846	187000
河 北	11991098	678869	3011230	1729371	3718876	2673354	179398
山 西	4984611	541749	1037348	1313867	1597708	492627	1312
内蒙古	6295327	398981	729753	1328194	2950270	849179	38950
辽 宁	14908128	399640	1686206	4130353	196621	7659351	835957
吉 林	5014080		1316302	1256391	926407	1507708	7272
黑龙江	6423877	485236	2291524	2579611	154384	525517	387605
上 海	10527593	142275	1160589	1008427	13840	7851153	351309
江 苏	29755109	2388496	12224664	3075665	110378	10938907	1016999
浙 江	15292537	810582	2714534	4010839	873465	5588131	1294986
安 徽	13418215	326976	2624920	4514398	557601	5227460	166860
福 建	8155744	502782	1183658	2617825	1093549	2754331	3599
江 西	3862584	9798	640612	1520376	464563	1186234	41001
山 东	17313928	1141134	2319417	3432027	3240982	6769468	410900
河 南	11178279	590111	2670179	2133159	769833	4677594	337403
湖 北	7032206	552417	1197674	1915617	1190246	2124006	52246
湖 南	11571564	569802	1512139	4695134	888598	3644244	261647
广 东	21143801	1710450	1599624	5923035	4730938	5365688	1814066
广 西	3908901	117663	575215	1083887	405949	1594804	131383
海 南	2379101	22697	188826	234990	188257	1564030	180301
重 庆	11522457	1098589	4993450	1774594	137174	3465985	52665
四 川	12976225	761694	3238066	6568535	249324	1974161	184445
贵 州	3564920	42697	829856	844006	895688	926560	26113
云 南	4736722	284855	1179099	551386	1353051	1329799	38532
西 藏	61556		25000	2533	17615	16408	
陕 西	4307322	281521	1373511	1321666	705145	557011	68468
甘 肃	2082009	15190	313026	738190	633615	369391	12597
青 海	1607565	149894	926104	278325	194597	38750	19895
宁 夏	3105009	1068156	828856	484424	364277	312451	46845
新 疆	3630162	256959	599410	1021975	611296	1105781	34741

3-15 各地区房地产开发企业建造的房屋面积和造价

地区	房屋施工面积(平方米)	房屋竣工面积(平方米)	房屋建筑面积竣工率(%)	房屋竣工价值(万元)	房屋竣工造价(元/平方米)
全国	**6655718884**	**1014349920**	**15.2**	**268053771**	**2643**
北京	138868667	26663519	19.2	7812608	2930
天津	108921748	28053693	25.8	7490533	2670
河北	299491173	44370153	14.8	11991098	2703
山西	140400463	22848204	16.3	4984611	2182
内蒙古	186243206	26382430	14.2	6295327	2386
辽宁	416256030	61519737	14.8	14908128	2423
吉林	121812769	22536496	18.5	5014080	2225
黑龙江	135673668	29327010	21.6	6423877	2190
上海	135165832	22544350	16.7	10527593	4670
江苏	525741736	97115969	18.5	29755109	3064
浙江	376472402	46923435	12.5	15292537	3259
安徽	302352047	51803477	17.1	13418215	2590
福建	262872821	33697633	12.8	8155744	2420
江西	119956700	17902613	14.9	3862584	2158
山东	505491659	75085237	14.9	17313928	2306
河南	359793297	59658658	16.6	11178279	1874
湖北	218658140	30408434	13.9	7032206	2313
湖南	254000906	45937631	18.1	11571564	2519
广东	464804659	62732984	13.5	21143801	3370
广西	160401719	17126793	10.7	3908901	2282
海南	61730000	6093959	9.9	2379101	3904
重庆	262518928	38043584	14.5	11522457	3029
四川	321649797	51088647	15.9	12976225	2540
贵州	173569607	17647766	10.2	3564920	2020
云南	182607156	20192016	11.1	4736722	2346
西藏	576994	180938	31.4	61556	3402
陕西	172408620	15116691	8.8	4307322	2849
甘肃	68483978	9155605	13.4	2082009	2274
青海	23766416	5926216	24.9	1607565	2713
宁夏	60432278	11044486	18.3	3105009	2811
新疆	94595468	17221556	18.2	3630162	2108

3-16　各地区按用途分房地产开发企业商品房销售面积

单位：平方米

地区	商品房销售面积	住宅	#别墅、高档公寓	办公楼	商业营业用房	其他
全　国	**1305505927**	**1157226883**	**36320295**	**28833461**	**84692248**	**34753335**
北　京	19031124	13636732	877622	3179323	1025235	1189834
天　津	18471121	17203433	517734	234909	516015	516764
河　北	56759491	50201298	700916	779951	4049311	1728931
山　西	16428225	14843733	211070	152959	1160047	271486
内蒙古	27377012	22636515	283205	533145	2720661	1486691
辽　宁	92923312	80147974	1982018	536088	8589992	3649258
吉　林	22149634	19859455	564239	212501	1573075	504603
黑龙江	33399501	29442296	158394	248432	2562090	1146683
上　海	23822014	20158086	3141986	1612163	1164676	887089
江　苏	114547743	101915174	4311496	2868097	8174770	1589702
浙　江	48869875	40976313	2259253	2182880	3444050	2266632
安　徽	62653523	55735341	781947	949839	5062905	905438
福　建	46761600	39574584	987525	2114202	2425288	2647526
江　西	31670588	28460366	730396	564647	2140261	505314
山　东	103298002	93002852	1583765	1892927	6001172	2401051
河　南	73102135	65614092	412277	2054418	4449933	983692
湖　北	52985406	47656848	1258742	927605	3583760	817193
湖　南	59523802	54114845	930945	787239	3436330	1185388
广　东	98363855	88309543	7324614	2568585	4336127	3149600
广　西	29955763	27651468	312676	320626	1350887	632782
海　南	11912259	11548550	1234795	20788	250847	92074
重　庆	48175643	43591906	1163208	686687	2440387	1456663
四　川	73127823	65053194	1096140	1142208	4686433	2245988
贵　州	29723173	26469819	280015	1000193	1989922	263239
云　南	33093003	28555249	1896244	513308	2856546	1167900
西　藏	254037	227787	34700	7744	18506	
陕　西	30457045	28312228	290903	448307	1192222	504288
甘　肃	12200194	11348146	44973	58958	637175	155915
青　海	3815584	3696958	1960	6938	102668	9020
宁　夏	10483098	9282602	175399	57383	1026562	116551
新　疆	20170342	17999496	771138	170411	1724395	276040

3-17 各地区按资质等级分房地产开发企业商品房销售面积

单位：平方米

地区	总计	一级	二级	三级	四级	暂定	其他
全国	**1305505927**	**63471106**	**240461006**	**307668603**	**168975436**	**482118245**	**42811531**
北京	19031124	3736308	2784861	1840769	5722072	4328046	619068
天津	18471121	1604729	2055533	3355825	6849059	4131689	474286
河北	56759491	3945602	8002987	10581196	16798927	16213299	1217480
山西	16428225	430929	3164703	3369910	7057190	2365025	40468
内蒙古	27377012	1100276	3842751	5311367	13274420	3503142	345056
辽宁	92923312	2176504	11245025	23297801	803359	50491055	4909568
吉林	22149634	137316	5041892	5672060	4426297	6771306	100763
黑龙江	33399501	3823421	9059427	13716500	1399583	4739820	660750
上海	23822014	653206	2968181	2410431	104219	16648250	1037727
江苏	114547743	6480292	45512063	12772389	445355	44267448	5070196
浙江	48869875	2441136	6445552	10771434	3814743	21787403	3609607
安徽	62653523	1391781	9950684	14957437	2708680	32217097	1427844
福建	46761600	2632336	3570876	13460944	5111464	21158121	827859
江西	31670588	115792	5084959	10098700	3220518	12532817	617802
山东	103298002	4619251	12550984	17165613	20002033	44919642	4040479
河南	73102135	2461480	15290421	11190749	4892382	37297260	1969843
湖北	52985406	2718076	9570181	12453268	8766229	18432358	1045294
湖南	59523802	1886469	6256001	27452115	5031059	17143503	1754655
广东	98363855	4975671	7066041	24724911	23107680	33363957	5125595
广西	29955763	438841	3347191	7647518	2759771	14296860	1465582
海南	11912259	10510	368332	1895841	1449124	7161962	1026490
重庆	48175643	3851744	17777687	7979697	512550	17798068	255897
四川	73127823	3568011	17746110	37251209	1006428	12631267	924798
贵州	29723173	188666	9763995	5013843	4759898	9405001	591770
云南	33093003	2304218	4908501	3883851	9120791	11368128	1507514
西藏	254037		34700	155018	31263	33056	
陕西	30457045	1458718	6452278	8099318	7407039	5627691	1412001
甘肃	12200194	234641	2259670	3942398	3421091	2273118	69276
青海	3815584	394408	1972047	682552	501529	261462	3586
宁夏	10483098	1704615	3544385	2273869	1311292	1367627	281310
新疆	20170342	1986159	2822988	4240070	3159391	7582767	378967

3-18　各地区按用途分房地产开发企业商品房期房销售面积

单位：平方米

地　区	商品房期房销售面积	住　宅	#别墅、高档公　寓	办公楼	商业营业用　房	其　他
全　国	**995492441**	**899337478**	**27472115**	**21190492**	**54799772**	**20164699**
北　京	12370173	8899011	437834	2668062	463760	339340
天　津	11431011	10857125	332351	83477	219656	270753
河　北	42556372	38179298	605575	404236	2759577	1213261
山　西	9918072	9364631	205488	68180	424132	61129
内蒙古	15293237	12991841	195058	353180	1312136	636080
辽　宁	69271702	60879671	1597013	441881	5828246	2121904
吉　林	14221683	13277000	521651	130712	587424	226547
黑龙江	21868729	19475269	83480	168436	1516213	708811
上　海	13941459	12191441	2129972	1000476	649817	99725
江　苏	92274878	83676423	3078292	1651843	6007764	938848
浙　江	41663960	35940640	1859986	1647431	2489979	1585910
安　徽	53254627	48282558	560011	680720	3613070	678279
福　建	42822694	37170415	839304	1770779	1932448	1949052
江　西	26170447	23646376	552883	446920	1680763	396388
山　东	81584425	74105898	1411781	1463537	4177553	1837437
河　南	47623023	43380836	347651	1722138	1973284	546765
湖　北	35879031	32691787	844899	439647	2206491	541106
湖　南	42447367	39101785	538897	715588	1966913	663081
广　东	76248749	70770779	5670997	1528607	2660442	1288921
广　西	23273378	21790588	279626	272426	791543	418821
海　南	9110380	8881265	888406	19820	148207	61088
重　庆	41318719	38456751	990294	599619	1596328	666021
四　川	59141653	53543098	883836	1003452	3348315	1246788
贵　州	26388843	23735520	262454	989206	1502140	161977
云　南	24951404	21795519	1310407	384700	1977772	793413
西　藏	101788	100109			1679	
陕　西	27272761	25459591	289048	364629	986555	461986
甘　肃	7563298	7080756	44842	28680	355450	98412
青　海	3080308	3013113	1960	4232	62938	25
宁　夏	7080639	6563622	135017	31151	448325	37541
新　疆	15367631	14034762	573102	106727	1110852	115290

3-19 各地区按用途分房地产开发企业房屋出租面积

单位：平方米

地 区	房屋出租面积	住 宅	#别墅、高档公寓	办公楼	商业营业用房	其 他
全 国	**37625859**	**2005287**	**824408**	**10281713**	**20583336**	**4755523**
北 京	8349443	412924	157926	3019510	3794279	1122730
天 津	272839	2265		113290	66970	90314
河 北	98477	11254			87223	
山 西	12703	190		1330	11183	
内蒙古	18960	2314		1802	7562	7282
辽 宁	238413	25436		11859	201118	
吉 林	487352	90937		33748	346647	16020
黑龙江	98107				91695	6412
上 海	12063699	753152	636138	5581902	3639991	2088654
江 苏	1640554	77898	2695	130591	1378947	53118
浙 江	1739850	57391		165485	1383360	133614
安 徽	916685	7040		18722	839809	51114
福 建	1712442	35576		37831	1337304	301731
江 西	273701	12907		8604	252190	
山 东	974472	22138	2356	106130	804043	42161
河 南	1107515	110663		33132	920595	43125
湖 北	374085	30984		47232	281620	14249
湖 南	279807	38315		33333	196849	11310
广 东	3185601	152342	24907	733030	1798187	502042
广 西	337226	14680			297080	25466
海 南	74735	518	386		74192	25
重 庆	1254107	25848		27226	1063467	137566
四 川	520759	1661		81352	409621	28125
贵 州	199353	29780		25715	132884	10974
云 南	174358	41965		18677	98145	15571
西 藏	14533				14533	
陕 西	193155	7283		2940	182932	
甘 肃	73918	3226		5000	65692	
青 海	51232				51232	
宁 夏	389218	19562		25983	324503	19170
新 疆	498560	17038		17289	429483	34750

3-20　各地区按用途分房地产开发企业商品房销售额

单位：万元

地　区	商品房销售额	住　宅	#别墅、高档公寓	办公楼	商业营业用房	其　他
全　国	**814282842**	**676949367**	**45731851**	**37473497**	**82804781**	**17055197**
北　京	35308237	24347058	2892845	7447840	2707115	806224
天　津	16154698	14433402	738875	268756	853994	598546
河　北	27796879	23291165	581456	607210	3113922	784582
山　西	7282585	6251438	213582	146378	809052	75717
内蒙古	11773618	8744498	176420	404230	1963003	661887
辽　宁	47592106	39418642	1572901	363416	6365457	1444591
吉　林	9930394	8397317	536299	137782	1111802	283493
黑龙江	15823382	13059034	104195	176126	1968866	619356
上　海	39115659	32640297	9085790	3808468	2247139	419755
江　苏	79136995	67777021	5258489	2184631	8514738	660605
浙　江	53960320	45138822	3331768	3037836	4811812	971850
安　徽	31828650	26620419	641858	691068	4202724	314439
福　建	42320832	34105729	1390917	2901417	3737796	1575890
江　西	16478958	13960612	480088	512849	1748974	256523
山　东	52151192	44610664	1561033	1761304	4821121	958103
河　南	30741352	25162572	323805	1871592	3345290	361898
湖　北	27903176	23100444	1066742	777664	3547276	477792
湖　南	25256439	21149740	755556	867437	2814772	424490
广　东	89410531	74761038	8296583	5340643	6798146	2510704
广　西	13757948	11667241	279833	432304	1394664	263739
海　南	10326526	9969951	2012380	48830	252090	55655
重　庆	26827626	22835658	1156290	780774	2630838	580356
四　川	40202707	33085768	1075649	1117458	5143029	856452
贵　州	12766927	9887669	250337	731501	2040983	106774
云　南	14872408	11925532	1088562	466239	2074542	406095
西　藏	106023	88458	16200	3992	13573	
陕　西	16081136	14132019	265540	332229	1250981	365907
甘　肃	4740665	4180826	35735	50293	464882	44664
青　海	1588392	1462925	1703	4067	118301	3099
宁　夏	4436951	3636024	117998	45690	706155	49082
新　疆	8609530	7107384	422422	153473	1231744	116929

3-21 各地区按资质等级分房地产开发企业商品房销售额

单位：万元

地区	总计	一级	二级	三级	四级	暂定	其他
全国	**814282842**	**49826308**	**150259759**	**174132708**	**92996288**	**315325213**	**31742566**
北京	35308237	5398078	4987944	3486355	11799321	8275448	1361091
天津	16154698	1375214	1538650	2566833	6305552	4070529	297920
河北	27796879	2600968	4254237	4774836	7389050	8289269	488519
山西	7282585	174355	1425583	1283476	3262005	1121627	15539
内蒙古	11773618	542103	1802581	2233060	5477697	1572155	146022
辽宁	47592106	1235916	5700219	11424940	284432	26428202	2518397
吉林	9930394	94539	2647817	2359526	1588626	3198808	41078
黑龙江	15823382	1645488	5149478	5974909	425043	2402099	226365
上海	39115659	941916	4605789	4120709	192061	27288946	1966238
江苏	79136995	5120098	32605936	7873386	184559	30558137	2794879
浙江	53960320	2908371	7011541	10910375	2919734	25623313	4586986
安徽	31828650	810967	5245017	7760693	1082469	16257529	671975
福建	42320832	3065693	3840692	11103642	6022107	17552843	735855
江西	16478958	63052	2818089	5123949	1366704	6847225	259939
山东	52151192	2620103	6351724	7631353	8036336	25080923	2430753
河南	30741352	1535923	6885089	3989150	1560368	16153001	617821
湖北	27903176	1850399	6202202	6354779	2742758	10064276	688762
湖南	25256439	1103594	3025810	11021408	1617261	7891369	596997
广东	89410531	8144283	7468575	23552074	15901882	27399674	6944043
广西	13757948	242058	1742166	3412861	976667	6757599	626597
海南	10326526	10869	493093	1780917	932701	6319551	789395
重庆	26827626	2391028	10225988	3395281	271414	10426182	117733
四川	40202707	2344485	9206806	19978086	463913	7363983	845434
贵州	12766927	101182	4564728	2009591	1840629	3943476	307321
云南	14872408	845538	2431394	1530569	3844366	5661287	559254
西藏	106023		16200	59154	13940	16729	
陕西	16081136	765736	3324236	3936559	3557237	3637591	859777
甘肃	4740665	129307	988319	1519807	1085777	996767	20688
青海	1588392	180360	833085	272844	219361	81725	1017
宁夏	4436951	792271	1447944	951912	528453	628601	87770
新疆	8609530	792414	1418827	1739674	1103865	3416349	138401

3-22　各地区房地产开发企业商品房待售情况

单位：平方米

地区	商品房待售面积	#待售1-3年面积	#待售3年以上面积
全国	**492950142**	**248756076**	**30806491**
北京	18614442	9223100	3376510
天津	9410326	6240828	438999
河北	15900904	8315391	684699
山西	10575232	4512653	98829
内蒙古	10784270	5073214	71279
辽宁	34265939	19911787	1453028
吉林	13465205	5582320	1601381
黑龙江	17773744	11102257	603975
上海	18091462	7134947	3209228
江苏	43271626	21181939	2214644
浙江	23872851	12483015	2200045
安徽	13421430	6453678	1137044
福建	10458437	5090142	1036242
江西	9283797	5018623	399898
山东	28019383	13682805	979227
河南	27166633	8522789	234562
湖北	22017880	11836998	738855
湖南	22199516	13128672	806265
广东	44695286	22965912	4532760
广西	12254614	6107721	352550
海南	7862428	4919846	192305
重庆	13535194	7121292	1986686
四川	19714960	8718144	582466
贵州	8688540	4135641	449184
云南	11677664	7795550	254088
西藏	295036	210901	80524
陕西	3555288	1641270	49551
甘肃	4648707	2340275	179707
青海	1300043	945758	24961
宁夏	8810522	3942502	182740
新疆	7318783	3416106	654259

3-23 各地区按用途分房地产开发企业商品房待售面积

单位：平方米

地区	商品房待售面积	住宅	#别墅、高档公寓	办公楼	商业营业用房	其他
全国	**492950142**	**324028244**	**25774630**	**19544532**	**93453866**	**55923500**
北京	18614442	8293380	1998293	1800926	4000116	4520020
天津	9410326	6373164	730667	1063715	861453	1111994
河北	15900904	12367201	394819	423457	2131632	978614
山西	10575232	7994666	65162	180258	1725987	674321
内蒙古	10784270	7213455	457461	320931	2446867	803017
辽宁	34265939	25912770	920957	588337	5751781	2013051
吉林	13465205	9739804	197740	226821	2454327	1044253
黑龙江	17773744	12632637	116299	148661	3383273	1609173
上海	18091462	8070209	2841690	2381908	3251615	4387730
江苏	43271626	27073513	3845874	2295284	10550506	3352323
浙江	23872851	12208037	1725001	2225780	6535499	2903535
安徽	13421430	8665784	733911	380206	3577876	797564
福建	10458437	4595209	595124	488769	2405338	2969121
江西	9283797	6514619	376469	120991	2214074	434113
山东	28019383	20788299	851730	489490	5191630	1549964
河南	27166633	21069591	171840	535662	4250460	1310920
湖北	22017880	15431186	951744	1071617	3874408	1640669
湖南	22199516	15637576	737005	487382	3851903	2222655
广东	44695286	28449838	3638884	2080845	7001216	7163387
广西	12254614	8579429	353568	46693	2004467	1624025
海南	7862428	6733534	1019619	84220	562631	482043
重庆	13535194	5582516	344468	322311	3682046	3948321
四川	19714960	12153289	566944	337375	2940326	4283970
贵州	8688540	5700418	306450	220302	1874364	893456
云南	11677664	7925029	1236389	464535	1886399	1401701
西藏	295036	232947	59806	3036	52703	6350
陕西	3555288	2795672	9680	67174	528154	164288
甘肃	4648707	3679318		54107	720211	195071
青海	1300043	1034863		24059	197527	43594
宁夏	8810522	5854333	182651	196584	1990996	768609
新疆	7318783	4725958	344385	413096	1554081	625648

3-24　各地区房地产开发企业土地开发及其购置情况

地　区	待开发土地面积（平方米）	本年土地购置面积（平方米）	本年土地成交价款（万元）
全　国	**422804659**	**388143811**	**99182857**
北　京	6907990	9061745	7840377
天　津	7505351	2106395	821585
河　北	7654482	11273436	2519483
山　西	9889894	8759043	1444124
内蒙古	6296604	8376279	1292228
辽　宁	20061519	25022721	5668331
吉　林	4102454	11439450	2057201
黑龙江	3167866	6556746	882284
上　海	7082520	4217440	2791238
江　苏	58725002	42077433	10842075
浙　江	14607458	17607329	10067340
安　徽	30513926	27601817	6416324
福　建	8621693	15911267	5321581
江　西	6344645	8418226	2273671
山　东	29239387	26150734	5528498
河　南	13095981	15015551	2624437
湖　北	16182066	18946777	3917973
湖　南	18970656	13276428	2458650
广　东	48660410	22509647	6814971
广　西	7972470	4319584	1137822
海　南	10142763	3068455	387068
重　庆	29916021	18966454	4487925
四　川	12482933	11427633	3372504
贵　州	13859577	12095247	1605830
云　南	10432698	19740064	3561585
西　藏	334319		
陕　西	5194230	5034541	1100890
甘　肃	2781745	4217074	672174
青　海	1129680	801273	102315
宁　夏	4632257	4382578	314054
新　疆	6296062	9762444	858319

3-25 各地区按登记注册类型分房地产开发企业负债合计

单位：万元

地 区	总 计	内资企业	国有企业	集体企业	股份合作企业	国有联营企业	集体联营企业	国有与集体联营企业
全 国	**3232282405**	**2896642686**	**112310272**	**9632939**	**2377837**	**590792**	**55101**	**30640**
北 京	306495306	270752428	8686545	1300303	89403			
天 津	131732612	121331811	15136101	823861	120972	20949	16	
河 北	93954625	91511495	768769		13412			
山 西	41750265	41170607	1162138	48821				
内蒙古	48164889	47854648	518462	2	2500			1000
辽 宁	148766317	125069927	1104865	29736	285906			
吉 林	34075759	32753015	4338	189	7795			10824
黑龙江	52977130	51443886	486147	4410	1276			
上 海	246069969	212424073	28855845	570052	656	34185	11796	1152
江 苏	273753907	242906584	14199016	1623329	433963			233
浙 江	246975575	224977826	2036901	261156	136588	523065		5476
安 徽	97473768	92761126	3516284	22146				
福 建	120853741	104443939	3617566	447154				6960
江 西	42769206	39358938	759757	16373	52637		333	
山 东	182362354	170320808	5844765	1304354	327616			
河 南	92631519	86233838	1653231	94601	6704			
湖 北	94878849	88578233	2740714	361700	161			
湖 南	71366014	67931104	1275074	26299	3225			
广 东	326422215	252175742	3873169	2105500	115578		42957	
广 西	49985492	46680060	1194370	67332	6272			
海 南	43833877	35926144	454998		75319			4916
重 庆	112122074	100218230	2781168	13051	19471			
四 川	126022563	115007472	7379891	300036	536065			
贵 州	47524533	45840171	315071	1929	27905			
云 南	80232490	76481248	675646	31881	5802			6
西 藏	350706	350706						73
陕 西	53629210	49317499	2053552	63952	80648			
甘 肃	16639941	16176407	665311	40343	847			
青 海	7715422	7694743	85578		20450	12594		
宁 夏	16366197	15561828	229355	70806				
新 疆	24385879	23388150	235647	3624	6668			

3-25 续表 1

单位：万元

地 区	其他联营企业	国有独资公司	其他有限责任公司	股份有限公司	私营独资企业	私营合伙企业	私营有限责任公司
全 国	**157341**	**226522260**	**1506185672**	**163722604**	**4967847**	**657456**	**811877671**
北 京		10215751	208845050	22315759	4902		18066717
天 津		30541361	51666241	5502575	205210	151137	14737534
河 北		459895	49418883	6039989	72101	1811	32454888
山 西		1234899	10941451	793756	508		25941447
内蒙古		2007490	19050469	3231227	70948	3820	22519785
辽 宁		8037881	55323051	14127537	382246		43628208
吉 林		720795	20476177	1938496	57655		8971912
黑龙江		9105125	23561932	2180784	20339	16949	15155481
上 海	6562	20393952	98599662	11236638	78926	49812	49321972
江 苏		17455674	106797821	10013928	1427525	98996	83898912
浙 江		14939013	125103772	5194816	39574	30968	74877154
安 徽		8504324	44293699	3113497	481163	39602	29641088
福 建		14765288	52720179	3100393	31521	8219	28478502
江 西		3630107	18571183	2690425	6093	10687	12425035
山 东		12410089	90995719	9973698	91265	4152	44826017
河 南	4285	2658981	51618024	4669093	101457	25382	23391706
湖 北		8342777	43418412	6758480	98686	4707	25468801
湖 南	68585	4650396	38906401	3147343	146640	85749	17684088
广 东	3961	7771078	136590866	24839812	766156	61011	69236953
广 西	8935	5395931	17179911	2062056	74187	11245	19715120
海 南		6125640	21069612	1878065	59078		5972590
重 庆		19932912	37320062	3196431	18539		34310173
四 川		4681972	59659571	8238452	200786	11115	32644439
贵 州		2549119	29162037	1702062	37281	38765	10657902
云 南		2902703	43769410	3461822	44662	1165	22554731
西 藏	65013	20252	105407	2305			157657
陕 西		2774180	28472633	1666366	184964		12837134
甘 肃		367828	7970115	378873	9060		6400220
青 海		1226127	1807027	109995	98231		4133618
宁 夏		1141094	3423614	75379	158143		10031419
新 疆		1559627	9347283	82553		2168	11736467

3-25 续表 2

单位：万元

地区	私营股份有限公司	其他内资企业	港、澳、台商投资企业	合资经营企业(港、澳、台资)	合作经营企业(港、澳、台资)	港、澳、台商独资经营企业	港、澳、台商投资股份有限公司
全国	**53106659**	**4447595**	**218812447**	**77507374**	**25223317**	**110987964**	**4742528**
北京	1227999		22730025	5413595	6470341	10846088	
天津	1698023	727832	5475814	1928678		3007855	539281
河北	1805411	476336	1011151	574238		436913	
山西	1036388	11200	193730	50550		143180	
内蒙古	397133	51811	4658	4658			
辽宁	2104228	46269	15450236	8237753	420948	6726921	64614
吉林	561430	3404	951802	342125	2941	578935	13572
黑龙江	876057	35386	845050	526597		293680	23651
上海	3262863		19232298	7787259	1007059	10345894	92086
江苏	6161140	796048	20586509	7989978	455763	11860346	231114
浙江	1808013	21330	12893112	6711973	148694	5798229	234217
安徽	2599616	549707	3158659	1287816	122427	1488966	259450
福建	1163677	104482	13318813	5588491	509096	6936933	284293
江西	1146754	49553	2717806	1490308	17659	1209839	
山东	4323770	219364	8620593	4532262	740316	3327823	20192
河南	1890372	120001	4289837	877846	231944	3128002	
湖北	1339917	43877	4081334	1759646	1164	1968744	351779
湖南	1861600	75705	2345922	989144	5692	1350069	1018
广东	6563582	205121	49954551	7837007	14482538	26494159	958060
广西	818444	146258	2165107	841252	419417	904439	
海南	244933	40993	6563991	3306057		1854523	1388461
重庆	2496898	129525	8832094	4316473	34122	4481499	
四川	1198515	156629	5095004	1295121	32245	3450075	280739
贵州	1346457	1644	1303421	878745		424676	
云南	2722681	310740	2969810	950840		2018970	
西藏							
陕西	1090542	93527	2374741	417567	120952	1836222	
甘肃	326828	16983	317554	289843		27711	
青海	201125		8436	1836		6600	
宁夏	432018		328205	328205			
新疆	400245	13870	992184	951512		40673	

3-25　续表 3　　　　单位：万元

地　区	其他港、澳、台投资企业	外商投资企业	中外合资经营企业	中外合作经营企业	独资企业	外商投资股份有限公司	其他外商投资企业
全　国	**351264**	**116827273**	**35017844**	**11629316**	**60334640**	**8745910**	**1099564**
北　京		13012854	4935474	3040394	2615549	2421436	
天　津		4924987	1058481	192395	3068381	462124	143605
河　北		1431979	274865	9617	1147497		
山　西		385928	116928		269001		
内蒙古		305583	56114		46926		202543
辽　宁		8246154	3350838	864135	3872901	158280	
吉　林	14229	370941	287008	31061	52873		
黑龙江	1122	688194	297156	447	390592		
上　海		14413598	2846393	1156475	7261940	3148790	
江　苏	49308	10260814	4364155	646796	5158849	63449	27564
浙　江		9104637	2092598	153309	6855829	2901	
安　徽		1553983	428086	157812	793272	174814	
福　建		3090988	621754	3425	2026149	232143	207517
江　西		692462	470765		193399	28298	
山　东		3420953	1636048	573100	1211804		
河　南	52045	2107845	406148		1440789	260908	
湖　北		2219282	704330	303466	807132	41836	362518
湖　南		1088988	705552		381299	2137	
广　东	182787	24291923	5854628	2618734	15211595	606966	
广　西		1140325	426853	125395	495959	92117	
海　南	14950	1343743	158758	39713	895376	249896	
重　庆		3071751	1014027	321296	1331177	253418	151834
四　川	36824	5920088	1953319	297600	3516846	152323	
贵　州		380941	201032	163946	15964		
云　南		781433	95915	284220	3241	394074	3983
西　藏							
陕　西		1936971	374716	645981	916273		
甘　肃		145979	127594		18385		
青　海		12243	12243				
宁　夏		476164	140521		335643		
新　疆		5545	5545				

3-26 各地区房地产开发企业主营业务收入及其构成

单位：万元

地 区	主营业务收入总计	土地转让收 入	商品房销售收入	房屋出租收 入	其他收入
全 国	**707066651**	**6714209**	**666979887**	**13640063**	**19732492**
北 京	38097158	1384475	31534925	2591645	2586112
天 津	16228431	474957	14167021	238236	1348217
河 北	19275332	34817	18915220	95522	229774
山 西	5333749	8060	5161401	53399	110889
内蒙古	11031445	39964	10577086	117428	296967
辽 宁	27519657	27437	26802208	240002	450010
吉 林	7974110	21157	7811365	45939	95650
黑龙江	9827550	25634	9537763	81502	182651
上 海	38236249	670211	31857068	3909124	1799846
江 苏	95109625	777850	91435506	666449	2229819
浙 江	44813002	39541	43672108	356799	744554
安 徽	27572387	377203	26387321	127371	680492
福 建	27862740	217109	26802272	232579	610779
江 西	13355492	60533	12999378	52207	243374
山 东	50332954	351698	48568857	324386	1088013
河 南	26254232	175336	25111237	529686	437973
湖 北	28694554	226793	27256806	359764	851191
湖 南	23867433	316964	22768047	226374	556048
广 东	72771741	479395	69290025	1675687	1326634
广 西	9556975	142461	8974237	147121	293156
海 南	6342164	69689	6001047	33201	238228
重 庆	26552143	401759	24216561	484183	1449640
四 川	32627154	117482	31401105	409317	699251
贵 州	6681450	52105	6304337	85010	240000
云 南	10868214	164507	10108271	270346	325090
西 藏	114980	402	111657	2334	588
陕 西	14267100	17376	13808270	103041	338413
甘 肃	3937141	15375	3737668	51523	132575
青 海	1067278	3829	1045506	15913	2030
宁 夏	3526907	2766	3485822	28701	9617
新 疆	7367305	17325	7129796	85274	134911

3-27　各地区按登记注册类型分房地产开发企业主营业务收入

单位：万元

地　区	总　计	内资企业	国有企业	集体企业	股份合作企　业	国有联营企　业	集体联营企　业	国有与集体联营企业
全　国	**707066651**	**624452555**	**12216157**	**1752326**	**920228**	**151320**	**4684**	**9220**
北　京	38097158	31974378	533728	37898				
天　津	16228431	13732959	1025719	45393	331596	40935		
河　北	19275332	18825210	78673		913			
山　西	5333749	5270252	53124	2193				
内蒙古	11031445	10932659	45715		5000			
辽　宁	27519657	21302059	237596	53	67284			
吉　林	7974110	7677087	1553	2	1305			
黑龙江	9827550	9325018	85335		185			
上　海	38236249	31374161	805545	53147		8523	3924	316
江　苏	95109625	81304102	2156872	343801	42239			5
浙　江	44813002	40028909	261112	112716	35990	45857		568
安　徽	27572387	25775615	848832	896		49746		
福　建	27862740	24596567	362956	36950				76
江　西	13355492	12077818	161981	18763	1581		760	
山　东	50332954	47316840	1740903	277546	142507			
河　南	26254232	25474187	261628	43419	42059			
湖　北	28694554	27109533	311165	55724				
湖　南	23867433	22442709	504349	20286	3260			
广　东	72771741	57727414	587306	602411	48017			
广　西	9556975	8551552	436513	17742	2922			
海　南	6342164	4875077	68591		59365			1107
重　庆	26552143	22822850	415147	2044	3546			
四　川	32627154	29144873	159999	13432	74995			
贵　州	6681450	6593055	48798	847	4450			
云　南	10868214	10523143	137537	556	201			7150
西　藏	114980	114980						
陕　西	14267100	12244266	560861	23864	47185			
甘　肃	3937141	3747554	282580	10546				
青　海	1067278	1055468	17619		5630	6260		
宁　夏	3526907	3400211		32022				
新　疆	7367305	7112050	24419	76				

3-27 续表 1

单位：万元

地　区	其他联营企　业	国有独资公　司	其他有限责任公司	股份有限公　司	私营独资企　业	私营合伙企　业	私营有限责任公司
全　国	**36218**	**24008479**	**330186500**	**35128848**	**1401587**	**128658**	**202101901**
北　京		1590899	26115767	2334038			1291844
天　津		1428229	6465145	1539338	196725	2596	2569594
河　北		134023	10063880	1380489	13704	8012	6551004
山　西		196919	1499225	28329	100		3325197
内蒙古		153923	5442418	611315	7030	2	4529741
辽　宁		189229	9433635	1096405	53110		9622773
吉　林		184719	4085215	777538	62214	654	2461682
黑龙江		889890	4861068	573293	2199	288	2820562
上　海	246	1744090	18172039	1379522	1400		8615576
江　苏		2747301	34062973	3427010	281018	41445	35169319
浙　江		1001346	23199018	1432746	9891		13648273
安　徽		1254579	12987187	898236	155962	5139	8636624
福　建		2528231	12942639	828790	1033	1813	7527161
江　西		242906	6525451	950284	18052	3017	3672509
山　东		1541764	24847303	3321626	18337	18946	13916279
河　南	4322	425500	15630496	1439000	57635	11931	6592970
湖　北		816430	14158561	1955759	44562	6092	9058134
湖　南	7008	466585	13241565	1252283	42110	7144	5862364
广　东	320	1694186	32391626	5452700	211364	2629	15173893
广　西	7994	272362	3116179	604751	52186	18414	3796082
海　南		373347	2826273	383420			1083877
重　庆		2012205	9707504	677255	1116		9502809
四　川		701353	14768258	1661414	80749	365	11017723
贵　州		194778	3995904	369851	8769	172	1714582
云　南		208176	5762831	291499	33735		3452576
西　藏	16328	5869	50712	23262			18810
陕　西		417289	7434439	348432	25893		3152694
甘　肃		95724	1938068	52814	2072		1283502
青　海		58713	157039	22694	43		623318
宁　夏		243569	958678	10555	20578		2033989
新　疆		194348	3345408	4200			3376440

3-27　续表 2　　单位：万元

地　区			港、澳、台商投资企　业				
	私营股份有限公司	其他内资企　业		合资经营企业(港、澳、台资)	合作经营企业(港、澳、台资)	港、澳、台商独资经营企业	港、澳、台商投资股份有限公司
全　国	**15072993**	**1333438**	**56462250**	**19003189**	**4935245**	**30886553**	**1535589**
北　京	70204		4237249	1968249	1162035	1106965	
天　津	67030	20660	1325199	748825		411465	164910
河　北	479399	115112	243949	54508		189441	
山　西	164333	832	22479	1274		21205	
内蒙古	136799	717	2155	2155			
辽　宁	571366	30608	3861733	1529410	16503	2277640	38180
吉　林	101519	687	273279	12604		234304	10503
黑龙江	92199		192606	153904		38572	131
上　海	589834		4499949	2166065	160267	2120862	52755
江　苏	2653393	378726	9107176	3469293	212360	5273588	146681
浙　江	281393		3838355	1042131	15160	2661015	120049
安　徽	853283	85131	1205250	370123	66141	660526	108461
福　建	366920		2846066	886275	64400	1860103	35289
江　西	447814	34701	937234	391192	2176	543867	
山　东	1331917	159713	2118728	861367	296356	958063	2942
河　南	880579	84649	577088	206928	73576	291314	
湖　北	533770	169335	1170560	507390	630	614231	48309
湖　南	997732	38023	1150506	341866	195	808314	131
广　东	1549861	13100	10903289	1868674	2791467	5955132	212735
广　西	186130	40279	837027	350989	22171	463867	
海　南	77323	1774	1192775	161210		651259	380307
重　庆	467952	33273	2356826	979993		1376833	
四　川	594926	71659	1835988	400128	2797	1218858	214206
贵　州	254905		73075	23830		49245	
云　南	575756	53127	219353	61074		158279	
西　藏							
陕　西	232277	1333	1024138	63802	49012	911324	
甘　肃	82248		28983	6735		22248	
青　海	164154		10871	2833		8038	
宁　夏	100819		115109	115109			
新　疆	167160		255255	255255			

3-27 续表 3

单位：万元

地 区	其他港、澳、台投资企业	外商投资企业	中外合资经营企业	中外合作经营企业	独资企业	外商投资股份有限公司	其他外商投资企业
全 国	**101674**	**26151847**	**9723865**	**3471452**	**12064627**	**679006**	**212897**
北 京		1885531	532141	935665	258643	159081	
天 津		1170273	422149	200313	368423	59388	120000
河 北		206174	4780		201394		
山 西		41018	571		40447		
内蒙古		96630			30537		66093
辽 宁		2355865	919895	557862	809294	68814	
吉 林	15868	23744	16349	7279	116		
黑龙江		309926	82901	5362	221663		
上 海		2362140	1077944	18842	1228490	36864	
江 苏	5253	4698347	1941432	187767	2533146	36003	
浙 江		945738	462927		482432	379	
安 徽		591522	206483	109449	218928	56661	
福 建		420106	136251		276363	7492	
江 西		340440	218424		21398	100618	
山 东		897385	538671	119594	239120		
河 南	5272	202957	98478	534	74071	29874	
湖 北		414461	185590	115192	66265	47414	
湖 南		274218	206536		67053	629	
广 东	75282	4141038	1006772	295479	2787987	50799	
广 西		168396	88203	13239	66954		
海 南		274313	48927	45211	179551	623	
重 庆		1372467	466712	457243	399125	24368	25020
四 川		1646294	632414	3017	1010863		
贵 州		15321	14657		664		
云 南		125718	2804	121128	1		1784
西 藏							
陕 西		998697	262263	278274	458161		
甘 肃		160604	148604		12000		
青 海		939	939				
宁 夏		11587	48		11539		
新 疆							

3-28　各地区按登记注册类型分房地产开发企业利润总额

单位：万元

地区	总计	内资企业						
			国有企业	集体企业	股份合作企业	国有联营企业	集体联营企业	国有与集体联营企业
全国	**98206006**	**80779960**	**2567927**	**185289**	**108444**	**39161**	**-544**	**-287**
北京	7311005	5411138	132359	22694	-1702			
天津	2023213	1633439	59169	-2756	50391	6511	-82	
河北	1154860	1095683	-11405		-85			
山西	44211	43754	-2448	162				
内蒙古	1085679	1062809	4512		580			
辽宁	3042733	2382172	17490	-275	2458			
吉林	484646	429948	-94	0	-87			-458
黑龙江	592420	495184	1372	-11	-6			
上海	9075048	7043564	908430	-1695	-54	9845	325	7
江苏	14034933	11479168	260575	51928	9709			-1
浙江	5545524	4668020	35156	3528	817	9368		-100
安徽	2975476	2720076	155506	129		13630		
福建	4112541	3603540	64591	-3585				-50
江西	1944717	1727051	6881	521	-1969		361	
山东	6012130	5607184	201549	26571	6274			
河南	3930904	3672684	60969	6558	8279			
湖北	4910686	4663227	37881	2267				
湖南	2453532	2281235	38685	1263	520			
广东	14594675	10755895	148085	77461	9855		-1148	
广西	1013001	732133	97235	1183	103			
海南	967627	572397	6511		16373			-437
重庆	3933494	3226015	136583	337	24			
四川	3400570	2681416	51434	2069	214			
贵州	164949	183784	5048	60	-187			
云南	646835	517339	6340	-1622	-152			742
西藏	22818	22818						9
陕西	1483735	982761	129322	-3745	7077			
甘肃	169955	165426	10863	-112	-8			
青海	18346	18066	4174		197	-193		
宁夏	220882	205922		2402				
新疆	834862	696114	1156	-43	-177			

3-28 续表 1

单位：万元

地区	其他联营企业	国有独资公司	其他有限责任公司	股份有限公司	私营独资企业	私营合伙企业	私营有限责任公司
全国	**-5066**	**4038367**	**44373813**	**7930346**	**155337**	**25906**	**19498897**
北京		383542	4096183	957375	-3		-160767
天津		171771	810653	218866	54912	11458	274182
河北		16756	587425	96527	-2017	930	351107
山西		17116	48732	91	10		-42081
内蒙古		-14259	555467	71169	1178	-734	409665
辽宁		32625	856144	708777	1157		727509
吉林		5402	165530	78564	7449	7	171883
黑龙江		-55044	434838	26863	-724	10	93135
上海	-378	389711	3901525	601371	-1957	-282	1091066
江苏		482201	4816250	494986	16960	4510	4950500
浙江		92263	2947874	763861	-998	-133	805423
安徽		260045	1375984	67869	7003	349	764832
福建		439268	1956511	270187	-27	182	832562
江西		67388	1051792	59642	883	209	507887
山东		222768	2940065	453096	-3097	2548	1613313
河南	928	52379	2253883	228619	18170	1589	952629
湖北		184924	2604837	309607	8594	1415	1399016
湖南	-2817	99365	1417832	83702	-2055	486	569592
广东	-118	333778	6540582	1961600	21659	-470	1309613
广西	134	53298	246240	82591	6803	1958	255612
海南		73773	262057	72727	-1592		142431
重庆		389258	1524528	92533	103		997255
四川		79248	1313909	201237	5544	2702	964195
贵州		47062	118114	31181	933	-383	-34889
云南		14806	285687	3434	6093	-298	91950
西藏	-2814	1878	6185	2615			14945
陕西		60621	682325	-523	-4271		96813
甘肃		4916	129866	-581	404		19543
青海		23653	-15475	-2736	-559		9823
宁夏		46864	63621	-3607	14783		77097
新疆		60993	394651	-1296		-146	243060

3-28　续表 2　　　　单位：万元

地　区	私营股份有限公司	其他内资企　业	港、澳、台商投资企　业	合资经营企业(港、澳、台资)	合作经营企业(港、澳、台资)	港、澳、台商独资经营企业	港、澳、台商投资股份有限公司
全　国	**1754808**	**107563**	**11700528**	**3828790**	**1243919**	**6223463**	**395204**
北　京	-18543		1251793	522113	345043	384637	
天　津	-15569	-6066	165326	143853		21123	351
河　北	36301	20143	19304	-8848		28152	
山　西	22234	-61	-7370	-8870		1500	
内蒙古	36882	-1650	124	124			
辽　宁	35719	569	282379	91296	-13814	219172	-14276
吉　林	1758	-7	55856	-5920	-51	51800	8695
黑龙江	-5118	-131	32366	37752		-3753	-1541
上　海	145649	0	1507142	767150	58436	678630	2927
江　苏	394730	-3178	1590735	624491	29760	903866	32213
浙　江	11421	-460	685440	168695	-5385	514299	7832
安　徽	79234	-4506	218761	60120	12162	115840	30638
福　建	44921	-1020	434394	115948	15859	304138	-1551
江　西	22092	11366	142937	57588	-259	85608	
山　东	120012	24085	247380	98668	40549	107858	306
河　南	80605	8077	263093	36752	12018	212956	
湖　北	70716	43974	185640	52956	147	124844	7693
湖　南	71322	3341	145704	34809	-90	110973	12
广　东	355785	-785	2612770	494378	725608	1329072	56019
广　西	-16844	3822	269572	106813	8140	154620	
海　南	966	-411	360493	-4051		160055	205086
重　庆	78193	7201	442524	229559	-1820	214785	
四　川	64530	-3666	321875	64524	67	197440	60801
贵　州	16857	-12	-15201	-11466		-3735	
云　南	102782	7576	22028	3597		18432	
西　藏							
陕　西	15323	-181	308496	5870	17550	285076	
甘　肃	623	-88	-901	-7487		6587	
青　海	-818		266	269		-3	
宁　夏	4762		18835	18835			
新　疆	-1715	-368	138766	139273		-507	

3-28 续表 3

单位：万元

地　区	其他港、澳、台投资企业	外商投资企　业	中外合资经营企业	中外合作经营企业	独资企业	外商投资股份有限公　司	其他外商投资企业
全　国	**9152**	**5725518**	**2363323**	**899000**	**2296773**	**113122**	**53300**
北　京		648074	144456	293839	164721	45059	
天　津		224449	45224	96864	50452	5545	26364
河　北		39873	-3343	-68	43285		
山　西		7828	-2289		10117		
内蒙古		22746	-1916		857		23805
辽　宁		378182	110297	140194	125620	2071	
吉　林	1332	-1158	-2301	1142	1		
黑龙江	-92	64869	11806	1375	51688		
上　海		524342	353585	-2692	181255	-7806	
江　苏	404	965030	303315	19098	639730	2888	-1
浙　江		192065	102796	-2143	91540	-128	
安　徽		36638	10759	12031	6330	7518	
福　建		74607	28222	212	46683	1555	-2064
江　西		74728	26818		-112	48022	
山　东		157566	124954	16668	15943		
河　南	1368	-4874	6306	142	-18591	7269	
湖　北		61819	25394	33435	-6635	11735	-2110
湖　南		26594	24148		2418	27	
广　东	7693	1226011	727726	29680	465735	2871	
广　西		11296	12828	-7118	6171	-586	
海　南	-597	34737	11800	10791	15326	-3179	
重　庆		264955	100801	98756	66528	-7894	6765
四　川	-957	397280	139854	-12445	270733	-863	
贵　州		-3634	1545	-5042	-138		
云　南		107468	-2774	111100	-419	-981	542
西　藏							
陕　西		192478	60731	63181	68566		
甘　肃		5429	5735		-306		
青　海		13	13				
宁　夏		-3875	-3149		-726		
新　疆		-18	-18				

第4篇

重点服务业企业财务状况

4-1　交通运输、仓储和邮政业企业法人单位主要指标

行　业	单位数（个）	资产总计（亿元）	营业收入（亿元）	从业人员（万人）
总　计	**251981**	**188690.7**	**54983.0**	**1246.9**
铁路运输业	313	49500.6	6562.4	203.2
道路运输业	132409	69949.1	17826.7	608.5
城市公共交通运输	9738	17325.8	1897.1	185.9
公路旅客运输	8374	3363.7	1770.5	92.4
道路货物运输	104118	10676.1	11564.9	276.7
道路运输辅助活动	10179	38583.5	2594.1	53.5
水上运输业	10015	21605.3	5506.2	67.9
水上旅客运输	1029	309.8	125.6	4.7
水上货物运输	6121	8120.5	3135.5	35.4
水上运输辅助活动	2865	13174.9	2245.1	27.8
航空运输业	1378	13080.7	4948.2	45.3
航空客货运输	588	8596.8	4257.2	27.3
通用航空服务	326	258.2	71.7	1.8
航空运输辅助活动	464	4225.7	619.4	16.2
管道运输业	309	3798.6	839.6	3.8
管道运输业	309	3798.6	839.6	3.8
装卸搬运和运输代理业	70353	11218.0	9850.1	132.6
装卸搬运	11204	2493.5	793.1	42.9
运输代理业	59149	8724.5	9057.0	89.7
仓储业	24779	16878.6	7100.9	62.1
谷物、棉花等农产品仓储	8770	9066.2	3569.4	22.2
其他仓储业	16009	7812.4	3531.6	39.9
邮政业	12425	2659.8	2349.0	123.5
邮政基本服务	1045	1612.6	1306.1	70.4
快递服务	11380	1047.2	1042.9	53.1

4-2 交通运输、仓储和邮政业企业法人单位分地区主要指标

地 区	单位数（个）	资产总计（亿元）	营业收入（亿元）	从业人员（万人）
全 国	**251981**	**188690.7**	**54983.0**	**1246.9**
北 京	14123	14391.0	4346.5	79.0
天 津	10247	7651.5	2392.3	24.5
河 北	8901	4254.1	1973.2	33.1
山 西	5013	4512.5	981.7	30.5
内蒙古	4046	4622.8	1103.7	25.1
辽 宁	11711	8382.7	1977.8	57.3
吉 林	2947	2175.3	463.4	12.3
黑龙江	3877	2564.3	710.2	34.2
上 海	14978	14921.1	6453.9	87.0
江 苏	25530	10107.9	4224.9	84.7
浙 江	16530	8656.6	2572.5	51.2
安 徽	9985	4181.8	1917.1	42.3
福 建	8729	6648.0	1698.7	34.4
江 西	7623	5406.8	1724.2	45.6
山 东	21390	8079.6	4295.4	97.5
河 南	8655	7776.9	1985.5	63.1
湖 北	9316	7598.8	1604.0	46.9
湖 南	5983	2611.9	732.5	28.5
广 东	25801	18831.7	5732.0	130.9
广 西	4696	3398.9	742.0	26.7
海 南	1051	2282.0	654.6	6.1
重 庆	4890	4080.8	1207.4	41.0
四 川	7336	14645.8	1546.7	54.6
贵 州	2491	3305.1	381.0	11.5
云 南	3632	5355.9	815.8	21.0
西 藏	194	136.1	38.5	0.9
陕 西	4484	4811.5	983.0	31.8
甘 肃	2290	2272.1	446.5	17.2
青 海	591	869.7	141.4	4.9
宁 夏	944	356.0	110.6	2.9
新 疆	3997	3801.5	1025.9	20.1

4-3　信息传输、软件和信息技术服务业企业法人单位主要指标

行　业	单位数（个）	资产总计（亿元）	营业收入（亿元）	从业人员（万人）
总　计	**219439**	**77774.6**	**32009.6**	**539.4**
电信、广播电视和卫星传输服务	11390	46727.2	16883.4	180.5
电信	8487	43089.7	15961.0	154.9
广播电视传输服务	2628	3408.4	872.1	25.0
卫星传输服务	275	229.1	50.3	0.7
互联网和相关服务	25002	4761.1	2690.6	46.4
互联网接入及相关服务	3377	625.7	248.5	6.8
互联网信息服务	17232	3835.8	2326.6	35.3
其他互联网服务	4393	299.5	115.5	4.3
软件和信息技术服务业	183047	26286.3	12435.6	312.4
软件开发	108898	14523.9	7919.0	207.9
信息系统集成服务	16120	3287.3	1811.8	33.1
信息技术咨询服务	34574	5498.3	1005.5	34.7
数据处理和存储服务	2846	503.3	225.9	7.8
集成电路设计	2462	553.8	384.1	6.0
其他信息技术服务业	18147	1919.7	1089.2	22.9

4-4 信息传输、软件和信息技术服务业企业法人单位分地区主要指标

地区	单位数(个)	资产总计(亿元)	营业收入(亿元)	从业人员(万人)
全国	**219439**	**77774.6**	**32009.6**	**539.4**
北京	47448	27998.0	5673.5	91.9
天津	7744	1471.9	602.8	11.5
河北	4114	1192.3	670.4	10.8
山西	1609	645.1	344.3	7.2
内蒙古	1699	597.1	311.1	6.2
辽宁	8294	1619.2	799.9	17.6
吉林	2239	714.9	395.5	8.7
黑龙江	2577	557.7	325.1	7.3
上海	13966	4785.6	3038.1	45.3
江苏	21007	4992.1	3339.0	54.0
浙江	16160	4379.9	2154.7	29.4
安徽	5968	741.1	523.4	10.4
福建	6340	1107.5	775.4	15.1
江西	2271	868.9	389.8	7.1
山东	9907	5924.6	1826.1	27.7
河南	4382	1078.0	704.2	13.1
湖北	7137	2178.1	699.0	14.8
湖南	5264	1132.8	606.5	12.3
广东	26702	7487.6	3989.0	69.6
广西	2146	562.5	338.5	5.9
海南	830	312.9	159.4	2.2
重庆	5680	1370.0	638.6	11.1
四川	4620	2230.8	1443.2	23.4
贵州	1343	539.0	324.0	4.3
云南	3246	969.9	507.4	8.7
西藏	98	50.7	40.2	0.6
陕西	3579	1283.0	780.4	13.1
甘肃	974	335.8	198.2	3.3
青海	339	141.1	71.8	1.4
宁夏	403	121.4	81.0	1.6
新疆	1353	384.8	259.1	3.8

4-5　信息传输、软件和信息技术服务业企业法人单位分登记注册类型主要指标

登记注册类型	单位数（个）	资产总计（亿元）	营业收入（亿元）	从业人员（万人）
总　计	**219439**	**77774.6**	**32009.6**	**539.4**
内资企业	211334	54714.7	22753.4	430.9
国有企业	2177	10107.6	1510.2	23.1
集体企业	672	65.5	23.4	1.0
股份合作企业	1044	46.1	26.5	0.9
联营企业	458	106.7	19.4	0.5
有限责任公司	52324	21945.4	10654.5	164.1
股份有限公司	3819	9651.3	5138.3	64.8
私营企业	145123	12470.6	5254.0	170.5
其他企业	5717	321.6	127.1	5.9
港、澳、台商投资企业	3180	9842.4	4718.0	48.3
外商投资企业	4925	13217.5	4538.2	60.2

4-6　金融业企业法人单位主要指标

行　业	单位数（个）	资产总计（亿元）	营业收入（亿元）	从业人员（万人）
总　计	**29240**	**1620396.5**	**70359.0**	**513.9**
货币金融服务	15032	1493978.0	45056.6	369.2
资本市场服务	653	30409.7	2685.7	26.0
保险业	12195	84069.5	20460.3	112.3
其他金融业	1360	11939.4	2156.5	6.4

4-7　房地产业企业法人单位主要指标

行　业	单位数（个）	资产总计（亿元）	营业收入（亿元）	从业人员（万人）
总　计	**338492**	**525889.2**	**83740.4**	**877.1**
房地产开发经营	132105	474567.4	75528.3	335.0
物业管理	105220	13667.7	4091.7	411.6
房地产中介服务	65780	5489.5	1275.4	77.6
自有房地产经营活动	23732	11670.8	1069.2	34.4
其他房地产业	11655	20493.8	1775.8	18.5

4-8 房地产业企业法人单位分地区主要指标

地区	单位数（个）	资产总计（亿元）	营业收入（亿元）	从业人员（万人）
全国	**338492**	**525889.2**	**83740.4**	**877.1**
北京	17690	47096.8	4951.8	56.1
天津	5750	20787.4	1856.2	16.3
河北	13612	13932.6	2511.6	30.5
山西	6571	5790.1	641.3	15.5
内蒙古	5897	7510.1	1283.5	14.9
辽宁	14684	21777.3	3090.7	29.5
吉林	4288	5261.5	885.3	9.8
黑龙江	5888	10247.0	1108.7	12.3
上海	15047	45146.7	4808.1	47.9
江苏	28639	46184.0	10979.8	68.1
浙江	23354	37645.7	5057.0	45.2
安徽	12413	14593.4	3135.0	27.7
福建	9811	18349.9	2993.1	26.3
江西	7123	7450.3	1715.1	17.6
山东	21736	26285.9	5981.5	58.3
河南	14228	14693.0	3034.8	36.5
湖北	15457	16505.0	3462.9	35.8
湖南	11214	11624.9	2836.9	31.8
广东	40960	53756.7	8998.3	114.5
广西	8319	9111.0	1083.3	19.5
海南	4143	10297.7	763.1	10.5
重庆	8638	18303.3	2989.1	29.5
四川	10706	23134.2	3804.1	37.9
贵州	5506	6574.2	796.2	13.4
云南	7383	11344.1	1290.9	18.9
西藏	155	141.7	21.5	0.5
陕西	8142	11162.3	1838.8	23.7
甘肃	3783	2466.5	466.7	9.5
青海	1120	1551.1	128.4	3.3
宁夏	1322	2130.7	377.5	4.7
新疆	4913	5034.1	848.9	11.3

4-9　房地产业企业法人单位分登记注册类型主要指标

登记注册类型	单位数（个）	资产总计（亿元）	营业收入（亿元）	从业人员（万人）
总　计	**338492**	**525889.2**	**83740.4**	**877.1**
内资企业	329182	463589.9	74575.7	826.8
国有企业	8029	24282.2	1957.0	30.9
集体企业	7883	3280.1	444.4	17.8
股份合作企业	2736	831.6	190.1	4.4
联营企业	783	333.3	56.7	1.6
有限责任公司	110610	266663.5	40491.0	350.9
股份有限公司	8877	26066.2	4050.4	29.4
私营企业	180665	138353.4	26951.2	375.6
其他企业	9599	3779.7	434.9	16.0
港、澳、台商投资企业	6085	40593.4	6237.1	32.2
外商投资企业	3225	21705.9	2927.6	18.2

4-10　租赁和商务服务业企业法人单位主要指标

行　　业	单位数（个）	资产总计（亿元）	营业收入（亿元）	从业人员（万人）
总　计	**815080**	**539678.2**	**52035.2**	**1216.0**
租赁业	52379	7573.9	1633.0	55.3
机械设备租赁	50262	7391.2	1587.7	53.3
文化及日用品出租	2117	182.7	45.3	2.0
商务服务业	762701	532104.3	50402.2	1160.7
企业管理服务	162868	458165.0	25971.3	300.9
法律服务	16218	519.1	496.9	22.9
咨询与调查	202906	22114.9	4731.8	186.9
广告业	150059	8991.3	5478.8	115.8
知识产权服务	6893	239.5	166.3	6.6
人力资源服务	44510	1947.3	3660.0	186.6
旅行社及相关服务	34316	5663.6	3375.7	49.0
安全保护服务	7957	566.7	670.3	128.1
其他商务服务业	136974	33897.0	5851.1	163.9

4-11 租赁和商务服务业企业法人单位分地区主要指标

地区	单位数(个)	资产总计(亿元)	营业收入(亿元)	从业人员(万人)
全国	**815080**	**539678.3**	**52035.2**	**1216.0**
北京	129210	112883.5	10036.5	133.6
天津	22751	15985.6	1303.2	28.6
河北	22291	10851.6	1349.9	33.5
山西	10275	6631.3	310.8	17.6
内蒙古	9191	9363.7	549.3	17.4
辽宁	29694	6541.4	657.8	36.1
吉林	7274	3908.9	168.1	9.8
黑龙江	8546	3105.3	304.4	17.0
上海	49932	43544.6	8207.3	108.3
江苏	72132	51160.2	5343.3	101.0
浙江	62882	46906.5	2902.9	86.7
安徽	26991	13339.5	1590.6	29.2
福建	26269	13378.8	999.2	34.5
江西	13702	4430.3	593.2	21.6
山东	44192	19848.2	2648.1	70.1
河南	19874	8252.0	855.9	32.5
湖北	27444	14326.8	1407.1	34.6
湖南	21873	12289.3	1144.0	37.2
广东	98496	48197.8	5249.1	160.4
广西	16193	8677.9	422.0	22.6
海南	4314	3734.7	148.8	5.5
重庆	19481	13770.5	1095.7	36.0
四川	19723	19954.9	1364.2	40.7
贵州	8628	8029.5	362.6	12.5
云南	13011	15628.6	1542.6	30.2
西藏	955	832.3	73.2	1.3
陕西	12030	7722.4	437.5	18.9
甘肃	5514	5369.6	400.3	11.2
青海	1852	2888.2	102.3	3.2
宁夏	2412	892.1	49.7	5.2
新疆	7948	7232.1	415.8	19.0

4-12　租赁和商务服务业企业法人单位分登记注册类型主要指标

登记注册类型	单位数（个）	资产总计（亿元）	营业收入（亿元）	从业人员（万人）
总　计	**815080**	**539678.2**	**52035.2**	**1216.0**
内资企业	801716	514910.9	44262.2	1161.8
国有企业	14109	108448.6	5510.5	110.8
集体企业	19185	7804.1	897.0	47.7
股份合作企业	6066	2074.1	232.4	9.3
联营企业	2074	1425.2	95.3	2.8
有限责任公司	189933	279435.4	18987.6	348.8
股份有限公司	11879	40858.3	2945.7	42.6
私营企业	508877	68001.1	14102.3	541.2
其他企业	49593	6864.3	1491.4	58.6
港、澳、台商投资企业	5963	10788.2	2155.6	22.3
外商投资企业	7401	13979.2	5617.4	31.9

4-13　科学研究和技术服务业企业法人单位主要指标

行　业	单位数（个）	资产总计（亿元）	营业收入（亿元）	从业人员（万人）
总　计	**345290**	**67452.9**	**22787.7**	**603.2**
研究和试验发展	33907	8864.3	2176.7	54.1
专业技术服务业	180645	45990.8	15756.1	383.0
科技推广和应用服务业	130738	12597.8	4855.0	166.1

4-14 科学研究和技术服务业企业法人单位分地区主要指标

地 区	单位数(个)	资产总计(亿元)	营业收入(亿元)	从业人员(万人)
全 国	**345290**	**67452.9**	**22787.7**	**603.2**
北 京	69688	20001.3	5558.4	77.7
天 津	13367	3686.2	1330.2	23.4
河 北	9314	1216.6	649.6	22.1
山 西	4033	792.9	213.4	8.4
内蒙古	3104	458.8	166.6	6.6
辽 宁	12514	1575.4	422.2	16.3
吉 林	2812	237.9	108.7	4.8
黑龙江	4202	581.6	169.3	5.7
上 海	16700	3979.1	1893.9	37.4
江 苏	32815	4856.5	2083.4	55.8
浙 江	21933	2712.6	947.2	30.1
安 徽	9870	1064.4	410.9	14.3
福 建	9010	1069.2	410.4	15.9
江 西	3914	282.5	167.7	7.7
山 东	25963	2642.6	1247.9	52.3
河 南	16344	3809.6	892.1	38.3
湖 北	12795	1878.0	909.9	25.9
湖 南	9155	1013.5	486.9	20.3
广 东	32146	4115.7	2025.8	59.3
广 西	4566	513.2	146.1	7.7
海 南	1192	479.4	62.6	2.5
重 庆	4924	1911.8	442.9	10.4
四 川	5495	2401.5	695.4	16.6
贵 州	2690	1088.1	131.5	5.6
云 南	4017	857.3	242.4	7.9
西 藏	229	50.1	12.1	0.5
陕 西	5821	1174.4	521.6	15.2
甘 肃	2062	2259.3	152.6	5.0
青 海	715	182.5	39.7	1.7
宁 夏	812	132.1	45.7	2.3
新 疆	3088	428.8	200.5	5.5

4-15　科学研究和技术服务业企业法人单位分登记注册类型主要指标

登记注册类型	单位数（个）	资产总计（亿元）	营业收入（亿元）	从业人员（万人）
总　计	**345290**	**67452.9**	**22787.7**	**603.2**
内资企业	338760	64317.3	21280.8	576.9
国有企业	9715	13238.5	2893.5	55.6
集体企业	4060	429.4	151.0	7.1
股份合作企业	2897	181.3	57.3	3.1
联营企业	881	71.9	35.5	1.4
有限责任公司	73829	29968.8	8992.4	176.6
股份有限公司	4629	6814.5	1787.9	19.7
私营企业	195810	11837.6	5868.6	225.3
其他企业	46939	1775.3	1494.7	88.2
港、澳、台商投资企业	2466	1156.1	480.9	11.1
外商投资企业	4064	1979.4	1026.0	15.2

4-16　水利、环境和公共设施管理业企业法人单位主要指标

行　业	单位数（个）	资产总计（亿元）	营业收入（亿元）	从业人员（万人）
总　计	**45658**	**33997.9**	**3629.1**	**129.3**
水利管理业	4297	4644.1	259.1	10.5
防洪除涝设施管理	446	456.3	28.0	0.9
水资源管理	1115	2552.4	96.8	2.8
天然水收集与分配	700	733.5	55.1	2.8
水文服务	257	38.8	8.2	0.4
其他水利管理业	1779	863.1	71.1	3.5
生态保护和环境治理业	5954	2055.8	491.9	12.7
生态保护	1159	279.6	63.2	3.1
环境治理业	4795	1776.2	428.7	9.7
公共设施管理业	35407	27297.9	2878.1	106.1
市政设施管理	3991	15406.3	758.9	12.4
环境卫生管理	3528	583.4	198.3	22.1
城乡市容管理	876	392.0	40.3	2.1
绿化管理	17310	3468.0	1089.8	33.1
公园和游览景区管理	9702	7448.2	790.7	36.4

4-17 水利、环境和公共设施管理业企业法人单位分地区主要指标

地 区	单位数（个）	资产总计（亿元）	营业收入（亿元）	从业人员（万人）
全 国	**45658**	**33997.9**	**3629.1**	**129.3**
北 京	3256	2505.8	360.2	6.8
天 津	908	3209.7	190.5	1.9
河 北	2171	630.9	74.8	4.9
山 西	1193	381.3	35.7	3.2
内蒙古	1025	570.0	61.8	3.6
辽 宁	1759	550.4	65.7	3.7
吉 林	475	146.9	18.0	1.4
黑龙江	634	644.1	19.1	1.9
上 海	1510	1990.3	286.3	9.1
江 苏	4603	4572.4	433.1	11.7
浙 江	4035	3230.8	291.4	10.5
安 徽	1940	934.1	113.5	3.6
福 建	1766	668.8	100.2	3.9
江 西	993	462.4	77.7	3.1
山 东	3828	1187.7	285.1	10.7
河 南	1919	1120.5	113.8	6.6
湖 北	1831	1680.7	189.6	4.9
湖 南	1360	648.8	74.5	3.7
广 东	3239	2081.5	254.1	10.2
广 西	736	610.3	38.2	2.0
海 南	209	252.3	30.5	1.3
重 庆	1042	997.9	106.0	3.3
四 川	1135	1647.2	196.2	5.2
贵 州	647	625.6	20.4	1.5
云 南	1037	1060.3	44.8	3.1
西 藏	21	7.1	1.6	0.1
陕 西	1241	680.9	92.9	3.9
甘 肃	383	517.8	9.5	1.2
青 海	148	105.3	2.0	0.3
宁 夏	199	95.2	11.4	0.5
新 疆	415	180.6	30.5	1.5

4-18 水利、环境和公共设施管理业企业法人单位分登记注册类型主要指标

登记注册类型	单位数(个)	资产总计(亿元)	营业收入(亿元)	从业人员(万人)
总 计	**45658**	**33997.9**	**3629.1**	**129.3**
内资企业	45086	33185.1	3478.1	126.7
国有企业	2952	6797.5	316.6	15.6
集体企业	1365	959.8	58.1	3.5
股份合作企业	296	30.4	7.3	0.5
联营企业	173	69.7	6.9	0.5
有限责任公司	12323	19301.2	1540.6	47.4
股份有限公司	1002	1802.4	316.9	6.6
私营企业	24000	3494.6	1143.3	46.2
其他企业	2975	729.5	88.4	6.3
港、澳、台商投资企业	311	431.8	75.7	1.8
外商投资企业	261	380.9	75.3	0.8

4-19 居民服务、修理和其他服务业企业法人单位主要指标

行 业	单位数(个)	资产总计(亿元)	营业收入(亿元)	从业人员(万人)
总 计	**175059**	**7933.2**	**3714.7**	**266.9**
居民服务业	65178	2486.8	1116.5	94.0
家庭服务	10971	127.8	113.6	18.1
托儿所服务	409	7.5	3.7	0.5
洗染服务	3195	88.5	47.3	4.1
理发及美容服务	16057	223.0	173.3	14.8
洗浴服务	7136	387.5	192.3	16.4
保健服务	6711	101.0	91.1	10.9
婚姻服务	5320	49.6	49.8	3.5
殡葬服务	2778	700.6	172.2	5.9
其他居民服务业	12601	801.2	273.1	19.8
机动车、电子产品和日用产品修理业	75141	2487.3	1697.0	85.1
汽车、摩托车修理与维护	54101	1968.6	1252.5	65.0
计算机和办公设备维修	8637	249.8	190.6	9.3
家用电器修理	8690	185.6	170.7	7.5
其他日用产品修理业	3713	83.3	83.2	3.3
其他服务业	34740	2959.1	901.2	87.9
清洁服务	20795	446.6	438.3	61.5
其他未列明服务业	13945	2512.5	462.8	26.4

4-20 居民服务、修理和其他服务业企业法人单位分地区主要指标

地区	单位数（个）	资产总计（亿元）	营业收入（亿元）	从业人员（万人）
全国	**175059**	**7933.2**	**3714.7**	**266.9**
北京	18392	814.2	305.6	20.5
天津	5465	938.5	217.6	16.1
河北	5421	174.3	76.3	7.1
山西	2513	76.9	35.8	4.5
内蒙	2366	90.6	49.7	4.1
辽宁	6593	203.2	95.9	7.0
吉林	2627	400.7	38.4	3.3
黑龙江	2347	146.1	77.5	3.2
上海	11529	487.8	312.7	18.5
江苏	12797	545.6	374.1	18.3
浙江	11369	266.7	189.9	14.3
安徽	5104	100.6	81.9	6.4
福建	5592	147.7	102.0	8.0
江西	3468	201.3	118.5	5.6
山东	10843	440.6	361.0	15.9
河南	6158	255.0	122.5	9.5
湖北	8303	318.1	114.8	10.3
湖南	7297	182.5	176.3	13.1
广东	16243	474.2	354.2	35.2
广西	3380	54.0	35.7	4.0
海南	806	37.1	10.1	1.1
重庆	7287	230.5	159.0	9.7
四川	4483	205.7	89.2	8.7
贵州	3277	114.7	33.9	4.5
云南	2902	275.6	53.7	5.4
西藏	109	2.1	2.5	0.3
陕西	3969	162.5	60.1	5.9
甘肃	1661	107.7	17.3	1.9
青海	443	19.3	6.4	0.7
宁夏	621	31.3	7.7	0.9
新疆	1694	428.3	34.5	2.6

4-21　居民服务、修理和其他服务业企业法人单位分登记注册类型主要指标

登记注册类型	单位数（个）	资产总计（亿元）	营业收入（亿元）	从业人员（万人）
总　计	**175059**	**7933.2**	**3714.7**	**266.9**
内资企业	173855	7671.8	3530.8	257.3
国有企业	2111	1360.9	134.9	9.8
集体企业	3728	214.9	97.8	6.9
股份合作企业	2306	47.8	32.4	2.7
联营企业	566	52.2	22.5	0.8
有限责任公司	28822	1948.4	886.4	60.6
股份有限公司	2130	547.2	76.8	4.4
私营企业	123468	3295.0	2122.8	158.9
其他企业	10724	205.4	157.2	13.2
港、澳、台商投资企业	523	130.5	92.1	5.8
外商投资企业	681	130.9	91.8	3.8

4-22　教育企业法人单位主要指标

行　业	单位数（个）	资产总计（亿元）	营业收入（亿元）	从业人员（万人）
总　计	**54295**	**3096.7**	**1395.6**	**118.1**
学前教育	10980	259.5	137.0	21.1
初等教育	1092	106.6	55.9	7.4
中等教育	1669	410.0	146.3	15.0
高等教育	278	342.8	76.7	4.2
特殊教育	298	7.4	5.2	0.5
技能培训、教育辅助及其他教育	39978	1970.3	974.5	69.9

4-23 教育企业法人单位分地区主要指标

地 区	单位数（个）	资产总计（亿元）	营业收入（亿元）	从业人员（万人）
全 国	**54295**	**3096.7**	**1395.6**	**118.1**
北 京	5867	332.2	160.0	8.0
天 津	874	40.7	13.3	1.5
河 北	1099	57.1	13.6	2.2
山 西	748	46.0	11.8	2.4
内蒙古	979	22.0	11.4	1.5
辽 宁	2516	72.2	30.4	3.0
吉 林	692	46.3	9.5	1.4
黑龙江	882	24.1	11.2	1.5
上 海	852	149.0	82.2	4.1
江 苏	3631	190.3	152.2	8.2
浙 江	3641	197.8	78.9	6.2
安 徽	1739	186.7	42.9	3.9
福 建	2074	65.4	38.6	4.5
江 西	1360	91.2	42.7	3.6
山 东	2942	178.0	115.2	7.3
河 南	3132	172.3	75.8	8.7
湖 北	2601	94.2	48.4	5.1
湖 南	3033	116.9	73.8	6.9
广 东	5857	493.1	198.2	17.0
广 西	1156	21.6	11.2	1.7
海 南	355	43.4	4.8	0.5
重 庆	1622	43.5	39.4	3.1
四 川	1920	141.5	44.8	4.7
贵 州	1097	49.9	17.8	2.7
云 南	943	97.2	29.2	2.8
西 藏	28	0.6	0.4	0.0
陕 西	1011	42.1	20.1	2.2
甘 肃	714	21.8	6.5	1.4
青 海	133	2.6	1.0	0.2
宁 夏	189	19.4	2.7	0.5
新 疆	608	37.6	7.7	1.1

4-24　教育企业法人单位分登记注册类型主要指标

登记注册类型	单位数（个）	资产总计（亿元）	营业收入（亿元）	从业人员（万人）
总　计	**54295**	**3096.7**	**1395.6**	**118.1**
内资企业	53949	2960.0	1326.8	115.7
国有企业	1807	260.4	86.3	7.8
集体企业	1002	70.0	31.7	2.8
股份合作企业	778	38.6	19.1	2.0
联营企业	254	20.8	6.2	0.6
有限责任公司	7294	592.2	208.6	14.9
股份有限公司	728	64.0	44.7	2.3
私营企业	29267	1136.3	544.7	49.9
其他企业	12819	777.7	385.4	35.3
港、澳、台商投资企业	150	69.7	37.5	1.4
外商投资企业	196	66.9	31.3	1.0

4-25　卫生和社会工作企业法人单位主要指标

行　业	单位数（个）	资产总计（亿元）	营业收入（亿元）	从业人员（万人）
总　计	**30207**	**3562.4**	**1951.5**	**110.0**
卫生	27810	3202.2	1915.7	106.1
医院	10046	2758.3	1565.0	83.0
社区医疗与卫生院	4270	120.2	78.8	6.5
门诊部(所)	11513	191.8	175.4	11.4
计划生育技术服务活动	94	1.2	1.0	0.1
妇幼保健院(所、站)	113	24.4	13.7	1.0
专科疾病防治院(所、站)	407	17.9	10.6	0.7
疾病预防控制中心	102	5.6	4.6	0.3
其他卫生活动	1265	82.7	66.6	3.2
社会工作	2397	360.2	35.9	3.9
提供住宿社会工作	1928	327.6	28.6	3.2
不提供住宿社会工作	469	32.6	7.2	0.7

4-26 卫生和社会工作企业法人单位分地区主要指标

地 区	单位数(个)	资产总计(亿元)	营业收入(亿元)	从业人员(万人)
全 国	**30207**	**3562.4**	**1951.5**	**110.0**
北 京	1924	162.7	128.4	4.8
天 津	468	49.6	30.5	1.6
河 北	650	152.7	34.3	2.4
山 西	756	54.9	31.9	2.7
内蒙古	582	97.5	31.5	1.9
辽 宁	1761	144.8	107.5	6.1
吉 林	459	99.5	43.4	3.0
黑龙江	703	87.4	51.8	3.3
上 海	974	109.0	94.6	3.4
江 苏	1707	284.1	200.3	8.8
浙 江	1511	238.9	84.2	3.8
安 徽	642	81.6	56.4	3.3
福 建	1146	70.1	43.8	2.7
江 西	573	67.6	54.9	3.0
山 东	1836	168.3	135.4	6.4
河 南	4000	191.9	140.8	9.5
湖 北	1554	131.6	90.4	5.1
湖 南	1243	118.0	81.9	4.8
广 东	2253	260.9	178.8	9.0
广 西	415	14.6	16.7	1.2
海 南	130	6.9	3.9	0.4
重 庆	723	54.3	49.3	2.8
四 川	1203	123.8	86.2	6.0
贵 州	820	70.8	44.5	3.6
云 南	640	89.8	47.9	3.6
西 藏	25	2.8	2.0	0.1
陕 西	554	61.0	41.0	2.6
甘 肃	330	531.1	15.9	1.6
青 海	107	5.1	3.0	0.4
宁 夏	127	8.9	7.3	0.5
新 疆	391	22.4	13.0	1.5

4-27　卫生和社会工作企业法人单位分登记注册类型主要指标

登记注册类型	单位数 (个)	资产总计 (亿元)	营业收入 (亿元)	从业人员 (万人)
总　计	**30207**	**3562.4**	**1951.5**	**110.0**
内资企业	30062	3416.6	1884.9	108.1
国有企业	1880	1135.6	482.3	23.6
集体企业	1351	93.0	76.4	3.8
股份合作企业	685	89.1	78.3	4.1
联营企业	211	16.7	12.2	0.9
有限责任公司	2149	438.6	290.0	12.9
股份有限公司	299	72.3	55.6	2.5
私营企业	15759	1075.7	588.9	41.5
其他企业	7728	495.6	301.2	18.8
港、澳、台商投资企业	63	55.7	26.2	0.8
外商投资企业	82	90.0	40.4	1.1

4-28　文化、体育和娱乐业企业法人单位主要指标

行　　业	单位数 (个)	资产总计 (亿元)	营业收入 (亿元)	从业人员 (万人)
总　计	**173339**	**15125.1**	**4841.2**	**194.6**
新闻和出版业	4863	4017.8	1411.6	29.2
新闻业	243	150.9	38.9	2.0
出版业	4620	3867.0	1372.7	27.2
广播、电视、电影和音像业	12920	4238.7	1248.2	26.8
广播	404	74.8	41.5	1.1
电视	997	1168.4	401.6	6.0
电影和影视节目制作	5746	1463.0	359.1	7.8
电影和影视节目发行	942	885.9	176.5	1.7
电影放映	4177	614.7	251.0	9.5
录音制作	654	31.8	18.4	0.6
文化艺术业	33013	2676.5	620.2	31.4
文艺创作与表演	7930	853.7	268.1	14.1
艺术表演场馆	585	142.4	30.9	1.9
图书馆与档案馆	315	8.9	4.3	0.3
文物及非物质文化遗产保护	591	292.0	18.4	1.0
博物馆	416	62.5	9.5	0.5
烈士陵园、纪念馆	74	17.2	3.2	0.2
群众文化活动	4962	304.6	57.4	3.3
其他文化艺术业	18140	995.3	228.2	10.1
体育	10381	1372.4	279.6	18.0
体育组织	1203	177.7	51.0	1.4
体育场馆	724	233.0	27.5	1.4
休闲健身活动	7326	863.2	178.7	14.2
其他体育	1128	98.4	22.4	1.0
娱乐业	112162	2819.7	1281.6	89.2
室内娱乐活动	104305	1184.9	988.9	74.3
游乐园	1074	906.7	138.9	6.6
彩票活动	92	7.3	12.6	0.5
文化、娱乐、体育经纪代理	3765	262.4	68.0	2.7
其他娱乐业	2926	458.4	73.2	5.1

4-29 文化、体育和娱乐业企业法人单位分地区主要指标

地 区	单位数(个)	资产总计(亿元)	营业收入(亿元)	从业人员(万人)
全 国	**173339**	**15125.1**	**4841.2**	**194.6**
北 京	25466	2725.3	901.3	20.2
天 津	1985	838.7	83.4	2.9
河 北	5557	355.0	69.6	5.6
山 西	3707	155.8	38.9	4.2
内蒙古	1754	120.8	25.3	1.8
辽 宁	5808	318.3	96.9	5.0
吉 林	1659	131.7	38.4	1.9
黑龙江	2709	96.5	41.9	2.7
上 海	5284	1264.7	327.0	8.0
江 苏	11462	1357.8	424.8	13.7
浙 江	11988	1075.2	404.7	13.1
安 徽	7107	313.1	138.3	6.3
福 建	4912	354.8	123.0	7.3
江 西	3575	188.9	88.6	4.2
山 东	8853	581.8	264.4	10.2
河 南	6926	294.2	136.1	10.0
湖 北	6985	613.1	254.9	8.0
湖 南	11406	706.6	287.1	13.3
广 东	11664	1209.3	429.5	19.8
广 西	4690	139.8	46.7	3.8
海 南	1067	324.9	25.0	1.7
重 庆	4327	284.8	104.0	5.1
四 川	9064	385.9	123.8	8.4
贵 州	2113	202.5	28.8	2.2
云 南	3680	230.8	56.1	4.1
西 藏	175	8.6	3.9	0.2
陕 西	3970	644.3	213.0	5.4
甘 肃	2220	79.6	30.3	2.4
青 海	551	24.5	6.5	0.6
宁 夏	794	47.1	9.4	0.8
新 疆	1881	50.7	19.7	1.4

4-30　文化、体育和娱乐业企业法人单位分登记注册类型主要指标

登记注册类型	单位数（个）	资产总计（亿元）	营业收入（亿元）	从业人员（万人）
总　计	**173339**	**15125.1**	**4841.2**	**194.6**
内资企业	172198	14148.7	4676.5	187.2
国有企业	4501	3227.5	1013.7	26.8
集体企业	1400	56.1	24.7	1.9
股份合作企业	1322	23.9	12.3	1.0
联营企业	433	67.7	6.9	0.5
有限责任公司	21820	5937.4	1541.3	43.6
股份有限公司	1597	1272.7	317.8	4.3
私营企业	127575	3211.8	1603.2	97.3
其他企业	13550	351.5	156.7	11.7
港、澳、台商投资企业	615	496.4	86.4	3.5
外商投资企业	526	480.0	78.3	3.9

4-31 国有控股企业分行业主要指标

行 业	单位数(个)	资产总计(亿元)	营业收入(亿元)	从业人员(万人)
总 计	**93775**	**554023.9**	**69817.9**	**1093.4**
交通运输、仓储和邮政业	**15596**	**95391.6**	**22660.5**	**400.5**
道路运输业	5944	49051.0	5305.0	206.7
水上运输业	974	16094.5	3598.4	30.6
航空运输业	314	10494.1	3973.0	38.5
管道运输业	83	3623.2	797.0	3.2
装卸搬运和运输代理业	2040	3490.7	2466.8	18.7
仓储业	5113	10795.9	4936.1	22.2
邮政业	1128	1842.1	1584.2	80.6
信息传输、软件和信息技术服务业	**5864**	**33944.9**	**13483.1**	**151.9**
电信、广播电视和卫星传输服务	3206	30053.1	11727.5	126.8
互联网和相关服务	433	733.4	301.0	5.1
软件和信息技术服务业	2225	3158.4	1454.6	19.9
房地产业	**10320**	**13757.8**	**1495.6**	**68.9**
物业管理业	5305	2353.2	740.8	56.6
房地产中介服务业	982	677.1	49.5	2.0
自有房地产经营活动	2667	2834.5	181.4	6.8
其他房地产业	1366	7893.1	523.8	3.6
租赁和商务服务业	**28669**	**341474.8**	**18166.2**	**222.3**
租赁业	755	1672.9	159.3	3.4
商务服务业	27914	339801.9	18006.9	218.9
科学研究和技术服务业	**15079**	**36411.2**	**9669.8**	**124.6**
研究和试验发展	1332	3965.2	565.8	10.7
专业技术服务业	11199	28380.9	8101.8	105.9
科技推广和应用服务业	2548	4065.0	1002.2	7.9
水利、环境和公共设施管理业	**5208**	**22528.7**	**1394.0**	**37.3**
水利管理业	1171	3645.4	141.6	5.1
生态保护和环境治理业	556	981.3	137.0	3.3
公共设施管理业	3481	17902.0	1115.4	29.0
居民服务、修理和其他服务业	**3015**	**1868.0**	**322.0**	**18.8**
居民服务业	1053	409.2	82.3	4.5
机动车、电子产品和日用产品修理业	1193	164.6	120.3	4.2
其他服务业	769	1294.2	119.4	10.1
教育	**1802**	**374.8**	**120.1**	**7.8**
卫生和社会工作	**1633**	**1056.4**	**453.5**	**20.5**
卫生	1448	1034.8	451.3	20.2
社会工作	185	21.6	2.1	0.3
文化、体育和娱乐业	**6589**	**7215.8**	**2053.1**	**40.8**
新闻和出版业	2299	3449.3	1147.6	20.7
广播、电视、电影和影视录音制作业	2143	1882.0	577.9	10.3
文化艺术业	1356	1155.2	208.7	5.7
体育	324	256.3	40.0	1.4
娱乐业	467	472.9	78.9	2.7

注：不含铁路运输业、金融业、房地产开发经营

4-32 非公有控股经济企业分行业主要指标

行 业	单位数（个）	资产总计（亿元）	营业收入（亿元）	从业人员（万人）
总 计	**1933500**	**283202.9**	**87831.2**	**2922.1**
交通运输、仓储和邮政业	**210650**	**29843.1**	**20386.2**	**506.4**
道路运输业	112687	13383.4	10023.6	311.1
水上运输业	7518	4239.6	1444.2	28.2
航空运输业	904	508.5	337.7	3.2
管道运输业	202	139.9	36.4	0.5
装卸搬运和运输代理业	62072	5907.5	6213.6	95.0
仓储业	17003	5011.3	1736.0	32.5
邮政业	10264	652.8	594.7	35.9
信息传输、软件和信息技术服务业	**197556**	**38219.4**	**15650.3**	**339.0**
电信、广播电视和卫星传输服务	6748	14141.3	3958.8	40.8
互联网和相关服务	22738	3559.8	2252.3	36.6
软件和信息技术服务业	168070	20518.3	9439.3	261.5
房地产业	**165303**	**28211.5**	**5212.0**	**374.2**
物业管理业	83975	8838.0	2630.9	279.4
房地产中介服务业	58965	4044.4	1089.3	67.8
自有房地产经营活动	13914	6102.2	622.9	14.7
其他房地产业	8449	9226.8	868.9	12.3
租赁和商务服务业	**681701**	**143878.7**	**27498.5**	**788.8**
租赁业	46345	4952.0	1287.7	44.4
商务服务业	635356	138926.7	26210.9	744.4
科学研究和技术服务业	**278417**	**21723.5**	**10429.9**	**372.3**
研究和试验发展	29092	3830.5	1368.4	37.4
专业技术服务业	150958	11519.2	6214.2	228.3
科技推广和应用服务业	98367	6373.7	2847.4	106.6
水利、环境和公共设施管理业	**33449**	**7421.0**	**1775.7**	**68.7**
水利管理业	2071	474.8	76.2	2.9
生态保护和环境治理业	4547	804.8	285.2	7.7
公共设施管理业	26831	6141.4	1414.3	58.0
居民服务、修理和其他服务业	**153693**	**4934.2**	**2893.2**	**211.5**
居民服务业	56868	1555.6	846.9	75.7
机动车、电子产品和日用产品修理业	66867	2081.5	1387.4	70.5
其他服务业	29958	1297.0	658.9	65.3
教育	**40451**	**1792.7**	**847.0**	**74.3**
卫生和社会工作	**20143**	**1662.1**	**916.5**	**58.7**
卫生	18818	1366.6	897.4	56.7
社会工作	1325	295.5	19.0	2.0
文化、体育和娱乐业	**152137**	**5516.8**	**2221.7**	**128.3**
新闻和出版业	1675	117.7	66.4	2.9
广播、电视、电影和影视录音制作业	9270	1437.5	517.6	12.6
文化艺术业	28322	1092.6	349.9	21.1
体育	8966	867.8	193.9	13.6
娱乐业	103904	2001.3	1093.9	78.0

注：不含铁路运输业、金融业、房地产开发经营

4-33 规模以上交通运输、

行　业	固定资产原价(亿元)	本年折旧(亿元)	资产总计(亿元)	负债合计(亿元)	所有者权益合计(亿元)	营业收入(亿元)	营业成本(亿元)
总　计	**64644.3**	**3187.7**	**117441.7**	**63705.4**	**53736.3**	**40434.6**	**34202.7**
铁路运输业	17479.7	579.7	24766.7	7499.1	17267.6	4598.3	3966.9
道路运输业	20965.1	1243.5	41411.0	25285.1	16125.8	11585.8	9485.1
城市公共交通运输	5140.7	269.3	13312.0	7626.4	5685.6	1527.8	1770.4
公路旅客运输	1634.0	161.7	2508.4	1589.9	918.5	1456.3	1135.9
道路货物运输	2621.8	312.1	5073.9	2993.0	2080.9	6802.7	5650.3
道路运输辅助活动	11568.7	500.4	20516.7	13075.8	7440.8	1799.1	928.5
水上运输业	9579.3	469.7	17344.0	9729.1	7614.9	4837.4	3944.7
水上旅客运输	191.6	12.3	223.0	104.2	118.8	93.0	70.6
水上货物运输	4268.3	209.4	6523.0	4027.3	2495.7	2673.9	2462.4
水上运输辅助活动	5119.4	248.0	10598.1	5597.7	5000.4	2070.5	1411.7
航空运输业	9073.2	475.5	12290.1	7552.0	4738.1	4653.1	3989.1
航空客货运输	6500.2	340.9	8234.7	5999.7	2235.0	4029.2	3530.7
通用航空服务	62.5	3.2	80.1	35.4	44.8	26.1	19.9
航空运输辅助活动	2510.6	131.4	3975.3	1517.0	2458.3	597.8	438.5
管道运输业	2632.7	103.0	3413.0	635.9	2777.1	797.4	507.0
管道运输业	2632.7	103.0	3413.0	635.9	2777.1	797.4	507.0
装卸搬运和运输代理业	1643.7	99.4	5665.5	3361.2	2304.3	6711.2	5938.1
装卸搬运	939.5	46.2	1584.6	684.6	900.0	470.4	333.6
运输代理业	704.2	53.3	4080.9	2676.6	1404.3	6240.8	5604.5
仓储业	2116.2	130.6	10469.4	8490.7	1978.6	5316.4	4789.3
谷物、棉花等农产品仓储	653.5	39.2	6563.1	6014.8	548.3	2851.2	2671.1
其他仓储业	1462.6	91.3	3906.3	2476.0	1430.3	2465.2	2118.2
邮政业	1154.3	86.4	2082.0	1152.2	929.8	1935.0	1582.5
邮政基本服务	1002.6	69.4	1412.9	738.3	674.6	1193.3	1039.3
快递服务	151.8	17.0	669.0	413.9	255.2	741.8	543.2

仓储和邮政业企业法人单位主要指标

营业税金及附加(亿元)	销售费用、管理费用、财务费用合计(亿元)	投资收益(亿元)	营业利润(亿元)	利润总额(亿元)	应交所得税(亿元)	应付职工薪酬(亿元)	应交增值税(亿元)	从业人员(万人)
558.9	**5000.7**	**411.1**	**1236.1**	**2199.9**	**564.5**	**5527.6**	**296.0**	**760.4**
127.0	739.5	57.4	-193.4	-138.5	49.7	870.1	8.5	87.8
243.0	1719.8	92.0	316.3	914.5	208.7	2039.3	187.6	392.6
33.8	327.3	-8.6	-598.0	-81.2	15.5	876.7	24.5	153.6
25.6	248.4	16.7	74.6	113.6	24.0	305.3	22.4	71.4
124.2	566.5	19.3	487.9	480.0	75.9	679.8	136.3	137.1
59.4	577.6	64.7	351.7	402.2	93.3	177.4	4.3	30.5
52.5	598.3	142.7	411.7	467.8	105.7	568.9	53.8	51.4
1.8	16.4	0.7	4.1	11.5	3.3	19.5	1.0	2.8
22.5	245.1	44.3	0.6	7.2	22.3	250.8	23.3	25.0
28.3	336.7	97.7	407.0	449.2	80.1	298.7	29.4	23.6
37.2	558.8	46.1	126.3	230.4	55.9	699.0	29.2	40.8
23.8	432.9	26.8	66.4	157.1	33.1	518.2	20.0	25.1
0.3	3.7	0.1	2.6	3.7	0.8	7.7	0.4	0.7
13.1	122.2	19.2	57.4	69.7	22.1	173.2	8.8	15.0
10.1	47.0	3.6	235.9	248.7	43.5	36.6	28.2	2.9
10.1	47.0	3.6	235.9	248.7	43.5	36.6	28.2	2.9
34.5	534.1	50.8	256.8	264.9	53.1	404.2	57.4	58.9
10.7	74.9	8.8	62.2	62.9	12.9	111.9	8.7	21.3
23.8	459.2	42.0	194.6	202.1	40.2	292.3	48.7	37.6
23.2	484.7	15.1	53.4	176.2	31.4	168.3	-79.4	29.2
5.9	240.2	2.4	-51.7	57.9	3.8	46.3	-112.9	9.2
17.2	244.5	12.7	105.1	118.2	27.5	122.0	33.5	20.0
31.5	318.6	3.3	29.1	35.9	16.5	741.3	10.8	97.0
13.0	175.2	2.8	-12.0	-9.9	2.3	533.4	3.8	63.8
18.5	143.4	0.6	41.1	45.7	14.2	207.9	7.0	33.2

4-34 规模以上信息传输、软件和

行业	固定资产原价(亿元)	本年折旧(亿元)	资产总计(亿元)	负债合计(亿元)	所有者权益合计(亿元)	营业收入(亿元)	营业成本(亿元)
总计	**38714.9**	**3259.1**	**56730.8**	**20748.3**	**35982.5**	**26416.5**	**14309.3**
电信、广播电视和卫星传输服务	36431.5	3017.4	41878.2	13653.6	28224.6	15764.7	8133.1
电信	34992.0	2868.1	39545.9	12572.8	26973.1	15059.2	7686.7
广播电视传输服务	1309.4	138.8	2144.9	1002.4	1142.5	663.9	416.7
卫星传输服务	130.1	10.5	187.3	78.4	108.9	41.6	29.6
互联网和相关服务	726.8	83.3	3202.3	1559.3	1643.0	2150.0	932.1
互联网接入及相关服务	149.9	14.3	233.2	137.1	96.1	115.7	73.8
互联网信息服务	564.4	67.8	2927.0	1400.3	1526.7	1986.1	829.4
其他互联网服务	12.4	1.2	42.1	21.9	20.2	48.2	28.8
软件和信息技术服务业	1556.6	158.4	11650.3	5535.4	6114.9	8501.8	5244.2
软件开发	1072.4	110.5	7911.7	3614.0	4297.7	5489.7	3148.0
信息系统集成服务	212.9	19.7	1798.0	870.7	927.4	1397.4	975.1
信息技术咨询服务	81.1	7.4	581.7	269.0	312.7	431.8	279.4
数据处理和存储服务	58.3	6.1	295.1	178.0	117.1	151.6	88.9
集成电路设计	52.8	5.6	369.3	176.0	193.3	309.3	208.8
其他信息技术服务业	79.1	9.1	694.4	427.7	266.7	721.9	544.0

4-35 规模以上物业管理和房地产

行业	固定资产原价(亿元)	本年折旧(亿元)	资产总计(亿元)	负债合计(亿元)	所有者权益合计(亿元)	营业收入(亿元)	营业成本(亿元)
总计	**1252.7**	**72.0**	**4736.9**	**3331.7**	**1405.1**	**2384.4**	**1448.7**
物业管理	1148.5	62.9	3910.9	2693.7	1217.1	1987.7	1279.7
房地产中介服务	104.2	9.1	826.0	638.0	188.0	396.7	169.0

信息技术服务业企业法人单位主要指标

营业税金及附加（亿元）	销售费用、管理费用、财务费用合计（亿元）	投资收益（亿元）	营业利润（亿元）	利润总额（亿元）	应交所得税（亿元）	应付职工薪酬（亿元）	应交增值税（亿元）	从业人员（万人）
595.6	**7257.1**	**1517.2**	**5741.6**	**5985.7**	**718.8**	**3691.3**	**375.3**	**318.7**
481.5	4335.7	1411.9	4188.3	4202.5	530.8	1533.1	24.9	153.8
465.5	4164.6	1409.0	4098.9	4093.6	527.4	1388.7	12.7	136.8
15.3	165.4	2.6	83.9	102.5	2.8	139.5	11.8	16.7
0.7	5.8	0.3	5.6	6.4	0.6	4.9	0.4	0.3
36.3	549.5	26.3	655.3	684.9	52.3	296.7	63.7	22.4
3.0	28.5	12.7	23.0	21.2	0.9	19.5	0.4	2.7
32.4	504.8	13.4	630.1	661.2	51.0	269.6	62.4	18.9
1.0	16.2	0.1	2.1	2.6	0.4	7.5	0.9	0.8
77.8	2371.9	79.0	898.0	1098.3	135.7	1861.5	286.7	142.5
51.1	1716.5	55.7	648.4	800.8	93.2	1306.1	213.9	100.0
13.5	290.6	9.5	127.6	149.9	21.8	248.7	37.3	17.8
4.0	129.9	6.8	28.8	36.1	4.9	105.8	10.4	8.7
1.8	43.5	1.7	15.8	19.7	2.6	42.1	3.9	4.4
1.4	72.3	1.3	24.2	29.2	3.2	49.1	5.1	3.4
6.0	119.2	3.9	53.1	62.6	10.0	109.7	16.1	8.1

中介服务企业法人单位主要指标

营业税金及附加（亿元）	销售费用、管理费用、财务费用合计（亿元）	投资收益（亿元）	营业利润（亿元）	利润总额（亿元）	应交所得税（亿元）	应付职工薪酬（亿元）	应交增值税（亿元）	从业人员（万人）
125.0	**719.3**	**16.9**	**123.1**	**146.6**	**40.7**	**904.0**	**6.2**	**215.8**
104.5	541.4	10.5	88.8	110.3	31.7	731.6	4.5	192.0
20.4	177.9	6.4	34.4	36.3	9.0	172.3	1.8	23.7

4-36 规模以上租赁和商务

行业	固定资产原价(亿元)	本年折旧(亿元)	资产总计(亿元)	负债合计(亿元)	所有者权益合计(亿元)	营业收入(亿元)	营业成本(亿元)
总计	**19759.2**	**1026.1**	**230899.3**	**113068.8**	**117830.5**	**28858.5**	**21581.2**
租赁业	665.1	68.2	3369.3	2485.4	883.9	623.1	337.9
机械设备租赁	650.3	67.0	3341.0	2467.5	873.5	607.8	327.9
文化及日用品出租	14.9	1.2	28.3	17.9	10.4	15.3	10.0
商务服务业	19094.0	957.9	227530.0	110583.4	116946.6	28235.4	21243.3
企业管理服务	15336.2	713.4	208132.3	99660.7	108471.5	15081.7	11470.7
法律服务	21.7	2.1	122.4	79.0	43.4	200.3	75.6
咨询与调查	417.7	39.0	4160.5	2467.8	1692.7	1980.6	1048.5
广告业	291.6	26.9	2212.2	1354.7	857.5	2902.3	2307.2
知识产权服务	15.6	1.5	127.0	66.1	60.9	87.9	39.8
人力资源服务	80.7	5.6	529.4	358.8	170.6	2444.4	2276.1
旅行社及相关服务	476.6	24.6	1424.1	940.2	483.9	2475.4	2257.7
安全保护服务	108.5	12.0	262.5	119.1	143.4	449.7	285.7
其他商务服务业	2345.3	132.9	10559.7	5537.0	5022.7	2613.2	1482.0

4-37 规模以上科学研究和技术

行业	固定资产原价(万元)	本年折旧(万元)	资产总计(万元)	负债合计(万元)	所有者权益合计(万元)	营业收入(万元)	营业成本(万元)
总计	**45041339.0**	**3436339.4**	**250771536.9**	**147705361.7**	**103066174.7**	**137542386.2**	**102613693.1**
研究和试验发展	6051196.0	494101.6	39872695.7	22913050.1	16959645.0	12291237.8	8406824.2
自然科学研究和试验发展	693295.2	49839.8	4336402.2	2619383.1	1717019.1	870150.4	627567.0
工程和技术研究和试验发展	4175961.7	327638.1	30459114.5	17817920.1	12641193.8	9395551.7	6546762.2
农业科学研究和试验发展	305418.1	35240.7	1237293.7	610960.3	626333.4	467481.5	298843.9
医学研究和试验发展	875169.3	81279.8	3830617.2	1860391.0	1970226.2	1544568.5	929756.4
社会人文科学研究	1351.7	103.2	9268.1	4395.6	4872.5	13485.7	3894.7
专业技术服务业	31753724.7	2420656.8	169317069.3	101078860.0	68238209.4	103515644.2	77571530.4
气象服务	42534.5	3451.0	161431.4	62702.8	98728.6	86719.2	40670.8
地震服务	2062.1	312.5	10909.2	5698.1	5211.1	14179.5	9489.8
海洋服务	30760.7	5381.1	161884.8	87137.1	74747.7	129164.9	94638.6
测绘服务	264079.3	26128.1	1043660.4	454696.4	588964.0	787694.1	497481.9
质检技术服务	2522933.0	245915.5	6249259.1	2826132.5	3423126.6	5203839.3	2973189.2
环境与生态监测	164636.3	24139.9	939767.1	497285.8	442481.3	351560.6	220028.9
地质勘查	10957832.6	744206.1	18567732.0	9883966.9	8683765.6	8682595.9	7026950.0
工程技术	13440746.9	1007605.1	118311551.3	73250638.0	45060912.9	68408457.5	51204894.6
其他专业技术服务业	4328139.3	363517.5	23870874.0	14010602.4	9860271.6	19851433.2	15504186.6
科技推广和应用服务业	7236418.3	521581.0	41581771.9	23713451.6	17868320.3	21735504.2	16635338.5
技术推广服务	5182013.9	387613.0	29970959.7	16516466.4	13454493.3	16468003.5	12401305.1
科技中介服务	1363994.9	84990.0	7341696.0	4595239.0	2746457.0	1586772.6	1095045.1
其他科技推广和应用服务业	690409.5	48978.0	4269116.2	2601746.2	1667370.0	3680728.1	3138988.3

服务业企业法人单位主要指标

营业税金及附加（亿元）	销售费用、管理费用、财务费用合计（亿元）	投资收益（亿元）	营业利润（亿元）	利润总额（亿元）	应交所得税（亿元）	应付职工薪酬（亿元）	应交增值税（亿元）	从业人员（万人）
467.2	**6292.8**	**5528.6**	**5790.6**	**6591.1**	**614.7**	**3434.0**	**275.6**	**426.2**
12.7	173.4	4.2	92.9	93.1	21.6	61.2	24.4	10.3
12.3	169.2	4.2	92.3	91.9	21.3	59.0	24.2	9.9
0.4	4.2	0.0	0.7	1.2	0.3	2.2	0.1	0.3
454.5	6119.4	5524.4	5697.6	6498.1	593.1	3372.7	251.2	415.9
257.1	3760.0	5257.8	4651.2	5342.6	367.7	1242.6	121.5	105.8
3.0	61.7	0.1	58.4	58.4	13.9	41.6	8.9	4.7
32.9	726.1	97.6	217.8	263.1	49.7	553.0	52.0	43.3
36.6	388.4	16.5	183.8	191.0	39.3	199.9	36.3	18.1
1.2	33.0	0.3	13.9	14.7	3.3	25.1	2.3	2.0
19.9	120.2	5.2	34.4	46.6	11.8	647.5	4.5	89.2
15.0	184.3	16.0	32.0	37.5	7.0	95.0	1.6	18.3
10.9	122.9	1.0	25.9	26.1	6.3	284.9	0.6	91.7
78.1	722.9	129.8	480.4	518.0	94.1	283.3	23.5	42.9

服务业企业法人单位主要指标

营业税金及附加（万元）	销售费用、管理费用、财务费用合计（万元）	投资收益（万元）	营业利润（万元）	利润总额（万元）	应交所得税（万元）	应付职工薪酬（万元）	应交增值税（万元）	从业人员（人）
2132857.1	**21369206.4**	**3823343.8**	**15452448.7**	**16342895.3**	**2462502.6**	**23584802.6**	**2651242.1**	**2166529**
96984.2	2864219.3	774344.9	1683681.9	1970985.9	237703.8	2414302.8	244132.3	182236
6094.8	375047.4	84753.4	-58177.3	4051.8	13171.1	206112.2	20152.6	14169
73272.8	1933560.5	657061.8	1500698.5	1677755.2	183983.0	1771854.9	193298.0	121582
8140.1	104268.3	4771.0	58401.3	75168.3	8656.0	66449.8	4191.1	16640
9051.5	442642.7	27814.7	182353.8	213213.7	31771.9	366013.3	26426.6	29385
425.0	8700.4	-56.0	405.6	796.9	121.8	3872.6	64.0	460
1775239.3	15365301.1	2577005.9	11691680.5	12230345.6	1901093.2	18750380.3	2033170.9	1671689
2306.9	21710.4	3123.5	22594.6	24120.9	5081.5	10672.9	3164.8	1431
182.1	2558.9		2046.0	2046.0	508.2	2892.7	154.0	340
1590.5	19040.6	477.7	15288.6	15637.1	3278.9	27473.6	7836.4	1897
22751.2	179502.0	6373.2	92065.5	94577.1	17348.4	177855.5	14570.9	24430
74993.5	1488206.4	63057.9	774039.9	821666.4	169769.6	1217756.1	126107.6	136753
6534.4	68449.4	1754.6	56574.7	57909.4	8365.2	49159.9	5773.3	6464
166399.1	765506.2	147116.9	963877.7	1089818.2	231611.5	1608084.6	176688.5	115285
1269580.1	10135226.7	1957114.4	7913609.8	8176543.7	1189268.7	13032824.5	1368299.1	1162531
230901.5	2685100.5	397987.7	1851583.7	1948026.8	275861.2	2623660.5	330576.3	222558
260633.6	3139686.0	471993.0	2077086.3	2141563.8	323705.6	2420119.5	373938.9	312604
198299.2	2508650.0	416222.2	1690699.4	1773647.9	248249.8	1966659.6	303536.0	271172
43876.1	269974.3	40100.8	204144.1	173311.4	32706.8	184784.2	18694.8	16806
18458.3	361061.7	15670.0	182242.8	194604.5	42749.0	268675.7	51708.1	24626

4-38 规模以上水利、环境和

行业	固定资产原价（万元）	本年折旧（万元）	资产总计（万元）	负债合计（万元）	所有者权益合计（万元）	营业收入（万元）	营业成本（万元）
总计	**36690174.8**	**2071057.0**	**145861901.4**	**80663042.5**	**65198858.2**	**20956053.4**	**14727862.2**
水利管理业	4218010.7	147147.8	12873991.6	4096200.2	8777791.3	860767.3	616195.6
防洪除涝设施管理	126955.1	5367.3	2544961.3	763520.8	1781440.4	96222.7	72469.7
水资源管理	977781.2	41227.0	3287219.0	1407521.3	1879697.7	247726.3	145210.3
天然水收集与分配	2725262.8	82608.4	3187359.9	1019893.8	2167466.1	253051.7	203966.7
水文服务	6148.0	371.4	16472.2	10164.2	6308.0	21212.2	14299.5
其他水利管理业	381863.6	17573.7	3837979.2	895100.1	2942879.1	242554.4	180249.4
生态保护和环境治理业	3317347.7	267719.9	8349963.2	4469269.2	3880694.0	2819536.2	1912488.5
生态保护	590331.4	23630.9	977662.1	771686.2	205975.9	303905.8	113934.0
环境治理业	2727016.3	244089.0	7372301.1	3697583.0	3674718.1	2515630.4	1798554.5
公共设施管理业	29154816.4	1656189.3	124637946.6	72097573.1	52540372.9	17275749.9	12199178.1
市政设施管理	13961356.2	668489.8	67110391.5	40538221.6	26572169.1	4661390.7	3897795.6
环境卫生管理	1050178.6	85134.9	1840705.2	915530.7	925174.5	1076666.6	848837.1
城乡市容管理	21776.1	1885.2	166114.2	96425.1	69689.1	149081.3	104543.2
绿化管理	1198652.7	113716.0	12790290.9	7903174.1	4887116.8	6068706.1	4953520.7
公园和游览景区管理	12922852.8	786963.4	42730444.8	22644221.6	20086223.4	5319905.2	2394481.5

4-39 规模以上居民服务、修理和

行业	固定资产原价（万元）	本年折旧（万元）	资产总计（万元）	负债合计（万元）	所有者权益合计（万元）	营业收入（万元）	营业成本（万元）
总计	**5199465.6**	**379635.1**	**17730607.8**	**9901300.9**	**7829307.0**	**11045732.5**	**7258402.9**
居民服务业	2692591.1	196379.8	5986142.0	4050283.8	1935858.2	3483128.0	1819603.5
家庭服务	25373.4	2270.7	131245.9	77744.1	53501.8	163976.7	96212.7
托儿所服务	1978.5	116.6	2248.5	1638.5	610.0	2597.9	1567.5
洗染服务	73133.4	5909.4	163041.8	136312.8	26729.0	124626.4	66284.2
理发及美容服务	105158.0	11213.5	502870.9	377440.5	125430.4	393701.5	159902.9
洗浴服务	1295972.2	92003.5	1623714.7	1149035.5	474679.2	854024.5	385836.5
保健服务	40290.8	4283.2	92037.2	63134.0	28903.2	145542.7	73061.6
婚姻服务	18191.9	2413.9	49237.6	21442.7	27794.9	73013.3	39977.4
殡葬服务	802094.8	57003.9	2504382.2	1590496.2	913886.0	1097174.2	553154.8
其他居民服务业	330398.1	21165.1	917363.2	633039.5	284323.7	628470.8	443605.9
机动车、电子产品和日用产品修理业	912138.3	82625.3	3089629.0	1921360.4	1168268.6	4022785.2	3053654.4
汽车、摩托车修理与维护	811450.6	70067.9	2357004.3	1452366.5	904637.8	2844994.2	2207087.6
计算机和办公设备维修	59987.1	8268.7	383594.5	271689.8	111904.7	505911.5	307846.0
家用电器修理	21891.4	2289.5	258978.4	148847.6	110130.8	452568.4	343603.7
其他日用产品修理业	18809.2	1999.2	90051.8	48456.5	41595.3	219311.1	195117.1
其他服务业	1594736.2	100630.0	8654836.8	3929656.7	4725180.2	3539819.3	2385145.0
清洁服务	396083.8	33063.0	1206227.6	647651.7	558575.9	1518483.0	1055632.8
其他未列明服务业	1198652.4	67567.0	7448609.2	3282005.0	4166604.3	2021336.3	1329512.2

公共设施管理业企业法人单位主要指标

营业税金及附加(万元)	销售费用、管理费用、财务费用合计(万元)	投资收益(万元)	营业利润(万元)	利润总额(万元)	应交所得税(万元)	应付职工薪酬(万元)	应交增值税(万元)	从业人员(人)
668016.3	**4043552.8**	**236785.5**	**1912516.2**	**2434579.3**	**400332.2**	**2691379.6**	**103107.2**	**544221**
18266.8	260790.3	16004.5	-1591.6	61572.5	17101.1	163939.4	30750.5	27614
1892.5	23296.6	138.7	-912.5	780.5	520.8	22572.9	864.4	2535
4337.0	60063.5	4815.9	14206.2	46164.0	7225.4	38715.8	23442.5	5449
5856.3	71784.8	5657.8	-22790.5	-13969.0	5501.0	59511.9	3666.4	9769
767.0	3983.9	37.5	1682.7	1766.5	192.9	2558.8	204.8	571
5414.0	101661.5	5354.6	6222.5	26830.5	3661.0	40580.0	2572.4	9290
42374.9	478505.7	29964.8	421525.8	443436.2	71282.5	294153.3	16947.3	40888
8785.8	117158.4	122.9	64143.9	64967.7	14284.1	49660.0	580.5	10571
33589.1	361347.3	29841.9	357381.9	378468.5	56998.4	244493.3	16366.8	30317
607374.6	3304256.8	190816.2	1492582.0	1929570.6	311948.6	2233286.9	55409.4	475719
172873.4	512752.1	65300.9	257005.0	495435.5	61881.1	350228.1	18895.8	44592
20486.0	249562.0	3289.9	-51900.6	17645.1	10090.1	480668.9	4913.8	117211
4043.8	11930.5	87.1	27358.7	27076.9	6526.3	24703.3	4950.4	7743
199069.4	555328.1	32755.8	411497.2	438697.7	80469.2	512929.6	9685.3	108537
210902.0	1974684.1	89382.5	848621.7	950715.4	152981.9	864757.0	16964.1	197636

其他服务业企业法人单位主要指标

营业税金及附加(万元)	销售费用、管理费用、财务费用合计(万元)	投资收益(万元)	营业利润(万元)	利润总额(万元)	应交所得税(万元)	应付职工薪酬(万元)	应交增值税(万元)	从业人员(人)
296012.9	**2812386.5**	**54188.5**	**720971.4**	**739031.3**	**165336.8**	**2648830.4**	**192675.9**	**675910**
120360.8	1223755.6	4198.2	309818.2	282403.1	66759.3	895521.5	19259.0	204637
6572.0	55773.0	51.6	3479.4	6779.7	1852.8	85168.9	583.9	33491
1.0	925.9	5.0	104.5	20.8	0.5	1148.7	0.2	349
5785.2	54035.7	21.1	1116.5	1001.6	1167.5	39641.5	1094.5	9438
15243.2	190852.0	1148.7	14249.4	12314.9	5658.6	115216.9	5511.6	19461
44580.2	390607.3	161.7	32163.7	3900.4	7703.3	253309.4	2527.7	52155
8808.8	56051.3	275.0	6729.0	7438.5	2023.4	60070.2	224.0	13481
3206.2	17090.7	16.7	13540.6	12933.8	2078.0	9101.5	2969.3	2141
18151.0	325505.5	1360.1	202105.1	200884.7	38955.2	143996.8	1600.3	25410
18013.2	132914.2	1158.3	36330.0	37128.7	7320.0	187867.6	4747.5	48711
55011.8	733361.7	9038.4	186373.6	195925.8	44757.7	527091.2	111460.2	105396
38732.2	468627.1	9417.3	135587.5	144023.6	33361.9	329271.6	77771.2	67520
8087.2	161981.5	33.3	27909.1	28698.7	5177.0	109505.1	15739.7	23433
6515.8	86753.8	-400.9	14551.2	14916.8	4038.0	72917.3	14021.9	11875
1676.6	15999.3	-11.3	8325.8	8286.7	2180.8	15397.2	3927.4	2568
120640.3	855269.2	40951.9	224779.6	260702.4	53819.8	1226217.7	61956.7	365877
72970.3	358909.3	1260.0	30904.1	53169.2	12991.5	763867.8	5294.7	251960
47670.0	496359.9	39691.9	193875.5	207533.2	40828.3	462349.9	56662.0	113917

4-40 规模以上教育企业

行　业	固定资产原　价(万元)	本年折旧(万元)	资产总计(万元)	负债合计(万元)	所有者权益合计(万元)	营业收入(万元)	营业成本(万元)
总　计	**8450030.5**	**640647.4**	**13314458.7**	**7183761.6**	**6130697.1**	**6989647.7**	**3948814.2**
学前教育	227776.6	16413.4	301056.0	142301.7	158754.3	227194.9	149670.9
初等教育	491814.2	31501.7	694257.6	359925.7	334331.9	406127.9	272636.4
中等教育	2425895.0	141000.9	3152336.8	1476847.7	1675489.1	1273785.8	836397.8
高等教育	2130816.2	143747.1	2868453.3	1377983.0	1490470.3	736975.2	359152.5
特殊教育	2344.6	307.1	7249.3	2811.8	4437.5	16732.9	10225.8
技能培训、教育辅助及其他教育	3171383.9	307677.3	6291105.7	3823891.7	2467214.0	4328831.0	2320730.8

4-41 规模以上卫生和社会

行　业	固定资产原　价(万元)	本年折旧(万元)	资产总计(万元)	负债合计(万元)	所有者权益合计(万元)	营业收入(万元)	营业成本(万元)
总　计	**10246773.8**	**948443.6**	**16222410.3**	**10084386.9**	**6138023.4**	**12764926.7**	**9283497.3**
卫生	10058981.1	938367.4	15771751.8	9879225.8	5892526.0	12685286.9	9244495.0
医院	9480019.5	885914.6	14572149.3	9260687.8	5311461.5	11329453.6	8380210.2
社区医疗与卫生院	173640.1	14025.2	258264.3	114280.8	143983.5	250713.2	192223.9
门诊部(所)	205301.8	19833.7	498406.7	313000.9	185405.8	595993.4	339988.6
计划生育技术服务活动	421.3	40.5	1700.3	284.2	1416.1	1075.4	655.2
妇幼保健院(所、站)	40133.5	2650.0	88825.4	34982.9	53842.5	82394.4	51219.9
专科疾病防治院(所、站)	22822.5	1843.7	29526.9	10177.6	19349.3	37546.1	23673.7
疾病预防控制中心	15332.5	1179.0	28471.1	17065.5	11405.6	25317.8	18089.2
其他卫生活动	121309.9	12880.7	294407.8	128746.1	165661.7	362793.0	238434.3
社会工作	187792.7	10076.2	450658.5	205161.1	245497.4	79639.8	39002.3
提供住宿社会工作	182229.1	10004.9	416443.3	177004.9	239438.4	67190.1	28433.9
不提供住宿社会工作	5563.6	71.3	34215.2	28156.2	6059.0	12449.7	10568.4

法人单位主要指标

营业税金及附加(万元)	销售费用、管理费用、财务费用合计(万元)	投资收益(万元)	营业利润(万元)	利润总额(万元)	应交所得税(万元)	应付职工薪酬(万元)	应交增值税(万元)	从业人员(人)
173044.4	**2276018.6**	**27558.1**	**656416.8**	**662718.1**	**110013.4**	**2170453.6**	**28909.5**	**424214**
4417.9	76215.1	196.4	25656.2	23436.4	2359.0	89104.9	458.8	25405
3746.2	116485.5	525.4	18087.0	18857.7	4987.5	177831.5	632.5	42246
10430.9	342318.5	7339.4	99870.8	98323.2	11264.4	551554.6	3756.5	110984
5150.9	293421.3	678.9	103150.4	114428.2	3385.4	214620.1	1363.7	30371
314.6	3929.7		2259.4	1985.8	115.6	2398.0		973
148983.9	1443648.5	18818.0	407393.0	405686.8	87901.5	1134944.5	22698.0	214235

工作企业法人单位主要指标

营业税金及附加(万元)	销售费用、管理费用、财务费用合计(万元)	投资收益(万元)	营业利润(万元)	利润总额(万元)	应交所得税(万元)	应付职工薪酬(万元)	应交增值税(万元)	从业人员(人)
55091.3	**3025509.2**	**-11773.7**	**540786.4**	**518151.6**	**105487.1**	**3162871.6**	**21739.1**	**558913**
53522.2	2992600.9	-11986.3	533310.4	508309.2	104044.7	3140733.4	21696.7	552803
46135.9	2620076.6	-14584.1	400669.8	383992.1	76767.3	2811909.3	8573.4	497896
3018.6	34033.2	1124.7	24149.2	20238.4	2479.0	62178.1	978.4	14100
731.2	199841.9	954.8	62594.0	58645.1	15241.5	143201.6	373.6	20688
21.5	357.7		40.9	39.5	13.7	371.3	14.8	113
69.4	15882.2	1.4	16141.3	16306.1	3235.0	21480.3	23.5	4006
556.5	12295.1	89.0	2658.7	2108.0	486.4	9697.6	90.4	1764
198.6	7251.9		-1094.2	-1094.3	313.6	8779.9	302.6	1166
2790.5	102862.3	427.9	28150.7	28074.3	5508.2	83115.3	11340.0	13070
1569.1	32908.3	212.6	7476.0	9842.4	1442.4	22138.2	42.4	6110
1531.1	31375.4	212.4	7169.5	9542.1	1442.4	16663.2	41.9	4537
38.0	1532.9	0.2	306.5	300.3		5475.0	0.5	1573

4-42 规模以上文化、体育和

行业	固定资产原价(万元)	本年折旧(万元)	资产总计(万元)	负债合计(万元)	所有者权益合计(万元)	营业收入(万元)	营业成本(万元)
总计	**21554587.7**	**1475686.1**	**87196721.9**	**43256141.2**	**43940580.7**	**27848206.7**	**17183629.8**
新闻和出版业	6375666.6	322923.6	31116056.6	11553102.9	19562953.7	12075844.9	7654776.2
新闻业	264837.4	16419.2	1304281.8	642441.5	661840.3	311584.5	219629.4
出版业	6110829.2	306504.4	29811774.8	10910661.4	18901113.4	11764260.4	7435146.8
广播、电视、电影和音像业	4745225.6	349047.0	27878368.0	12756146.8	15122221.2	8830040.7	5709899.9
广播	176521.8	4051.5	407181.7	144905.9	262275.8	253664.1	189984.5
电视	2119348.9	146045.6	9834196.8	3094877.1	6739319.7	3435030.6	2189007.2
电影和影视节目制作	1022720.6	62575.3	7504159.4	2846796.8	4657362.6	2033721.6	1318686.8
电影和影视节目发行	583762.4	39780.3	7804165.1	5236933.3	2567231.8	1527505.6	1225014.7
电影放映	820171.7	94337.3	2202109.4	1362757.9	839351.5	1475382.9	707391.9
录音制作	22700.2	2257.0	126555.6	69875.8	56679.8	104735.9	79814.8
文化艺术业	1860435.5	120889.5	9390149.9	5961541.6	3428608.3	2716522.3	1726429.0
文艺创作与表演	818819.3	50037.3	5125987.3	3294929.3	1831058.0	1538872.7	1024759.1
艺术表演场馆	191272.3	14726.4	510358.0	246511.8	263846.2	194526.0	89117.0
图书馆与档案馆	10040.3	83.2	15296.7	8890.3	6406.4	2954.9	997.2
文物及非物质文化遗产保护	103218.2	7287.3	1387704.1	855056.9	532647.2	43752.6	18977.2
博物馆	124182.2	2275.6	329206.8	180609.0	148597.8	56887.6	10438.5
烈士陵园、纪念馆	31129.6	4333.6	63889.1	27689.7	36199.4	16190.1	4447.8
群众文化活动	151081.3	9958.8	435594.7	241597.8	193996.9	171593.7	114542.8
其他文化艺术业	430692.3	32187.3	1522113.2	1106256.8	415856.4	691744.7	463149.4
体育	3861821.3	194778.1	7753093.5	6010705.2	1742388.3	1607221.3	798222.4
体育组织	273048.5	10654.3	687239.5	505054.7	182184.8	307507.9	253826.9
体育场馆	227227.8	11766.1	1043052.1	716654.8	326397.3	164538.8	74262.4
休闲健身活动	3307326.1	170098.3	5753674.8	4621753.6	1131921.2	1027704.0	387753.7
其他体育	54218.9	2259.4	269127.1	167242.1	101885.0	107470.6	82379.4
娱乐业	4711438.7	488047.9	11059053.9	6974644.7	4084409.2	2618577.5	1294302.3
室内娱乐活动	681861.9	58512.0	1334965.9	902380.7	432585.2	926144.8	421022.4
游乐园	3255532.6	375039.2	7338206.9	4609165.4	2729041.5	1183575.3	608481.1
彩票活动	2977.9	361.8	12246.8	3309.9	8936.9	16636.0	9579.1
文化、娱乐、体育经纪代理	193159.6	8909.6	775571.4	330976.2	444595.2	254349.5	155828.0
其他娱乐业	577906.7	45225.3	1598062.9	1128812.5	469250.4	237871.9	99391.7

娱乐业企业法人单位主要指标

营业税金及附加(万元)	销售费用、管理费用、财务费用合计(万元)	投资收益(万元)	营业利润(万元)	利润总额(万元)	应交所得税(万元)	应付职工薪酬(万元)	应交增值税(万元)	从业人员(人)
705081.0	**7981019.3**	**1090721.9**	**2959428.6**	**4012849.6**	**473453.1**	**4671619.5**	**606016.5**	**562346**
182188.2	3371458.2	333382.3	1111535.1	1708885.3	102600.5	2387613.9	382578.0	209722
10706.0	90143.6	13462.7	5831.5	19138.9	5321.8	67045.2	3869.6	12630
171482.2	3281314.6	319919.6	1105703.6	1689746.4	97278.7	2320568.7	378708.4	197092
154074.9	2086753.8	614855.9	1605030.0	1912681.8	209768.7	972990.1	175571.6	104148
6154.7	57432.5	996.2	432.8	26119.1	264.2	63229.8	10021.0	4906
52226.5	680047.1	201212.5	701229.6	743429.0	37046.7	416627.3	70057.0	38663
26318.3	411469.3	176337.8	443028.4	509126.0	90203.2	186906.4	40972.0	20133
6118.3	324728.5	221388.0	321626.2	466742.6	45218.0	136977.2	22432.2	8343
61845.1	587895.1	11705.1	135455.9	161538.8	36459.4	154797.2	31333.4	30736
1412.0	25181.3	3216.3	3257.1	5726.3	577.2	14452.2	756.0	1367
131237.3	572627.1	70225.1	215015.6	300095.7	67329.1	316067.7	17702.4	51400
62540.8	296031.6	66461.2	79249.0	135449.8	28834.8	188231.7	9059.0	29503
9606.4	78469.6	1749.6	18965.9	36808.5	8716.0	39824.4	574.0	7187
90.8	1778.7		88.2	88.2	38.5	913.8	75.9	229
2137.6	19028.8	38.2	2923.7	3524.7	1174.7	8368.7	43.1	2157
2080.6	34807.7	15.8	7510.9	10591.4	4973.8	9249.4	114.1	1810
339.8	5260.4	382.8	6076.5	6975.3	1042.4	1579.7	0.4	673
4504.5	35540.8	446.0	16324.0	18157.3	1605.6	15957.6	1268.0	3073
49936.8	101709.5	1131.5	83877.4	88500.5	20943.3	51942.4	6567.9	6768
99638.4	942595.8	13179.2	-211781.8	-159026.2	19937.2	484374.7	13118.7	81567
8289.8	128800.1	115.9	-86101.5	-55508.4	2522.6	131948.7	6844.7	3685
8329.4	91542.8	1718.6	-5998.8	3293.0	1524.2	43135.5	231.3	5817
78724.3	693072.9	9864.6	-119068.1	-107723.3	15054.8	287855.7	2017.4	70029
4294.9	29180.0	1480.1	-613.4	912.5	835.6	21434.8	4025.3	2036
137942.2	1007584.4	59079.4	239629.7	250213.0	73817.6	510573.1	17045.8	115509
62049.3	365542.5	-1025.6	78625.6	64795.5	15608.8	185092.0	4303.8	49493
54678.0	456303.8	6455.9	68303.0	81761.0	33465.5	236408.5	9178.7	48740
892.5	2817.2		3347.2	3344.5	869.9	4946.7	23.2	368
8162.2	75554.4	37938.1	51019.9	60832.4	13159.3	32786.8	2274.1	4315
12160.2	107366.5	15711.0	38334.0	39479.6	10714.1	51339.1	1266.0	12593

第5篇

行政事业、社团及其他单位财务状况

国有联营企业	集体联营企业	国有与集体联营企业	其他联营企业	有限责任公司	国有独资公司	其他有限责任公司	股份有限公司	私营企业	私营独资企业	代码
62	**228**	**39**	**227**	**30391**	**405**	**29986**	**2732**	**130160**	**60069**	H
46	129	22	79	12285	275	12010	1313	42516	18686	61
21	33	6	18	5135	156	4979	585	10395	2986	611
17	74	13	49	5842	105	5737	607	27946	13767	612
8	22	3	12	1308	14	1294	121	4175	1933	619
16	99	17	148	18106	130	17976	1419	87644	41383	62
14	82	12	103	14248	111	14137	1122	67974	32483	621
1	9	1	16	1147	10	1137	122	6298	2826	622
			7	822	2	820	46	4385	1867	623
1	8	4	22	1889	7	1882	129	8987	4207	629
45	**56**	**27**	**307**	**50143**	**343**	**49800**	**3007**	**143082**	**12318**	I
29	16	10	30	2186	167	2019	501	4560	1027	63
22	12	5	26	1465	90	1375	346	3742	846	631
6	4	5	4	630	75	555	142	688	163	632
1				91	2	89	13	130	18	633
4	4	5	47	5057	30	5027	411	17134	3685	64
	1	1	14	800	1	799	60	2195	346	641
3	2	4	29	3291	24	3267	288	11953	2686	642
1	1		4	966	5	961	63	2986	653	649
12	36	12	230	42900	146	42754	2095	121388	7606	65
3	10	3	148	25198	64	25134	1213	72224	3620	651
1	4	1	10	3677	13	3664	207	10834	606	652
5	17	3	43	8650	39	8611	372	22765	2072	653
		1	4	589	3	586	45	1906	145	654
1		1	6	463	2	461	28	1555	101	655
2	5	3	19	4323	25	4298	230	12104	1062	659
65	**123**	**48**	**322**	**88674**	**1802**	**86872**	**6955**	**154334**	**20563**	K
65	123	48	322	88674	1802	86872	6955	154334	20563	70
12	21	19	40	37523	953	36570	3485	47419	2962	701
38	66	20	183	33003	548	32455	2244	56614	7134	702
7	22	6	82	14667	79	14588	951	44677	9775	703
8	14	3	17	3481	222	3259	275	5624	692	709
174	**516**	**126**	**1149**	**187062**	**5346**	**181716**	**11427**	**501291**	**61202**	L
9	15	5	66	11396	69	11327	710	34849	7435	71
7	13	5	64	10967	63	10904	686	33423	7114	711
2	2		2	429	6	423	24	1426	321	712
165	501	121	1083	175666	5277	170389	10717	466442	53767	72
56	163	46	183	41214	3737	37477	2560	76501	5762	721
2	8	2	22	768	7	761	85	6137	1312	722
23	58	16	267	44218	259	43959	2146	136435	12396	723
12	25	11	239	34308	205	34103	1935	105163	14067	724
1			8	1238	8	1230	72	5142	506	725
12	33	7	63	10020	96	9924	627	28442	4780	726
20	27	10	72	9298	255	9043	1020	19446	2807	727
3	16	2	13	2126	121	2005	186	4134	602	728
36	171	27	216	32476	589	31887	2086	85042	11535	729

2-09 续表 8

行业中类	代码	法人单位数(个)	内资企业	国有企业	集体企业	股份合作企业	联营企业
科学研究和技术服务业	M	**320732**	**314731**	**7745**	**3801**	**2827**	**832**
研究和试验发展	73	32654	31224	617	365	596	89
自然科学研究和试验发展	731	2633	2532	58	15	34	1
工程和技术研究和试验发展	732	18995	18235	345	171	204	56
农业科学研究和试验发展	733	3821	3749	117	73	43	13
医学研究和试验发展	734	6758	6270	81	98	292	16
社会人文科学研究	735	447	438	16	8	23	3
专业技术服务业	74	173014	170049	5852	2282	1475	499
气象服务	741	764	763	282	72	6	7
地震服务	742	133	131	23	2	1	
海洋服务	743	289	276	18	7	2	1
测绘服务	744	4892	4883	387	190	49	18
质检技术服务	745	11876	11610	949	455	152	70
环境与生态监测	746	2580	2557	99	38	26	11
地质勘查	747	3637	3586	394	57	34	15
工程技术	748	76706	75643	2894	824	490	209
其他专业技术服务业	749	72137	70600	806	637	715	168
科技推广和应用服务业	75	115064	113458	1276	1154	756	244
技术推广服务	751	97229	95919	945	964	625	192
科技中介服务	752	6364	6227	189	84	72	18
其他科技推广和应用服务业	759	11471	11312	142	106	59	34
水利、环境和公共设施管理业	N	**42402**	**41884**	**2216**	**1231**	**284**	**149**
水利管理业	76	3756	3723	598	261	24	35
防洪除涝设施管理	761	385	384	59	24	1	4
水资源管理	762	981	974	175	70	6	14
天然水收集与分配	763	519	513	113	60	4	4
水文服务	764	241	237	28	14	3	3
其他水利管理业	769	1630	1615	223	93	10	10
生态保护和环境治理业	77	5633	5477	276	77	43	24
生态保护	771	1033	1025	69	11	8	5
环境治理业	772	4600	4452	207	66	35	19
公共设施管理业	78	33013	32684	1342	893	217	90
市政设施管理	781	3717	3643	352	163	20	10
环境卫生管理	782	3035	3018	213	142	18	7
城乡市容管理	783	821	818	34	26	7	4
绿化管理	784	16657	16605	300	207	100	41
公园和游览景区管理	785	8783	8600	443	355	72	28
居民服务、修理和其他服务业	O	**169687**	**168630**	**1829**	**3508**	**2257**	**528**
居民服务业	79	62662	62165	629	1342	891	212
家庭服务	791	10557	10531	35	99	87	23
托儿所服务	792	223	222	3	1		
洗染服务	793	3123	3095	16	34	45	8
理发及美容服务	794	15783	15556	28	104	350	28
洗浴服务	795	6767	6707	42	157	106	18
保健服务	796	6531	6488	12	18	99	8

5-2　信息传输、软件和信息技术服务业行政事业及非企业业法人单位分地区主要指标

地　区	单位数(个)	年末资产(亿元)	非企业单位支出(费用)(亿元)	从业人员(人)
全　国	**6663**	**861.4**	**298.9**	**124112**
北　京	157	173.4	47.4	6653
天　津	100	8.6	3.6	1602
河　北	97	6.2	2.9	2772
山　西	135	9.6	5.4	4515
内蒙古	170	13.7	4.0	3798
辽　宁	430	16.8	11.9	6079
吉　林	160	24.0	18.4	3506
黑龙江	128	2.6	2.7	3208
上　海	76	19.1	5.2	1384
江　苏	452	49.7	17.4	8597
浙　江	345	69.1	19.2	7148
安　徽	162	10.0	4.7	3235
福　建	296	22.9	4.8	3537
江　西	235	28.3	18.3	3920
山　东	172	19.5	4.7	2637
河　南	427	11.3	7.6	8585
湖　北	591	40.9	10.6	8610
湖　南	409	26.0	6.2	6071
广　东	422	87.1	29.5	10824
广　西	400	6.0	3.6	2968
海　南	25	4.3	1.3	623
重　庆	96	7.5	3.3	1839
四　川	500	107.0	38.0	8873
贵　州	67	58.4	11.0	1467
云　南	187	4.7	3.7	2112
西　藏	46	5.3	1.9	1339
陕　西	115	8.1	4.6	3053
甘　肃	73	1.7	0.6	1041
青　海	34	1.1	0.9	570
宁　夏	19	4.2	1.1	810
新　疆	137	14.0	4.5	2736

5-3 租赁和商务服务业行政事业及非企业法人单位分地区主要指标

地 区	单位数(个)	年末资产(亿元)	非企业单位支出(费用)(亿元)	从业人员(人)
全 国	**101852**	**9272.2**	**1824.4**	**1129915**
北 京	5741	1000.8	205.3	77730
天 津	690	99.2	27.6	13168
河 北	2088	158.4	24.3	26148
山 西	1778	447.8	30.8	28567
内蒙古	1199	54.5	23.3	21053
辽 宁	3000	104.6	56.9	34167
吉 林	953	74.5	10.8	11837
黑龙江	1211	29.5	17.7	14110
上 海	1230	409.1	40.1	41712
江 苏	5690	1146.3	135.3	64760
浙 江	10793	1220.6	156.4	87092
安 徽	1518	220.3	40.7	17720
福 建	2771	127.3	39.5	26643
江 西	1865	101.4	34.7	27930
山 东	5725	777.1	112.5	71246
河 南	3048	165.5	29.3	35028
湖 北	2942	193.1	52.3	34712
湖 南	2301	294.2	43.1	36031
广 东	33358	1874.8	507.0	312870
广 西	2417	45.2	18.9	24562
海 南	230	10.5	4.6	3174
重 庆	1025	22.8	32.9	11906
四 川	5446	310.4	75.3	42090
贵 州	501	31.5	12.5	6632
云 南	1321	133.8	32.6	15894
西 藏	49	2.9	0.8	1163
陕 西	1070	101.4	21.7	15052
甘 肃	519	19.6	5.3	6220
青 海	242	18.4	4.5	3884
宁 夏	231	4.7	3.8	3171
新 疆	900	72.0	23.6	13643

5-4　科学研究和技术服务业行政事业及非企业法人单位分地区主要指标

地　区	单位数(个)	年末资产(亿元)	非企业单位支出(费用)(亿元)	从业人员(人)
全　国	**110480**	**12006.8**	**4611.2**	**2070670**
北　京	1459	2044.2	712.4	104325
天　津	1125	371.1	82.6	26904
河　北	4336	313.6	99.2	77691
山　西	2878	143.5	93.8	55076
内蒙古	2408	114.4	93.3	51459
辽　宁	5373	270.1	149.1	91461
吉　林	1745	205.3	53.6	39106
黑龙江	1715	96.4	59.8	41793
上　海	682	473.9	165.9	34704
江　苏	7314	515.2	261.2	129084
浙　江	3392	1344.6	250.7	60236
安　徽	2736	288.5	139.7	54751
福　建	3116	383.7	80.0	41714
江　西	3022	103.8	70.6	67208
山　东	14605	462.8	239.7	222956
河　南	7766	247.4	134.0	159049
湖　北	7416	322.6	159.4	113323
湖　南	4334	175.8	107.1	90418
广　东	3831	763.0	371.3	89062
广　西	5795	131.6	80.2	63174
海　南	333	95.1	27.9	9058
重　庆	2023	148.7	72.0	33504
四　川	10321	326.1	205.0	133152
贵　州	1229	152.5	225.9	30436
云　南	3490	333.4	156.1	59845
西　藏	216	20.2	16.9	5866
陕　西	3361	626.3	84.4	73283
甘　肃	1651	579.1	95.1	42441
青　海	551	65.0	41.8	14966
宁　夏	397	67.5	18.7	9860
新　疆	1860	821.5	263.9	44765

5-5 水利、环境和公共设施管理业行政事业及非企业法人单位分地区主要指标

地区	单位数(个)	年末资产(亿元)	非企业单位支出(费用)(亿元)	从业人员(人)
全国	**39148**	**7879.5**	**3699.2**	**1688935**
北京	708	353.6	167.5	60355
天津	508	210.8	126.4	30140
河北	1072	517.9	84.7	71237
山西	1390	192.2	63.8	66285
内蒙古	1104	205.2	1074.2	57619
辽宁	1986	206.5	122.3	95466
吉林	861	139.2	91.6	45182
黑龙江	1074	95.1	54.7	54828
上海	525	295.4	146.6	21890
江苏	2898	896.7	220.4	104138
浙江	1507	646.1	188.3	71779
安徽	1103	253.9	78.5	47971
福建	1263	167.9	64.5	39294
江西	1421	98.8	52.2	42780
山东	1197	295.6	108.5	63713
河南	2115	537.2	93.0	102198
湖北	2990	284.7	119.7	97975
湖南	2506	154.5	88.8	90383
广东	2309	903.1	216.3	104267
广西	2026	92.4	47.0	71082
海南	176	14.9	14.9	15456
重庆	668	90.5	48.1	25838
四川	2402	340.9	119.7	87061
贵州	577	35.3	28.9	26075
云南	1310	227.2	59.8	34784
西藏	51	2.6	1.6	1005
陕西	1420	157.0	54.9	61755
甘肃	773	143.2	27.2	34411
青海	297	16.2	10.3	8242
宁夏	196	41.8	33.9	15857
新疆	715	263.0	90.8	39869

5-6　居民服务、修理和其他服务业行政事业及非企业业法人单位分地区主要指标

地　区	单位数(个)	年末资产(亿元)	非企业单位支出(费用)(亿元)	从业人员(人)
全　国	**15636**	**709.2**	**313.2**	**248235**
北　京	342	78.3	26.7	9034
天　津	333	120.5	18.3	7178
河　北	871	21.1	9.5	12560
山　西	288	5.3	7.6	6696
内蒙古	255	9.5	4.8	4214
辽　宁	877	19.7	12.6	10129
吉　林	321	9.7	5.1	5485
黑龙江	401	18.6	14.7	8020
上　海	541	14.4	8.8	20704
江　苏	1963	74.4	32.7	17947
浙　江	1006	70.4	17.8	12683
安　徽	369	18.1	9.5	6178
福　建	401	12.1	6.4	4714
江　西	424	12.4	4.8	6188
山　东	1060	28.2	20.0	13066
河　南	740	17.6	10.3	13266
湖　北	1116	23.8	16.6	16921
湖　南	530	18.4	9.0	7880
广　东	1345	63.3	34.5	24436
广　西	161	4.3	2.6	2118
海　南	41	1.3	0.5	595
重　庆	326	9.2	7.4	5524
四　川	802	19.4	9.4	12541
贵　州	141	6.1	2.6	2771
云　南	220	8.1	3.7	4213
西　藏	16	0.3	0.5	632
陕　西	267	6.0	3.4	4569
甘　肃	144	4.5	1.6	2279
青　海	34	2.1	0.3	344
宁　夏	70	2.3	0.9	704
新　疆	231	9.9	10.6	4646

5-7 教育行政事业及非企业法人单位分地区主要指标

地 区	单位数(个)	年末资产(亿元)	非企业单位支出(费用)(亿元)	从业人员(人)
全 国	**359612**	**51010.0**	**23643.0**	**17956441**
北 京	5278	3349.7	1455.8	450821
天 津	2929	752.9	450.9	181508
河 北	18695	1445.8	687.9	854156
山 西	9320	879.5	487.2	571153
内蒙古	5509	1831.0	890.5	366681
辽 宁	10792	1527.1	726.1	527961
吉 林	4880	1001.8	395.6	325567
黑龙江	6837	1052.9	459.2	436545
上 海	4856	1958.4	868.8	321963
江 苏	14227	3935.8	1959.6	1017230
浙 江	17408	2666.0	1319.4	818742
安 徽	12478	1715.8	917.5	709705
福 建	11900	1434.4	670.1	550788
江 西	12097	1219.5	530.0	551812
山 东	21422	3370.3	1511.2	1206294
河 南	36947	2172.8	1014.2	1254099
湖 北	15173	1825.3	918.3	723730
湖 南	18708	2132.3	807.9	819766
广 东	30255	4903.7	2066.9	1455477
广 西	17145	1123.7	528.2	632618
海 南	2755	498.7	180.2	144338
重 庆	8511	1370.8	672.1	420445
四 川	21538	2631.6	1175.2	989409
贵 州	8783	734.9	483.9	474959
云 南	8947	1285.7	633.7	579907
西 藏	763	99.5	46.2	33204
陕 西	13840	1766.5	781.2	616443
甘 肃	8707	733.5	290.6	381570
青 海	1544	110.0	75.8	76580
宁 夏	1666	271.4	113.6	97239
新 疆	5702	1208.8	525.4	365731

5-8　卫生和社会工作行政事业及非企业法人单位分地区主要指标

地　区	单位数 (个)	年末资产 (亿元)	非企业单位 支出(费用) (亿元)	从业人员 (人)
全　国	**219328**	**29099.2**	**23768.2**	**8075507**
北　京	1886	1162.4	1239.8	229986
天　津	1031	409.3	379.8	91575
河　北	8780	1007.2	709.1	374568
山　西	4565	387.9	311.8	199453
内蒙古	4193	599.5	366.5	156201
辽　宁	10217	685.1	586.4	267135
吉　林	3023	529.8	424.1	160875
黑龙江	4870	624.6	407.8	215813
上　海	2143	1301.7	2285.5	202790
江　苏	12523	1894.2	1643.3	487024
浙　江	5863	1517.9	1397.2	414473
安　徽	7931	901.5	692.3	317069
福　建	6337	987.2	517.4	191303
江　西	9271	601.3	405.5	236683
山　东	16736	1877.4	1415.2	637473
河　南	30020	2210.0	947.6	551522
湖　北	9873	1075.5	754.5	365973
湖　南	14791	921.5	721.0	390188
广　东	8093	1941.3	1796.9	581351
广　西	4972	1032.5	534.5	281920
海　南	924	136.8	101.4	54628
重　庆	4614	636.3	540.8	177364
四　川	16379	1374.3	963.5	467444
贵　州	3177	548.6	310.0	154908
云　南	4529	1005.0	463.8	222229
西　藏	293	160.0	102.8	10752
陕　西	14139	535.7	434.2	263210
甘　肃	3611	1380.4	199.8	133668
青　海	942	117.8	84.7	38371
宁　夏	787	125.5	89.0	37482
新　疆	2815	1410.8	2941.8	162076

5-9 文化、体育和娱乐业行政事业及非企业法人单位分地区主要指标

地 区	单位数(个)	年末资产(亿元)	非企业单位支出(费用)(亿元)	从业人员(人)
全 国	**57203**	**6888.5**	**2409.2**	**1144391**
北 京	1320	1629.7	608.8	73743
天 津	559	98.4	52.0	15588
河 北	1831	143.0	61.4	45702
山 西	1894	64.6	46.4	38087
内蒙古	1350	121.6	43.4	34949
辽 宁	2159	122.4	79.5	41427
吉 林	1077	70.9	31.7	25725
黑龙江	1279	72.4	41.3	25175
上 海	981	221.0	72.4	21203
江 苏	3948	668.2	145.9	65283
浙 江	2709	316.5	115.7	56591
安 徽	1745	139.0	65.0	29956
福 建	2322	118.8	49.5	33281
江 西	1523	92.9	31.0	28150
山 东	2688	380.0	133.7	69552
河 南	6122	257.6	101.3	102579
湖 北	3143	149.3	62.4	42760
湖 南	3068	116.8	65.1	58185
广 东	3031	445.5	136.3	69681
广 西	1975	95.2	42.6	26465
海 南	276	21.3	14.5	9077
重 庆	1355	62.2	40.0	17846
四 川	3742	189.3	84.0	59457
贵 州	740	630.9	86.4	12850
云 南	1752	108.9	43.2	27092
西 藏	188	45.2	8.4	4991
陕 西	1641	143.5	48.7	37277
甘 肃	1111	70.4	27.1	29771
青 海	337	22.2	10.4	9351
宁 夏	293	29.2	11.8	8472
新 疆	1044	241.6	49.2	24125

5-10　公共管理、社会保障和社会组织行政事业及非企业业法人单位分地区主要指标

地　区	单位数（个）	年末资产（亿元）	非企业单位支出(费用)（亿元）	从业人员（人）
全　国	**1512022**	**102865.8**	**58913.5**	**26932193**
北　京	16760	7050.5	3633.1	510351
天　津	9966	2047.8	762.3	246904
河　北	81754	4874.6	1865.3	1349981
山　西	57579	2044.1	1263.4	950404
内蒙古	34783	2214.6	2029.4	799165
辽　宁	42172	2695.0	2518.1	769907
吉　林	27408	1658.2	1195.2	532806
黑龙江	35125	1349.3	1077.1	725559
上　海	12594	2940.6	1236.5	287909
江　苏	65933	7919.2	4531.9	1233646
浙　江	78601	6609.1	3422.3	1168707
安　徽	47291	2485.4	2256.9	852779
福　建	57810	5948.0	1661.9	905501
江　西	55105	1740.7	1255.7	906377
山　东	127792	7754.4	4075.1	2037469
河　南	93835	2411.5	2223.1	1715955
湖　北	64982	4389.3	1694.4	989802
湖　南	89450	2598.9	1813.3	1410007
广　东	67520	8131.8	5462.4	1990742
广　西	49338	3274.8	1065.1	716991
海　南	7254	638.1	602.8	180087
重　庆	27202	1602.0	1676.1	497441
四　川	108192	6192.5	2858.4	1534560
贵　州	36093	1946.5	1504.2	708586
云　南	44854	3898.0	2156.6	869863
西　藏	11741	384.1	321.9	205806
陕　西	54873	3715.1	1311.5	904697
甘　肃	44424	1298.3	837.7	750041
青　海	12148	464.1	651.8	238685
宁　夏	11308	948.5	436.5	180383
新　疆	38135	1640.7	1513.7	761082

第6篇

企业信息化和电子商务交易情况

6-1　分行业企业使用计算机情况

行　业	企业数(个)	使用计算机的企业		期末在用计算机数(台)	每百人拥有计算机数(台)
		数量(个)	比重(%)		
总　计	**853705**	**848699**	**99.4**	**36530303**	**20.0**
采矿业	**16606**	**16399**	**98.8**	**1123957**	**14.0**
煤炭开采和洗选业	7224	7128	98.7	588868	11.4
石油和天然气开采业	143	143	100.0	279170	36.0
黑色金属矿采选业	3432	3377	98.4	61793	8.8
有色金属矿采选业	2032	2016	99.2	50755	9.3
非金属矿采选业	3578	3540	98.9	35641	6.7
开采辅助活动	180	179	99.4	107509	33.2
其他采矿业	17	16	94.1	221	8.4
制造业	**335108**	**333635**	**99.6**	**14438134**	**17.0**
农副食品加工业	23301	23183	99.5	385182	9.3
食品制造业	7668	7637	99.6	277552	13.9
酒、饮料和精制茶制造业	5793	5757	99.4	210863	13.4
烟草制品业	129	129	100.0	62140	31.5
纺织业	20543	20446	99.5	391539	8.1
纺织服装、服饰业	15183	15103	99.5	484408	10.7
皮革、毛皮、羽毛及其制品和制鞋业	8224	8204	99.8	228766	7.7
木材加工和木、竹、藤、棕、草制品业	8561	8496	99.2	94280	6.9
家具制造业	4923	4895	99.4	142707	12.4
造纸和纸制品业	6818	6783	99.5	169597	12.2
印刷和记录媒介复制业	5003	4988	99.7	157373	17.1
文教、工美、体育和娱乐用品制造业	7915	7887	99.6	242002	10.9
石油加工、炼焦和核燃料加工业	1985	1968	99.1	212194	22.9
化学原料和化学制品制造业	24393	24278	99.5	827264	17.0
医药制造业	6736	6724	99.8	450521	21.7
化学纤维制造业	1960	1928	98.4	56003	11.7
橡胶和塑料制品业	17338	17274	99.6	438454	13.2
非金属矿物制品业	31312	31137	99.4	571304	10.2
黑色金属冶炼和压延加工业	10594	10518	99.3	528997	12.9
有色金属冶炼和压延加工业	7104	7073	99.6	263694	13.0
金属制品业	19681	19606	99.6	528413	14.8
通用设备制造业	23603	23522	99.7	1026891	21.8
专用设备制造业	16446	16401	99.7	867020	24.8
汽车制造业	12309	12280	99.8	1020912	24.4
铁路、船舶、航空航天和其他运输设备制造业	4707	4686	99.6	316784	20.3
电气机械和器材制造业	22214	22137	99.7	1307839	21.1
计算机、通信和其他电子设备制造业	13290	13244	99.7	2746151	31.5
仪器仪表制造业	4012	4001	99.7	328285	32.6
其他制造业	1619	1615	99.8	48222	13.6
废弃资源综合利用业	1326	1320	99.5	18201	10.3
金属制品、机械和设备修理业	418	415	99.3	34576	21.6
电力、热力、燃气及水生产和供应业	**8427**	**8411**	**99.8**	**1776050**	**51.0**
电力、热力生产和供应业	5938	5928	99.8	1587820	55.7
燃气生产和供应业	1125	1121	99.6	83189	35.0
水的生产和供应业	1364	1362	99.9	105041	26.6
建筑业	**88655**	**88199**	**99.5**	**3334861**	**6.9**
房屋建筑业	37260	37113	99.6	1510112	4.4
土木工程建筑业	17136	17053	99.5	1046300	13.1
建筑安装业	13922	13859	99.5	416072	16.4
建筑装饰和其他建筑业	20337	20174	99.2	362377	10.8

6-1 续表

行　　业	企业数(个)	使用计算机的企业		期末在用计算机数(台)	每百人拥有计算机数(台)
		数量(个)	比重(%)		
批发和零售业	**169402**	**168522**	**99.5**	**4310019**	**38.4**
批发业	90199	89712	99.5	2237666	46.8
零售业	79203	78810	99.5	2072353	32.2
交通运输、仓储和邮政业	**30804**	**30647**	**99.5**	**1601025**	**24.2**
铁路运输业	131	130	99.2	12969	26.1
道路运输业	17658	17571	99.5	540460	14.0
水上运输业	2352	2341	99.5	124095	24.4
航空运输业	237	237	100.0	180085	45.9
管道运输业	59	59	100.0	14648	49.7
装卸搬运和运输代理业	5911	5880	99.5	259303	44.2
仓储业	3600	3573	99.3	98126	34.1
邮政业	856	856	100.0	371339	41.8
住宿和餐饮业	**43809**	**43420**	**99.1**	**832888**	**18.5**
住宿业	17936	17885	99.7	541703	26.1
餐饮业	25873	25535	98.7	291185	12.0
信息传输、软件和信息技术服务业	**11087**	**11037**	**99.5**	**3606397**	**115.0**
电信、广播电视和卫星传输服务	2291	2274	99.3	1641062	107.0
互联网和相关服务	856	852	99.5	263582	123.4
软件和信息技术服务业	7940	7911	99.6	1701753	122.5
房地产业	**90825**	**89739**	**98.8**	**1711321**	**37.5**
房地产业	90825	89739	98.8	1711321	37.5
租赁和商务服务业	**25659**	**25506**	**99.4**	**1410417**	**34.2**
租赁业	963	960	99.7	26933	27.0
商务服务业	24696	24546	99.4	1383484	34.4
科学研究和技术服务业	**15649**	**15590**	**99.6**	**1445810**	**69.1**
研究和试验发展	1260	1256	99.7	155346	88.9
专业技术服务业	10299	10271	99.7	1149921	70.8
科技推广和应用服务业	4090	4063	99.3	140543	47.8
水利、环境和公共设施管理业	**3595**	**3574**	**99.4**	**100114**	**18.9**
水利管理业	238	237	99.6	8419	34.4
生态保护和环境治理业	392	391	99.7	14465	36.2
公共设施管理业	2965	2946	99.4	77230	16.6
居民服务、修理和其他服务业	**4132**	**4098**	**99.2**	**87812**	**13.3**
居民服务业	1625	1612	99.2	30985	15.5
机动车、电子产品和日用产品修理业	1229	1220	99.3	35729	34.1
其他服务业	1278	1266	99.1	21098	5.9
教育	**2739**	**2735**	**99.9**	**245636**	**76.0**
教育	2739	2735	99.9	245636	76.0
卫生和社会工作	**2946**	**2943**	**99.9**	**200423**	**42.4**
卫生	2909	2906	99.9	199774	42.6
社会工作	37	37	100.0	649	18.3
文化、体育和娱乐业	**4262**	**4244**	**99.6**	**305439**	**59.7**
新闻和出版业	999	994	99.5	162935	88.6
广播、电视、电影和影视录音制作业	1083	1076	99.4	63931	67.4
文化艺术业	520	519	99.8	18577	38.6
体育	539	539	100.0	18125	22.7
娱乐业	1121	1116	99.6	41871	40.0

6-2　分地区企业使用计算机情况

地　区	企业数(个)	使用计算机的企业		期末在用计算机数(台)	每百人拥有计算机数(台)
		数量(个)	比重(%)		
全　国	**853705**	**848699**	**99.4**	**36530303**	**20.0**
北　京	34519	34175	99.0	3162341	57.1
天　津	17163	16933	98.7	795258	27.4
河　北	25366	25220	99.4	932566	15.8
山　西	13224	13106	99.1	551072	15.8
内蒙古	10439	10358	99.2	396768	17.2
辽　宁	38190	37763	98.9	1172900	15.7
吉　林	11326	11236	99.2	421497	17.3
黑龙江	11528	11368	98.6	447855	19.4
上　海	34336	34067	99.2	2693628	40.9
江　苏	104560	104013	99.5	3911073	17.5
浙　江	75466	75256	99.7	2958685	18.0
安　徽	31709	31542	99.5	985907	16.4
福　建	33637	33453	99.5	1261514	15.2
江　西	15259	15184	99.5	509018	12.2
山　东	80685	80420	99.7	2253930	15.0
河　南	42405	42282	99.7	1173632	11.6
湖　北	36376	36180	99.5	1230455	18.1
湖　南	28679	28419	99.1	904501	15.8
广　东	88121	87574	99.4	5611448	26.1
广　西	13054	12977	99.4	503282	16.7
海　南	2735	2723	99.6	146446	33.6
重　庆	18389	18332	99.7	760575	16.7
四　川	31129	30998	99.6	1386034	17.9
贵　州	9683	9586	99.0	335967	19.6
云　南	13314	13252	99.5	531742	21.3
西　藏	487	474	97.3	17159	22.5
陕　西	13102	13033	99.5	639118	19.7
甘　肃	6840	6817	99.7	246424	15.9
青　海	1755	1750	99.7	93675	22.9
宁　夏	2935	2931	99.9	128788	19.5
新　疆	7294	7277	99.8	367045	19.9

6-3 分行业企业

行业	企业数(个)	使用信息化管理的企业数		财务管理		购销存管理	
		数量(个)	比重(%)	数量(个)	占使用信息化管理企业比重(%)	数量(个)	占使用信息化管理企业比重(%)
总　计	**853705**	**805907**	**94.4**	**710954**	**88.2**	**364752**	**45.3**
采矿业	**16606**	**15216**	**91.6**	**13765**	**90.5**	**5970**	**39.2**
煤炭开采和洗选业	7224	6728	93.1	6113	90.9	2847	42.3
石油和天然气开采业	143	139	97.2	134	96.4	72	51.8
黑色金属矿采选业	3432	3041	88.6	2749	90.4	1010	33.2
有色金属矿采选业	2032	1896	93.3	1691	89.2	715	37.7
非金属矿采选业	3578	3237	90.5	2917	90.1	1246	38.5
开采辅助活动	180	159	88.3	149	93.7	74	46.5
其他采矿业	17	16	94.1	12	75.0	6	37.5
制造业	**335108**	**316543**	**94.5**	**284585**	**89.9**	**177135**	**56.0**
农副食品加工业	23301	21847	93.8	19523	89.4	11919	54.6
食品制造业	7668	7313	95.4	6586	90.1	4416	60.4
酒、饮料和精制茶制造业	5793	5475	94.5	4917	89.8	3186	58.2
烟草制品业	129	126	97.7	125	99.2	93	73.8
纺织业	20543	19362	94.3	17470	90.2	9244	47.7
纺织服装、服饰业	15183	14378	94.7	12582	87.5	7056	49.1
皮革、毛皮、羽毛及其制品和制鞋业	8224	7728	94.0	6665	86.2	3684	47.7
木材加工和木、竹、藤、棕、草制品业	8561	7859	91.8	6910	87.9	3530	44.9
家具制造业	4923	4650	94.5	4093	88.0	2654	57.1
造纸和纸制品业	6818	6391	93.7	5693	89.1	3679	57.6
印刷和记录媒介复制业	5003	4733	94.6	4170	88.1	2678	56.6
文教、工美、体育和娱乐用品制造业	7915	7484	94.6	6558	87.6	3958	52.9
石油加工、炼焦和核燃料加工业	1985	1892	95.3	1774	93.8	1023	54.1
化学原料和化学制品制造业	24393	23118	94.8	20985	90.8	12991	56.2
医药制造业	6736	6492	96.4	6041	93.1	4363	67.2
化学纤维制造业	1960	1825	93.1	1659	90.9	998	54.7
橡胶和塑料制品业	17338	16292	94.0	14462	88.8	9050	55.5
非金属矿物制品业	31312	29201	93.3	26183	89.7	14380	49.2
黑色金属冶炼和压延加工业	10594	9806	92.6	8855	90.3	4958	50.6
有色金属冶炼和压延加工业	7104	6665	93.8	6119	91.8	3483	52.3
金属制品业	19681	18441	93.7	16356	88.7	10017	54.3
通用设备制造业	23603	22456	95.1	20277	90.3	13036	58.1
专用设备制造业	16446	15698	95.5	14318	91.2	9265	59.0
汽车制造业	12309	11843	96.2	10905	92.1	7765	65.6
铁路、船舶、航空航天和其他运输设备制造业	4707	4484	95.3	4037	90.0	2661	59.3
电气机械和器材制造业	22214	21215	95.5	19221	90.6	13633	64.3
计算机、通信和其他电子设备制造业	13290	12792	96.3	11753	91.9	9240	72.2
仪器仪表制造业	4012	3882	96.8	3571	92.0	2673	68.9
其他制造业	1619	1482	91.5	1314	88.7	780	52.6
废弃资源综合利用业	1326	1218	91.9	1094	89.8	522	42.9
金属制品、机械和设备修理业	418	395	94.5	369	93.4	200	50.6
电力、热力、燃气及水生产和供应业	**8427**	**8218**	**97.5**	**7782**	**94.7**	**4101**	**49.9**
电力、热力生产和供应业	5938	5807	97.8	5498	94.7	2804	48.3
燃气生产和供应业	1125	1088	96.7	1041	95.7	666	61.2
水的生产和供应业	1364	1323	97.0	1243	94.0	631	47.7
建筑业	**88655**	**85551**	**96.5**	**72529**	**84.8**	**18966**	**22.2**
房屋建筑业	37260	36234	97.2	30787	85.0	7054	19.5
土木工程建筑业	17136	16630	97.0	14575	87.6	3670	22.1
建筑安装业	13922	13341	95.8	11366	85.2	4153	31.1
建筑装饰和其他建筑业	20337	19346	95.1	15801	81.7	4089	21.1

信息化管理情况

生产制造管理		物流配送管理		客户关系管理		人力资源管理		其他	
数量（个）	占使用信息化管理企业比重（%）	数量（个）	占使用信息化管理企业比重（%）	数量（个）	占使用信息化管理企业比重（%）	数量（个）	占使用信息化管理企业比重（%）	数量（个）	占使用信息化管理企业比重（%）
169089	**21.0**	**94937**	**11.8**	**272686**	**33.8**	**293986**	**36.5**	**212440**	**26.4**
3497	**23.0**	**1069**	**7.0**	**3074**	**20.2**	**4593**	**30.2**	**3828**	**25.2**
1735	25.8	475	7.1	1239	18.4	2217	33.0	1809	26.9
55	39.6	21	15.1	29	20.9	88	63.3	32	23.0
542	17.8	171	5.6	533	17.5	698	23.0	626	20.6
443	23.4	98	5.2	391	20.6	628	33.1	526	27.7
690	21.3	291	9.0	854	26.4	878	27.1	785	24.3
31	19.5	12	7.5	25	15.7	81	50.9	44	27.7
1	6.3	1	6.3	3	18.8	3	18.8	6	37.5
125147	**39.5**	**49764**	**15.7**	**113208**	**35.8**	**118888**	**37.6**	**66465**	**21.0**
7092	32.5	3491	16.0	7689	35.2	6763	31.0	5032	23.0
2784	38.1	1776	24.3	2840	38.8	2885	39.5	1577	21.6
2066	37.7	1284	23.5	2228	40.7	2277	41.6	1356	24.8
87	69.0	50	39.7	33	26.2	101	80.2	26	20.6
6216	32.1	1888	9.8	6462	33.4	5905	30.5	3874	20.0
5485	38.1	1725	12.0	4997	34.8	5466	38.0	2852	19.8
2739	35.4	964	12.5	2850	36.9	3032	39.2	1651	21.4
2037	25.9	847	10.8	2491	31.7	2151	27.4	1892	24.1
1747	37.6	740	15.9	1684	36.2	1849	39.8	957	20.6
2647	41.4	1186	18.6	2260	35.4	2305	36.1	1300	20.3
2152	45.5	816	17.2	1798	38.0	1854	39.2	967	20.4
2804	37.5	981	13.1	2967	39.6	2855	38.1	1585	21.2
688	36.4	302	16.0	570	30.1	823	43.5	375	19.8
8580	37.1	3837	16.6	8402	36.3	8625	37.3	5205	22.5
2843	43.8	1557	24.0	2573	39.6	2942	45.3	1376	21.2
603	33.0	187	10.2	609	33.4	564	30.9	332	18.2
6035	37.0	2455	15.1	5979	36.7	5949	36.5	3416	21.0
11283	38.6	3834	13.1	8651	29.6	9554	32.7	6418	22.0
3150	32.1	1102	11.2	2969	30.3	3067	31.3	2048	20.9
2244	33.7	776	11.6	2201	33.0	2440	36.6	1431	21.5
7028	38.1	2480	13.4	6497	35.2	6703	36.3	3815	20.7
9692	43.2	3563	15.9	8383	37.3	8573	38.2	4613	20.5
6711	42.8	2264	14.4	5728	36.5	6231	39.7	3237	20.6
5882	49.7	3151	26.6	4460	37.7	5059	42.7	2222	18.8
1879	41.9	751	16.7	1567	34.9	1866	41.6	892	19.9
9952	46.9	3827	18.0	8317	39.2	9085	42.8	4190	19.8
7727	60.4	2848	22.3	5428	42.4	7063	55.2	2379	18.6
2029	52.3	752	19.4	1609	41.4	1805	46.5	743	19.1
517	34.9	174	11.7	549	37.0	534	36.0	326	22.0
306	25.1	93	7.6	305	25.0	372	30.5	281	23.1
142	35.9	63	15.9	112	28.4	190	48.1	97	24.6
3675	**44.7**	**1069**	**13.0**	**2436**	**29.6**	**5031**	**61.2**	**2241**	**27.3**
2835	48.8	930	16.0	1551	26.7	3772	65.0	1624	28.0
292	26.8	93	8.5	448		609	56.0	260	23.9
548	41.4	46	3.5	437	33.0	650	49.1	357	27.0
12439	**14.5**	**2880**	**3.4**	**22355**	**26.1**	**34324**	**40.1**	**33468**	**39.1**
5512	15.2	1071	3.0	9020	24.9	15077	41.6	14829	40.9
2571	15.5	578	3.5	4023	24.2	7535	45.3	6593	39.6
1871	14.0	602	4.5	3824	28.7	5196	38.9	4723	35.4
2485	12.8	629	3.3	5488	28.4	6516	33.7	7323	37.9

6-3 续表

行业	企业数(个)	使用信息化管理的企业数		财务管理		购销存管理	
		数量(个)	比重(%)	数量(个)	占使用信息化管理企业比重(%)	数量(个)	占使用信息化管理企业比重(%)
批发和零售业	**169402**	**156266**	**92.2**	**135468**	**86.7**	**95782**	**61.3**
批发业	90199	82727	91.7	73383	88.7	47423	57.3
零售业	79203	73539	92.8	62085	84.4	48359	65.8
交通运输、仓储和邮政业	**30804**	**29659**	**96.3**	**25704**	**86.7**	**6398**	**21.6**
铁路运输业	131	127	96.9	121	95.3	33	26.0
道路运输业	17658	16969	96.1	14274	84.1	2694	15.9
水上运输业	2352	2265	96.3	2002	88.4	482	21.3
航空运输业	237	237	100.0	230	97.0	80	33.8
管道运输业	59	58	98.3	55	94.8	21	36.2
装卸搬运和运输代理业	5911	5661	95.8	5069	89.5	1137	20.1
仓储业	3600	3495	97.1	3191	91.3	1548	44.3
邮政业	856	847	98.9	762	90.0	403	47.6
住宿和餐饮业	**43809**	**39800**	**90.8**	**33723**	**84.7**	**17127**	**43.0**
住宿业	17936	16918	94.3	14883	88.0	7552	44.6
餐饮业	25873	22882	88.4	18840	82.3	9575	41.8
信息传输、软件和信息技术服务业	**11087**	**10871**	**98.1**	**10126**	**93.1**	**5018**	**46.2**
电信、广播电视和卫星传输服务	2291	2261	98.7	2161	95.6	1375	60.8
互联网和相关服务	856	834	97.4	768	92.1	285	34.2
软件和信息技术服务业	7940	7776	97.9	7197	92.6	3358	43.2
房地产业	**90825**	**87364**	**96.2**	**77581**	**88.8**	**20744**	**23.7**
房地产业	90825	87364	96.2	77581	88.8	20744	23.7
租赁和商务服务业	**25659**	**24447**	**95.3**	**21819**	**89.3**	**4161**	**17.0**
租赁业	963	923	95.8	804	87.1	232	25.1
商务服务业	24696	23524	95.3	21015	89.3	3929	16.7
科学研究和技术服务业	**15649**	**14995**	**95.8**	**13251**	**88.4**	**3666**	**24.4**
研究和试验发展	1260	1231	97.7	1132	92.0	559	45.4
专业技术服务业	10299	9924	96.4	8808	88.8	1727	17.4
科技推广和应用服务业	4090	3840	93.9	3311	86.2	1380	35.9
水利、环境和公共设施管理业	**3595**	**3414**	**95.0**	**3041**	**89.1**	**838**	**24.5**
水利管理业	238	223	93.7	195	87.4	32	14.3
生态保护和环境治理业	392	380	96.9	348	91.6	112	29.5
公共设施管理业	2965	2811	94.8	2498	88.9	694	24.7
居民服务、修理和其他服务业	**4132**	**3925**	**95.0**	**3302**	**84.1**	**1354**	**34.5**
居民服务业	1625	1544	95.0	1276	82.6	458	29.7
机动车、电子产品和日用产品修理业	1229	1192	97.0	1017	85.3	648	54.4
其他服务业	1278	1189	93.0	1009	84.9	248	20.9
教育	**2739**	**2633**	**96.1**	**2126**	**80.7**	**301**	**11.4**
教育	2739	2633	96.1	2126	80.7	301	11.4
卫生和社会工作	**2946**	**2892**	**98.2**	**2458**	**85.0**	**1618**	**55.9**
卫生	2909	2858	98.2	2427	84.9	1615	56.5
社会工作	37	34	91.9	31	91.2	3	8.8
文化、体育和娱乐业	**4262**	**4113**	**96.5**	**3694**	**89.8**	**1573**	**38.2**
新闻和出版业	999	987	98.8	951	96.4	547	55.4
广播、电视、电影和影视录音制作业	1083	1053	97.2	984	93.4	382	36.3
文化艺术业	520	488	93.8	436	89.3	88	18.0
体育	539	525	97.4	478	91.0	191	36.4
娱乐业	1121	1060	94.6	845	79.7	365	34.4

生产制造管理		物流配送管理		客户关系管理		人力资源管理		其他	
数量（个）	占使用信息化管理企业比重（%）	数量（个）	占使用信息化管理企业比重（%）	数量（个）	占使用信息化管理企业比重（%）	数量（个）	占使用信息化管理企业比重（%）	数量（个）	占使用信息化管理企业比重（%）
8845	**5.7**	**24857**	**15.9**	**56170**	**35.9**	**41632**	**26.6**	**33979**	**21.7**
4686	5.7	12440	15.0	27463	33.2	19749	23.9	17250	20.9
4159	5.7	12417	16.9	28707	39.0	21883	29.8	16729	22.7
2220	**7.5**	**8502**	**28.7**	**9098**	**30.7**	**10584**	**35.7**	**9514**	**32.1**
13	10.2	26	20.5	33	26.0	63	49.6	37	29.1
1101	6.5	4934	29.1	4559	26.9	5404	31.8	5729	33.8
236	10.4	336	14.8	696	30.7	932	41.1	799	35.3
53	22.4	42	17.7	69	29.1	166	70.0	84	35.4
20	34.5	4	6.9	10	17.2	33	56.9	15	25.9
319	5.6	1707	30.2	2211	39.1	2033	35.9	1667	29.4
296	8.5	885	25.3	1012	29.0	1340	38.3	912	26.1
182	21.5	568	67.1	508	60.0	613	72.4	271	32.0
1996	**5.0**	**1919**	**4.8**	**13904**	**34.9**	**14641**	**36.8**	**10591**	**26.6**
785	4.6	538	3.2	7709	45.6	7843	46.4	4794	28.3
1211	5.3	1381	6.0	6195	27.1	6798	29.7	5797	25.3
1739	**16.0**	**1191**	**11.0**	**5053**	**46.5**	**6455**	**59.4**	**3213**	**29.6**
423	18.7	491	21.7	1295	57.3	1628	72.0	721	31.9
67	8.0	58	7.0	434	52.0	491	58.9	255	30.6
1249	16.1	642	8.3	3324	42.7	4336	55.8	2237	28.8
4555	**5.2**	**1229**	**1.4**	**28414**	**32.5**	**33138**	**37.9**	**29852**	**34.2**
4555	5.2	1229	1.4	28414	32.5	33138	37.9	29852	34.2
1121	**4.6**	**879**	**3.6**	**8845**	**36.2**	**10598**	**43.4**	**8083**	**33.1**
65	7.0	55	6.0	301	32.6	310	33.6	295	32.0
1056	4.5	824	3.5	8544	36.3	10288	43.7	7788	33.1
2330	**15.5**	**746**	**5.0**	**4787**	**31.9**	**6833**	**45.6**	**5255**	**35.0**
267	21.7	126	10.2	403	32.7	612	49.7	317	25.8
1579	15.9	288	2.9	3114	31.4	5059	51.0	3850	38.8
484	12.6	332	8.6	1270	33.1	1162	30.3	1088	28.3
341	**10.0**	**88**	**2.6**	**962**	**28.2**	**1509**	**44.2**	**1216**	**35.6**
37	16.6	5	2.2	44	19.7	98	43.9	82	36.8
95	25.0	15	3.9	102	26.8	187	49.2	120	31.6
209	7.4	68	2.4	816	29.0	1224	43.5	1014	36.1
373	**9.5**	**230**	**5.9**	**1448**	**36.9**	**1553**	**39.6**	**1141**	**29.1**
104	6.7	53	3.4	553	35.8	588	38.1	461	29.9
197	16.5	115	9.6	554	46.5	423	35.5	303	25.4
72	6.1	62	5.2	341	28.7	542	45.6	377	31.7
91	**3.5**	**45**	**1.7**	**808**	**30.7**	**1122**	**42.6**	**1275**	**48.4**
91	3.5	45	1.7	808	30.7	1122	42.6	1275	48.4
198	**6.8**	**136**	**4.7**	**729**	**25.2**	**1193**	**41.3**	**1112**	**38.5**
197	6.9	136	4.8	715	25.0	1174	41.1	1101	38.5
1	2.9			14	41.2	19	55.9	11	32.4
522	**12.7**	**333**	**8.1**	**1395**	**33.9**	**1892**	**46.0**	**1207**	**29.3**
354	35.9	232	23.5	363	36.8	494	50.1	250	25.3
77	7.3	29	2.8	328	31.1	492	46.7	344	32.7
27	5.5	13	2.7	160	32.8	198	40.6	141	28.9
16	3.0	15	2.9	210	40.0	271	51.6	146	27.8
48	4.5	44	4.2	334	31.5	437	41.2	326	30.8

6-4 分地区企业

地区	企业数(个)	使用信息化管理的企业数		财务管理		购销存管理	
		数量(个)	比重(%)	数量(个)	占使用信息化管理企业比重(%)	数量(个)	占使用信息化管理企业比重(%)
全国	**853705**	**805907**	**94.4**	**710954**	**88.2**	**364752**	**45.3**
北京	34519	32665	94.6	29794	91.2	12603	38.6
天津	17163	15532	90.5	13772	88.7	6778	43.6
河北	25366	23085	91.0	19251	83.4	9273	40.2
山西	13224	12325	93.2	10147	82.3	4698	38.1
内蒙古	10439	9718	93.1	8170	84.1	3705	38.1
辽宁	38190	35723	93.5	32568	91.2	12758	35.7
吉林	11326	10708	94.5	9212	86.0	3985	37.2
黑龙江	11528	10844	94.1	8980	82.8	3847	35.5
上海	34336	32389	94.3	29706	91.7	16099	49.7
江苏	104560	98958	94.6	89112	90.1	47056	47.6
浙江	75466	73673	97.6	67281	91.3	36990	50.2
安徽	31709	29705	93.7	26390	88.8	15390	51.8
福建	33637	31632	94.0	27344	86.4	15134	47.8
江西	15259	14445	94.7	12510	86.6	6538	45.3
山东	80685	77251	95.7	67830	87.8	33056	42.8
河南	42405	40253	94.9	34468	85.6	16291	40.5
湖北	36376	34608	95.1	30705	88.7	16604	48.0
湖南	28679	27005	94.2	23839	88.3	11559	42.8
广东	88121	80776	91.7	68814	85.2	40775	50.5
广西	13054	12302	94.2	10906	88.7	5589	45.4
海南	2735	2642	96.6	2406	91.1	1095	41.4
重庆	18389	17441	94.8	15648	89.7	8545	49.0
四川	31129	29680	95.3	26165	88.2	14569	49.1
贵州	9683	9193	94.9	7988	86.9	3807	41.4
云南	13314	12766	95.9	11378	89.1	5744	45.0
西藏	487	455	93.4	381	83.7	159	34.9
陕西	13102	12137	92.6	10159	83.7	4971	41.0
甘肃	6840	6470	94.6	5416	83.7	2595	40.1
青海	1755	1678	95.6	1414	84.3	579	34.5
宁夏	2935	2843	96.9	2655	93.4	1202	42.3
新疆	7294	7005	96.0	6545	93.4	2758	39.4

信息化管理情况

生产制造管理		物流配送管理		客户关系管理		人力资源管理		其他	
数量（个）	占使用信息化管理企业比重（%）	数量（个）	占使用信息化管理企业比重（%）	数量（个）	占使用信息化管理企业比重（%）	数量（个）	占使用信息化管理企业比重（%）	数量（个）	占使用信息化管理企业比重（%）
169089	**21.0**	**94937**	**11.8**	**272686**	**33.8**	**293986**	**36.5**	**212440**	**26.4**
3717	11.4	2908	8.9	10165	31.1	13412	41.1	6762	20.7
2949	19.0	1827	11.8	4442	28.6	5579	35.9	3142	20.2
4158	18.0	2044	8.9	5838	25.3	6660	28.8	5721	24.8
1731	14.0	933	7.6	2826	22.9	3766	30.6	3462	28.1
1502	15.5	818	8.4	2271	23.4	3174	32.7	2633	27.1
5677	15.9	3086	8.6	8885	24.9	11319	31.7	7716	21.6
1984	18.5	1021	9.5	2673	25.0	3445	32.2	2844	26.6
1736	16.0	801	7.4	2292	21.1	3242	29.9	2954	27.2
7583	23.4	5546	17.1	12205	37.7	15509	47.9	7618	23.5
24516	24.8	12459	12.6	37663	38.1	34962	35.3	24917	25.2
18637	25.3	8761	11.9	29097	39.5	28821	39.1	18631	25.3
7274	24.5	4001	13.5	12000	40.4	11063	37.2	8919	30.0
7452	23.6	4037	12.8	11320	35.8	11838	37.4	8716	27.6
3309	22.9	1851	12.8	5361	37.1	5357	37.1	4069	28.2
15118	19.6	9789	12.7	23794	30.8	23833	30.9	18796	24.3
6912	17.2	3903	9.7	12952	32.2	12852	31.9	11970	29.7
7240	20.9	4493	13.0	12331	35.6	12225	35.3	9937	28.7
5083	18.8	2995	11.1	9107	33.7	9233	34.2	8125	30.1
20901	25.9	10492	13.0	28824	35.7	33404	41.4	20715	25.6
2513	20.4	1457	11.8	4190	34.1	4726	38.4	4002	32.5
322	12.2	218	8.3	931	35.2	1154	43.7	834	31.6
3372	19.3	2476	14.2	6519	37.4	6888	39.5	5319	30.5
6323	21.3	3810	12.8	11110	37.4	11963	40.3	8427	28.4
1621	17.6	881	9.6	2885	31.4	3222	35.0	3252	35.4
2250	17.6	1351	10.6	4427	34.7	5382	42.2	4243	33.2
47	10.3	47	10.3	125	27.5	150	33.0	149	32.7
2080	17.1	1173	9.7	3595	29.6	4173	34.4	3505	28.9
1073	16.6	683	10.6	1899	29.4	2312	35.7	2029	31.4
274	16.3	126	7.5	424	25.3	607	36.2	531	31.6
541	19.0	277	9.7	843	29.7	1097	38.6	804	28.3
1194	17.0	673	9.6	1692	24.2	2618	37.4	1698	24.2

6-5 分行业企业使用网络情况

行业	企业数(个)	使用局域网的企业		使用互联网的企业					
						宽带接入		窄带接入	
		数量(个)	比重(%)	数量(个)	比重(%)	数量(个)	占接入互联网企业比重(%)	数量(个)	占接入互联网企业比重(%)
总　计	**853705**	**497290**	**58.3**	**837952**	**98.2**	**808189**	**96.4**	**28545**	**3.4**
采矿业	**16606**	**7549**	**45.5**	**16021**	**96.5**	**15088**	**94.2**	**662**	**4.1**
煤炭开采和洗选业	7224	3646	50.5	6905	95.6	6494	94.0	274	4.0
石油和天然气开采业	143	107	74.8	141	98.6	129	91.5	5	3.5
黑色金属矿采选业	3432	1277	37.2	3295	96.0	3088	93.7	150	4.6
有色金属矿采选业	2032	988	48.6	1997	98.3	1905	95.4	62	3.1
非金属矿采选业	3578	1425	39.8	3489	97.5	3288	94.2	162	4.6
开采辅助活动	180	101	56.1	179	99.4	170	95.0	8	4.5
其他采矿业	17	5	29.4	15	88.2	14	93.3	1	6.7
制造业	**335108**	**200454**	**59.8**	**330134**	**98.5**	**316863**	**96.0**	**12122**	**3.7**
农副食品加工业	23301	11375	48.8	22971	98.6	21793	94.9	1020	4.4
食品制造业	7668	4612	60.1	7560	98.6	7222	95.5	295	3.9
酒、饮料和精制茶制造业	5793	3258	56.2	5716	98.7	5490	96.0	221	3.9
烟草制品业	129	118	91.5	129	100.0	122	94.6	4	3.1
纺织业	20543	10554	51.4	20198	98.3	19577	96.9	684	3.4
纺织服装、服饰业	15183	8982	59.2	14933	98.4	14471	96.9	460	3.1
皮革、毛皮、羽毛及其制品和制鞋业	8224	4981	60.6	8107	98.6	7856	96.9	273	3.4
木材加工和木、竹、藤、棕、草制品业	8561	3633	42.4	8378	97.9	8024	95.8	321	3.8
家具制造业	4923	3030	61.5	4856	98.6	4703	96.8	166	3.4
造纸和纸制品业	6818	3993	58.6	6696	98.2	6450	96.3	238	3.6
印刷和记录媒介复制业	5003	3193	63.8	4947	98.9	4753	96.1	166	3.4
文教、工美、体育和娱乐用品制造业	7915	4771	60.3	7793	98.5	7515	96.4	290	3.7
石油加工、炼焦和核燃料加工业	1985	1247	62.8	1940	97.7	1835	94.6	71	3.7
化学原料和化学制品制造业	24393	14192	58.2	24037	98.5	22926	95.4	933	3.9
医药制造业	6736	4697	69.7	6662	98.9	6420	96.4	216	3.2
化学纤维制造业	1960	1109	56.6	1904	97.1	1841	96.7	57	3.0
橡胶和塑料制品业	17338	10268	59.2	17099	98.6	16387	95.8	640	3.7
非金属矿物制品业	31312	15812	50.5	30760	98.2	29280	95.2	1238	4.0
黑色金属冶炼和压延加工业	10594	5423	51.2	10345	97.6	9921	95.9	391	3.8
有色金属冶炼和压延加工业	7104	4054	57.1	6984	98.3	6680	95.6	228	3.3
金属制品业	19681	11881	60.4	19434	98.7	18636	95.9	682	3.5
通用设备制造业	23603	15346	65.0	23330	98.8	22427	96.1	818	3.5
专用设备制造业	16446	10990	66.8	16283	99.0	15637	96.0	641	3.9
汽车制造业	12309	8645	70.2	12171	98.9	11697	96.1	420	3.5
铁路、船舶、航空航天和其他运输设备制造业	4707	3066	65.1	4619	98.1	4466	96.7	159	3.4
电气机械和器材制造业	22214	15424	69.4	21904	98.6	21128	96.5	754	3.4
计算机、通信和其他电子设备制造业	13290	10757	80.9	13118	98.7	12650	96.4	465	3.5
仪器仪表制造业	4012	3099	77.2	3977	99.1	3828	96.3	142	3.6
其他制造业	1619	980	60.5	1573	97.2	1521	96.7	49	3.1
废弃资源综合利用业	1326	682	51.4	1310	98.8	1229	93.8	67	5.1
金属制品、机械和设备修理业	418	282	67.5	400	95.7	378	94.5	13	3.3
电力、热力、燃气及水生产和供应业	**8427**	**6480**	**76.9**	**8241**	**97.8**	**7701**	**93.4**	**219**	**2.7**
电力、热力生产和供应业	5938	4691	79.0	5779	97.3	5370	92.9	129	2.2
燃气生产和供应业	1125	803	71.4	1109	98.6	1040	93.8	39	3.5
水的生产和供应业	1364	986	72.3	1353	99.2	1291	95.4	51	3.8
建筑业	**88655**	**48241**	**54.4**	**87025**	**98.2**	**85230**	**97.9**	**2918**	**3.4**
房屋建筑业	37260	19188	51.5	36661	98.4	35996	98.2	1253	3.4
土木工程建筑业	17136	10055	58.7	16828	98.2	16430	97.6	552	3.3
建筑安装业	13922	8341	59.9	13627	97.9	13295	97.6	463	3.4
建筑装饰和其他建筑业	20337	10657	52.4	19909	97.9	19509	98.0	650	3.3

6-5　续表

行　　业	企业数(个)	使用局域网的企业		使用互联网的企业					
						宽带接入		窄带接入	
		数量(个)	比重(%)	数量(个)	比重(%)	数量(个)	占接入互联网企业比重(%)	数量(个)	占接入互联网企业比重(%)
批发和零售业	**169402**	**89010**	**52.5**	**166200**	**98.1**	**159135**	**95.7**	**5535**	**3.3**
批发业	90199	47610	52.8	88582	98.2	85110	96.1	2739	3.1
零售业	79203	41400	52.3	77618	98.0	74025	95.4	2796	3.6
交通运输、仓储和邮政业	**30804**	**18826**	**61.1**	**30256**	**98.2**	**29572**	**97.7**	**922**	**3.0**
铁路运输业	131	90	68.7	127	96.9	123	96.9	3	2.4
道路运输业	17658	9619	54.5	17352	98.3	16920	97.5	546	3.1
水上运输业	2352	1420	60.4	2309	98.2	2275	98.5	61	2.6
航空运输业	237	216	91.1	236	99.6	226	95.8	10	4.2
管道运输业	59	51	86.4	57	96.6	54	94.7		
装卸搬运和运输代理业	5911	4350	73.6	5803	98.2	5707	98.3	155	2.7
仓储业	3600	2341	65.0	3520	97.8	3435	97.6	110	3.1
邮政业	856	739	86.3	852	99.5	832	97.7	37	4.3
住宿和餐饮业	**43809**	**24121**	**55.1**	**42569**	**97.2**	**40422**	**95.0**	**1598**	**3.8**
住宿业	17936	12174	67.9	17695	98.7	16791	94.9	605	3.4
餐饮业	25873	11947	46.2	24874	96.1	23631	95.0	993	4.0
信息传输、软件和信息技术服务业	**11087**	**10124**	**91.3**	**10965**	**98.9**	**10795**	**98.4**	**495**	**4.5**
电信、广播电视和卫星传输服务	2291	2107	92.0	2242	97.9	2191	97.7	128	5.7
互联网和相关服务	856	763	89.1	844	98.6	840	99.5	43	5.1
软件和信息技术服务业	7940	7254	91.4	7879	99.2	7764	98.5	324	4.1
房地产业	**90825**	**51189**	**56.4**	**88484**	**97.4**	**86623**	**97.9**	**2356**	**2.7**
房地产业	90825	51189	56.4	88484	97.4	86623	97.9	2356	2.7
租赁和商务服务业	**25659**	**17842**	**69.5**	**25248**	**98.4**	**24756**	**98.1**	**678**	**2.7**
租赁业	963	561	58.3	950	98.7	924	97.3	32	3.4
商务服务业	24696	17281	70.0	24298	98.4	23832	98.1	646	2.7
科学研究和技术服务业	**15649**	**11234**	**71.8**	**15446**	**98.7**	**15108**	**97.8**	**443**	**2.9**
研究和试验发展	1260	1027	81.5	1245	98.8	1221	98.1	40	3.2
专业技术服务业	10299	8110	78.7	10162	98.7	9959	98.0	280	2.8
科技推广和应用服务业	4090	2097	51.3	4039	98.8	3928	97.3	123	3.0
水利、环境和公共设施管理业	**3595**	**2161**	**60.1**	**3533**	**98.3**	**3435**	**97.2**	**115**	**3.3**
水利管理业	238	162	68.1	230	96.6	225	97.8	4	1.7
生态保护和环境治理业	392	276	70.4	389	99.2	373	95.9	7	1.8
公共设施管理业	2965	1723	58.1	2914	98.3	2837	97.4	104	3.6
居民服务、修理和其他服务业	**4132**	**2527**	**61.2**	**3998**	**96.8**	**3878**	**97.0**	**140**	**3.5**
居民服务业	1625	997	61.4	1566	96.4	1515	96.7	57	3.6
机动车、电子产品和日用产品修理业	1229	837	68.1	1206	98.1	1175	97.4	39	3.2
其他服务业	1278	693	54.2	1226	95.9	1188	96.9	44	3.6
教育	**2739**	**1755**	**64.1**	**2712**	**99.0**	**2630**	**97.0**	**96**	**3.5**
教育	2739	1755	64.1	2712	99.0	2630	97.0	96	3.5
卫生和社会工作	**2946**	**2523**	**85.6**	**2917**	**99.0**	**2837**	**97.3**	**113**	**3.9**
卫生	2909	2499	85.9	2880	99.0	2800	97.2	111	3.9
社会工作	37	24	64.9	37	100.0	37	100.0	2	5.4
文化、体育和娱乐业	**4262**	**3254**	**76.3**	**4203**	**98.6**	**4116**	**97.9**	**133**	**3.2**
新闻和出版业	999	914	91.5	992	99.3	971	97.9	31	3.1
广播、电视、电影和影视录音制作业	1083	854	78.9	1061	98.0	1046	98.6	40	3.8
文化艺术业	520	294	56.5	515	99.0	496	96.3	16	3.1
体育	539	435	80.7	535	99.3	529	98.9	13	2.4
娱乐业	1121	757	67.5	1100	98.1	1074	97.6	33	3.0

6-6 分地区企业使用网络情况

地区	企业数(个)	使用局域网的企业		使用互联网的企业					
						宽带接入		窄带接入	
		数量(个)	比重(%)	数量(个)	比重(%)	数量(个)	占接入互联网企业比重(%)	数量(个)	占接入互联网企业比重(%)
全国	**853705**	**497290**	**58.3**	**837952**	**98.2**	**808189**	**96.4**	**28545**	**3.4**
北京	34519	23857	69.1	33798	97.9	33381	98.8	991	2.9
天津	17163	10772	62.8	16493	96.1	15792	95.7	618	3.7
河北	25366	13159	51.9	24913	98.2	23533	94.5	728	2.9
山西	13224	7292	55.1	12853	97.2	12076	94.0	442	3.4
内蒙古	10439	5876	56.3	10114	96.9	9508	94.0	290	2.9
辽宁	38190	20606	54.0	37143	97.3	36086	97.2	1182	3.2
吉林	11326	6711	59.3	11034	97.4	10527	95.4	310	2.8
黑龙江	11528	5796	50.3	11026	95.6	10242	92.9	490	4.4
上海	34336	25020	72.9	33464	97.5	32792	98.0	783	2.3
江苏	104560	59424	56.8	102787	98.3	100287	97.6	3808	3.7
浙江	75466	51173	67.8	74460	98.7	72559	97.4	1895	2.5
安徽	31709	17310	54.6	31301	98.7	30275	96.7	1365	4.4
福建	33637	20874	62.1	33093	98.4	31988	96.7	963	2.9
江西	15259	8906	58.4	15037	98.5	14521	96.6	509	3.4
山东	80685	41098	50.9	79871	99.0	76004	95.2	3425	4.3
河南	42405	19393	45.7	42018	99.1	39747	94.6	1378	3.3
湖北	36376	18542	51.0	35783	98.4	34301	95.9	1342	3.8
湖南	28679	15722	54.8	27829	97.0	26575	95.5	1015	3.6
广东	88121	58265	66.1	86174	97.8	83884	97.3	2802	3.3
广西	13054	7488	57.4	12789	98.0	12395	96.9	359	2.8
海南	2735	1897	69.4	2686	98.2	2563	95.4	104	3.9
重庆	18389	10087	54.9	18116	98.5	17470	96.4	747	4.1
四川	31129	17813	57.2	30726	98.7	29572	96.2	1189	3.9
贵州	9683	5199	53.7	9466	97.8	9083	96.0	293	3.1
云南	13314	7174	53.9	13115	98.5	12692	96.8	443	3.4
西藏	487	243	49.9	454	93.2	436	96.0	16	3.5
陕西	13102	6995	53.4	12892	98.4	12234	94.9	508	3.9
甘肃	6840	3813	55.7	6723	98.3	6433	95.7	187	2.8
青海	1755	951	54.2	1706	97.2	1626	95.3	53	3.1
宁夏	2935	1949	66.4	2886	98.3	2759	95.6	86	3.0
新疆	7294	3885	53.3	7202	98.7	6848	95.1	224	3.1

6-7　分行业企业建网站情况

行　业	企业数(个)	建立网站的企业		网站数量(个)	每百家拥有网站数(个)
		数量(个)	比重(%)		
总　计	**853705**	**390012**	**45.7**	**486884**	**57.0**
采矿业	**16606**	**4679**	**28.2**	**5861**	**35.3**
煤炭开采和洗选业	7224	2108	29.2	2711	37.5
石油和天然气开采业	143	70	49.0	95	66.4
黑色金属矿采选业	3432	770	22.4	944	27.5
有色金属矿采选业	2032	598	29.4	720	35.4
非金属矿采选业	3578	1045	29.2	1198	33.5
开采辅助活动	180	81	45.0	186	103.3
其他采矿业	17	7	41.2	7	41.2
制造业	**335108**	**186299**	**55.6**	**226412**	**67.6**
农副食品加工业	23301	10983	47.1	13005	55.8
食品制造业	7668	4468	58.3	5511	71.9
酒、饮料和精制茶制造业	5793	3276	56.6	4136	71.4
烟草制品业	129	75	58.1	95	73.6
纺织业	20543	9353	45.5	10951	53.3
纺织服装、服饰业	15183	6732	44.3	7878	51.9
皮革、毛皮、羽毛及其制品和制鞋业	8224	3680	44.7	4370	53.1
木材加工和木、竹、藤、棕、草制品业	8561	3324	38.8	3929	45.9
家具制造业	4923	2794	56.8	3333	67.7
造纸和纸制品业	6818	3203	47.0	3761	55.2
印刷和记录媒介复制业	5003	2611	52.2	3040	60.8
文教、工美、体育和娱乐用品制造业	7915	4361	55.1	5459	69.0
石油加工、炼焦和核燃料加工业	1985	1027	51.7	1200	60.5
化学原料和化学制品制造业	24393	14097	57.8	17031	69.8
医药制造业	6736	4781	71.0	5936	88.1
化学纤维制造业	1960	919	46.9	1104	56.3
橡胶和塑料制品业	17338	9801	56.5	11672	67.3
非金属矿物制品业	31312	13905	44.4	16392	52.4
黑色金属冶炼和压延加工业	10594	5258	49.6	6229	58.8
有色金属冶炼和压延加工业	7104	3871	54.5	4606	64.8
金属制品业	19681	11645	59.2	14153	71.9
通用设备制造业	23603	15473	65.6	18973	80.4
专用设备制造业	16446	10949	66.6	14676	89.2
汽车制造业	12309	7433	60.4	9049	73.5
铁路、船舶、航空航天和其他运输设备制造业	4707	2880	61.2	3406	72.4
电气机械和器材制造业	22214	15250	68.7	18810	84.7
计算机、通信和其他电子设备制造业	13290	9570	72.0	12095	91.0
仪器仪表制造业	4012	2998	74.7	3755	93.6
其他制造业	1619	885	54.7	1035	63.9
废弃资源综合利用业	1326	480	36.2	577	43.5
金属制品、机械和设备修理业	418	217	51.9	245	58.6
电力、热力、燃气及水生产和供应业	**8427**	**3935**	**46.7**	**4755**	**56.4**
电力、热力生产和供应业	5938	2724	45.9	3272	55.1
燃气生产和供应业	1125	541	48.1	745	66.2
水的生产和供应业	1364	670	49.1	738	54.1
建筑业	**88655**	**30653**	**34.6**	**35318**	**39.8**
房屋建筑业	37260	11415	30.6	13479	36.2
土木工程建筑业	17136	6290	36.7	7334	42.8
建筑安装业	13922	5643	40.5	6330	45.5
建筑装饰和其他建筑业	20337	7305	35.9	8175	40.2

6-7 续表

行　业	企业数(个)	建立网站的企业		网站数量(个)	每百家拥有网站数(个)
		数量(个)	比重(%)		
批发和零售业	**169402**	**62488**	**36.9**	**77447**	**45.7**
批发业	90199	33204	36.8	39988	44.3
零售业	79203	29284	37.0	37459	47.3
交通运输、仓储和邮政业	**30804**	**11526**	**37.4**	**13577**	**44.1**
铁路运输业	131	49	37.4	52	39.7
道路运输业	17658	5412	30.6	6428	36.4
水上运输业	2352	948	40.3	1091	46.4
航空运输业	237	168	70.9	213	89.9
管道运输业	59	26	44.1	32	54.2
装卸搬运和运输代理业	5911	3106	52.5	3527	59.7
仓储业	3600	1339	37.2	1556	43.2
邮政业	856	478	55.8	678	79.2
住宿和餐饮业	**43809**	**18017**	**41.1**	**21269**	**48.5**
住宿业	17936	9537	53.2	11239	62.7
餐饮业	25873	8480	32.8	10030	38.8
信息传输、软件和信息技术服务业	**11087**	**8711**	**78.6**	**26841**	**242.1**
电信、广播电视和卫星传输服务	2291	1563	68.2	3018	131.7
互联网和相关服务	856	701	81.9	15021	1754.8
软件和信息技术服务业	7940	6447	81.2	8802	110.9
房地产业	**90825**	**31627**	**34.8**	**36504**	**40.2**
房地产业	90825	31627	34.8	36504	40.2
租赁和商务服务业	**25659**	**13684**	**53.3**	**16951**	**66.1**
租赁业	963	386	40.1	434	45.1
商务服务业	24696	13298	53.8	16517	66.9
科学研究和技术服务业	**15649**	**8786**	**56.1**	**10126**	**64.7**
研究和试验发展	1260	906	71.9	1130	89.7
专业技术服务业	10299	6210	60.3	7065	68.6
科技推广和应用服务业	4090	1670	40.8	1931	47.2
水利、环境和公共设施管理业	**3595**	**1802**	**50.1**	**2094**	**58.2**
水利管理业	238	102	42.9	116	48.7
生态保护和环境治理业	392	208	53.1	237	60.5
公共设施管理业	2965	1492	50.3	1741	58.7
居民服务、修理和其他服务业	**4132**	**1671**	**40.4**	**1938**	**46.9**
居民服务业	1625	716	44.1	836	51.4
机动车、电子产品和日用产品修理业	1229	480	39.1	553	45.0
其他服务业	1278	475	37.2	549	43.0
教育	**2739**	**1523**	**55.6**	**1849**	**67.5**
教育	2739	1523	55.6	1849	67.5
卫生和社会工作	**2946**	**1876**	**63.7**	**2393**	**81.2**
卫生	2909	1852	63.7	2363	81.2
社会工作	37	24	64.9	30	81.1
文化、体育和娱乐业	**4262**	**2735**	**64.2**	**3549**	**83.3**
新闻和出版业	999	846	84.7	1305	130.6
广播、电视、电影和影视录音制作业	1083	731	67.5	907	83.7
文化艺术业	520	292	56.2	357	68.7
体育	539	361	67.0	404	75.0
娱乐业	1121	505	45.0	576	51.4

6-8 分地区企业建网站情况

地区	企业数(个)	建立网站的企业		网站数量(个)	每百家拥有网站数(个)
		数量(个)	比重(%)		
全国	**853705**	**390012**	**45.7**	**486884**	**57.0**
北京	34519	17027	49.3	20525	59.5
天津	17163	7645	44.5	9147	53.3
河北	25366	10982	43.3	12779	50.4
山西	13224	4714	35.6	5710	43.2
内蒙古	10439	3899	37.4	4852	46.5
辽宁	38190	13631	35.7	16012	41.9
吉林	11326	4227	37.3	5089	44.9
黑龙江	11528	3752	32.5	4374	37.9
上海	34336	20009	58.3	24234	70.6
江苏	104560	51480	49.2	76060	72.7
浙江	75466	41823	55.4	48764	64.6
安徽	31709	15908	50.2	20300	64.0
福建	33637	15613	46.4	19025	56.6
江西	15259	6918	45.3	8805	57.7
山东	80685	33725	41.8	39760	49.3
河南	42405	16563	39.1	20927	49.4
湖北	36376	15438	42.4	19512	53.6
湖南	28679	11986	41.8	14770	51.5
广东	88121	45247	51.3	55718	63.2
广西	13054	5134	39.3	5982	45.8
海南	2735	1557	56.9	1904	69.6
重庆	18389	7239	39.4	8713	47.4
四川	31129	13980	44.9	17143	55.1
贵州	9683	3337	34.5	4146	42.8
云南	13314	5049	37.9	6373	47.9
西藏	487	160	32.9	207	42.5
陕西	13102	5842	44.6	7277	55.5
甘肃	6840	2675	39.1	3297	48.2
青海	1755	692	39.4	886	50.5
宁夏	2935	1345	45.8	1628	55.5
新疆	7294	2415	33.1	2965	40.6

6-9 分行业企业通过

行　业	企业数(个)	使用互联网开展活动的企业 数量(个)	比重(%)	收发电子邮件 数量(个)	占使用互联网企业的比重(%)
总　计	**853705**	**837952**	**98.2**	**765047**	**91.3**
采矿业	**16606**	**16021**	**96.5**	**13847**	**86.4**
煤炭开采和洗选业	7224	6905	95.6	6048	87.6
石油和天然气开采业	143	141	98.6	135	95.7
黑色金属矿采选业	3432	3295	96.0	2751	83.5
有色金属矿采选业	2032	1997	98.3	1719	86.1
非金属矿采选业	3578	3489	97.5	3024	86.7
开采辅助活动	180	179	99.4	156	87.2
其他采矿业	17	15	88.2	14	93.3
制造业	**335108**	**330134**	**98.5**	**307010**	**93.0**
农副食品加工业	23301	22971	98.6	20860	90.8
食品制造业	7668	7560	98.6	7064	93.4
酒、饮料和精制茶制造业	5793	5716	98.7	5298	92.7
烟草制品业	129	129	100.0	126	97.7
纺织业	20543	20198	98.3	18340	90.8
纺织服装、服饰业	15183	14933	98.4	13916	93.2
皮革、毛皮、羽毛及其制品和制鞋业	8224	8107	98.6	7551	93.1
木材加工和木、竹、藤、棕、草制品业	8561	8378	97.9	7287	87.0
家具制造业	4923	4856	98.6	4494	92.5
造纸和纸制品业	6818	6696	98.2	6178	92.3
印刷和记录媒介复制业	5003	4947	98.9	4605	93.1
文教、工美、体育和娱乐用品制造业	7915	7793	98.5	7319	93.9
石油加工、炼焦和核燃料加工业	1985	1940	97.7	1802	92.9
化学原料和化学制品制造业	24393	24037	98.5	22418	93.3
医药制造业	6736	6662	98.9	6347	95.3
化学纤维制造业	1960	1904	97.1	1644	86.3
橡胶和塑料制品业	17338	17099	98.6	15869	92.8
非金属矿物制品业	31312	30760	98.2	27869	90.6
黑色金属冶炼和压延加工业	10594	10345	97.6	9424	91.1
有色金属冶炼和压延加工业	7104	6984	98.3	6423	92.0
金属制品业	19681	19434	98.7	18204	93.7
通用设备制造业	23603	23330	98.8	22012	94.4
专用设备制造业	16446	16283	99.0	15469	95.0
汽车制造业	12309	12171	98.9	11666	95.9
铁路、船舶、航空航天和其他运输设备制造业	4707	4619	98.1	4384	94.9
电气机械和器材制造业	22214	21904	98.6	20883	95.3
计算机、通信和其他电子设备制造业	13290	13118	98.7	12756	97.2
仪器仪表制造业	4012	3977	99.1	3857	97.0
其他制造业	1619	1573	97.2	1440	91.5
废弃资源综合利用业	1326	1310	98.8	1129	86.2
金属制品、机械和设备修理业	418	400	95.7	376	94.0
电力、热力、燃气及水生产和供应业	**8427**	**8241**	**97.8**	**7823**	**94.9**
电力、热力生产和供应业	5938	5779	97.3	5486	94.9
燃气生产和供应业	1125	1109	98.6	1065	96.0
水的生产和供应业	1364	1353	99.2	1272	94.0
建筑业	**88655**	**87025**	**98.2**	**81132**	**93.2**
房屋建筑业	37260	36661	98.4	34106	93.0
土木工程建筑业	17136	16828	98.2	15774	93.7
建筑安装业	13922	13627	97.9	12877	94.5
建筑装饰和其他建筑业	20337	19909	97.9	18375	92.3

互联网开展活动情况

了解商品和服务的信息		从政府机构获取信息		与政府机构互动		使用网上银行	
数量（个）	占使用互联网企业的比重（%）	数量（个）	占使用互联网企业的比重（%）	数量（个）	占使用互联网企业的比重（%）	数量（个）	占使用互联网企业的比重（%）
452119	**54.0**	**444843**	**53.1**	**224065**	**26.7**	**579418**	**69.1**
7321	**45.7**	**7296**	**45.5**	**3834**	**23.9**	**8638**	**53.9**
2971	43.0	3299	47.8	1668	24.2	3939	57.0
60	42.6	68	48.2	43	30.5	82	58.2
1417	43.0	1324	40.2	732	22.2	1681	51.0
1091	54.6	971	48.6	499	25.0	1070	53.6
1692	48.5	1537	44.1	840	24.1	1765	50.6
82	45.8	92	51.4	46	25.7	96	53.6
8	53.3	5	33.3	6	40.0	5	33.3
196925	**59.7**	**179586**	**54.4**	**96655**	**29.3**	**235172**	**71.2**
13839	60.2	11807	51.4	6120	26.6	14613	63.6
4658	61.6	4195	55.5	2309	30.5	5318	70.3
3554	62.2	3296	57.7	1797	31.4	3749	65.6
73	56.6	87	67.4	44	34.1	90	69.8
11240	55.6	10206	50.5	4966	24.6	14744	73.0
7678	51.4	7231	48.4	3645	24.4	10568	70.8
4067	50.2	3986	49.2	1910	23.6	5689	70.2
4591	54.8	3700	44.2	1745	20.8	4982	59.5
2801	57.7	2583	53.2	1310	27.0	3449	71.0
3642	54.4	3474	51.9	1845	27.6	4700	70.2
2801	56.6	2599	52.5	1351	27.3	3516	71.1
4434	56.9	4091	52.5	2020	25.9	5515	70.8
1176	60.6	1063	54.8	625	32.2	1383	71.3
15252	63.5	13603	56.6	7691	32.0	16868	70.2
4566	68.5	4325	64.9	2518	37.8	5118	76.8
1137	59.7	978	51.4	513	26.9	1500	78.8
10075	58.9	9123	53.4	4914	28.7	12245	71.6
16567	53.9	15249	49.6	8137	26.5	19330	62.8
6085	58.8	5266	50.9	2673	25.8	7108	68.7
4341	62.2	3762	53.9	2057	29.5	5195	74.4
11361	58.5	10128	52.1	5289	27.2	14098	72.5
14641	62.8	12932	55.4	7196	30.8	17131	73.4
10471	64.3	9452	58.0	5270	32.4	12079	74.2
7609	62.5	7354	60.4	4164	34.2	9426	77.4
2765	59.9	2644	57.2	1376	29.8	3398	73.6
14270	65.1	13253	60.5	7476	34.1	17206	78.6
8661	66.0	8856	67.5	5230	39.9	10638	81.1
2775	69.8	2584	65.0	1539	38.7	3219	80.9
871	55.4	843	53.6	455	28.9	1142	72.6
703	53.7	689	52.6	356	27.2	890	67.9
221	55.3	227	56.8	114	28.5	265	66.3
3568	**43.3**	**5138**	**62.3**	**2845**	**34.5**	**5367**	**65.1**
2428	42.0	3532	61.1	1937	33.5	3710	64.2
555	50.0	676	61.0	397	35.8	791	
585	43.2	930	68.7	511	37.8	866	64.0
40083	**46.1**	**54968**	**63.2**	**23169**	**26.6**	**61393**	**70.5**
15897	43.4	24281	66.2	10370	28.3	26361	71.9
7595	45.1	10947	65.1	4694	27.9	12107	71.9
7244	53.2	8241	60.5	3507	25.7	9554	70.1
9347	46.9	11499	57.8	4598	23.1	13371	67.2

6-9 续表 1

行业	企业数(个)	使用互联网开展活动的企业		收发电子邮件	
		数量(个)	比重(%)	数量(个)	占使用互联网企业的比重(%)
批发和零售业	**169402**	**166200**	**98.1**	**146455**	**88.1**
批发业	90199	88582	98.2	80131	90.5
零售业	79203	77618	98.0	66324	85.4
交通运输、仓储和邮政业	**30804**	**30256**	**98.2**	**27544**	**91.0**
铁路运输业	131	127	96.9	123	96.9
道路运输业	17658	17352	98.3	15379	88.6
水上运输业	2352	2309	98.2	2148	93.0
航空运输业	237	236	99.6	233	98.7
管道运输业	59	57	96.6	54	94.7
装卸搬运和运输代理业	5911	5803	98.2	5491	94.6
仓储业	3600	3520	97.8	3307	93.9
邮政业	856	852	99.5	809	95.0
住宿和餐饮业	**43809**	**42569**	**97.2**	**34142**	**80.2**
住宿业	17936	17695	98.7	15254	86.2
餐饮业	25873	24874	96.1	18888	75.9
信息传输、软件和信息技术服务业	**11087**	**10965**	**98.9**	**10699**	**97.6**
电信、广播电视和卫星传输服务	2291	2242	97.9	2170	96.8
互联网和相关服务	856	844	98.6	826	97.9
软件和信息技术服务业	7940	7879	99.2	7703	97.8
房地产业	**90825**	**88484**	**97.4**	**82341**	**93.1**
房地产业	90825	88484	97.4	82341	93.1
租赁和商务服务业	**25659**	**25248**	**98.4**	**23738**	**94.0**
租赁业	963	950	98.7	881	92.7
商务服务业	24696	24298	98.4	22857	94.1
科学研究和技术服务业	**15649**	**15446**	**98.7**	**14635**	**94.7**
研究和试验发展	1260	1245	98.8	1217	97.8
专业技术服务业	10299	10162	98.7	9760	96.0
科技推广和应用服务业	4090	4039	98.8	3658	90.6
水利、环境和公共设施管理业	**3595**	**3533**	**98.3**	**3294**	**93.2**
水利管理业	238	230	96.6	218	94.8
生态保护和环境治理业	392	389	99.2	375	96.4
公共设施管理业	2965	2914	98.3	2701	92.7
居民服务、修理和其他服务业	**4132**	**3998**	**96.8**	**3489**	**87.3**
居民服务业	1625	1566	96.4	1305	83.3
机动车、电子产品和日用产品修理业	1229	1206	98.1	1080	89.6
其他服务业	1278	1226	95.9	1104	90.0
教育	**2739**	**2712**	**99.0**	**2391**	**88.2**
教育	2739	2712	99.0	2391	88.2
卫生和社会工作	**2946**	**2917**	**99.0**	**2651**	**90.9**
卫生	2909	2880	99.0	2618	90.9
社会工作	37	37	100.0	33	89.2
文化、体育和娱乐业	**4262**	**4203**	**98.6**	**3856**	**91.7**
新闻和出版业	999	992	99.3	963	97.1
广播、电视、电影和影视录音制作业	1083	1061	98.0	1012	95.4
文化艺术业	520	515	99.0	487	94.6
体育	539	535	99.3	505	94.4
娱乐业	1121	1100	98.1	889	80.8

了解商品和服务的信息		从政府机构获取信息		与政府机构互动		使用网上银行	
数量(个)	占使用互联网企业的比重(%)	数量(个)	占使用互联网企业的比重(%)	数量(个)	占使用互联网企业的比重(%)	数量(个)	占使用互联网企业的比重(%)
99068	**59.6**	**70375**	**42.3**	**34072**	**20.5**	**114079**	**68.6**
52625	59.4	40760	46.0	19748	22.3	64626	73.0
46443	59.8	29615	38.2	14324	18.5	49453	63.7
12623	**41.7**	**15437**	**51.0**	**7780**	**25.7**	**20563**	**68.0**
42	33.1	59	46.5	34	26.8	66	52.0
6248	36.0	8217	47.4	4233	24.4	10978	63.3
1091	47.2	1390	60.2	646	28.0	1673	72.5
132	55.9	158	66.9	91	38.6	179	75.8
23	40.4	32	56.1	19	33.3	44	77.2
2764	47.6	3128	53.9	1549	26.7	4511	77.7
1875	53.3	2012	57.2	963	27.4	2434	69.1
448	52.6	441	51.8	245	28.8	678	79.6
18269	**42.9**	**16480**	**38.7**	**8073**	**19.0**	**24419**	**57.4**
8649	48.9	7921	44.8	4043	22.8	11427	64.6
9620	38.7	8559	34.4	4030	16.2	12992	52.2
7780	**71.0**	**7373**	**67.2**	**4348**	**39.7**	**9159**	**83.5**
1423	63.5	1298	57.9	790	35.2	1717	76.6
580	68.7	544	64.5	339	40.2	704	83.4
5777	73.3	5531	70.2	3219	40.9	6738	85.5
38064	**43.0**	**53756**	**60.8**	**25583**	**28.9**	**60722**	**68.6**
38064	43.0	53756	60.8	25583	28.9	60722	68.6
12165	**48.2**	**14843**	**58.8**	**7552**	**29.9**	**18098**	**71.7**
441	46.4	519	54.6	250	26.3	624	65.7
11724	48.3	14324	59.0	7302	30.1	17474	71.9
8495	**55.0**	**9702**	**62.8**	**5035**	**32.6**	**10735**	**69.5**
846	68.0	890	71.5	467	37.5	982	78.9
5177	50.9	6753	66.5	3364	33.1	7491	73.7
2472	61.2	2059	51.0	1204	29.8	2262	56.0
1700	**48.1**	**2216**	**62.7**	**1161**	**32.9**	**2333**	**66.0**
89	38.7	150	65.2	60	26.1	140	60.9
204	52.4	276	71.0	142	36.5	300	77.1
1407	48.3	1790	61.4	959	32.9	1893	65.0
1706	**42.7**	**1914**	**47.9**	**923**	**23.1**	**2494**	**62.4**
565	36.1	692	44.2	357	22.8	872	55.7
624	51.7	567	47.0	281	23.3	824	68.3
517	42.2	655	53.4	285	23.2	798	65.1
757	**27.9**	**1453**	**53.6**	**671**	**24.7**	**1449**	**53.4**
757	27.9	1453	53.6	671	24.7	1449	53.4
1359	**46.6**	**1877**	**64.3**	**1006**	**34.5**	**1814**	**62.2**
1342	46.6	1852	64.3	998	34.7	1795	62.3
17	45.9	25	67.6	8	21.6	19	51.4
2236	**53.2**	**2429**	**57.8**	**1358**	**32.3**	**2983**	**71.0**
665	67.0	729	73.5	428	43.1	786	79.2
617	58.2	646	60.9	357	33.6	822	77.5
265	51.5	296	57.5	165	32.0	353	68.5
256	47.9	305	57.0	173	32.3	405	75.7
433	39.4	453	41.2	235	21.4	617	56.1

6-9 续表 2

行　业	使用其他金融服务		提供客户服务		拨打互联网电话或召开视频会议	
	数量（个）	占使用互联网企业的比重（%）	数量（个）	占使用互联网企业的比重（%）	数量（个）	占使用互联网企业的比重（%）
总　计	**105748**	**12.6**	**280674**	**33.5**	**87689**	**10.5**
采矿业	**1380**	**8.6**	**2786**	**17.4**	**1129**	**7.0**
煤炭开采和洗选业	597	8.6	1085	15.7	588	8.5
石油和天然气开采业	16	11.3	22	15.6	47	33.3
黑色金属矿采选业	237	7.2	500	15.2	140	4.2
有色金属矿采选业	230	11.5	382	19.1	186	9.3
非金属矿采选业	284	8.1	752	21.6	129	3.7
开采辅助活动	14	7.8	41	22.9	39	21.8
其他采矿业	2	13.3	4	26.7		
制造业	**45252**	**13.7**	**123639**	**37.5**	**35231**	**10.7**
农副食品加工业	2934	12.8	7399	32.2	1923	8.4
食品制造业	1033	13.7	2922	38.7	935	12.4
酒、饮料和精制茶制造业	791	13.8	2118	37.1	698	12.2
烟草制品业	20	15.5	41	31.8	58	45.0
纺织业	2629	13.0	6507	32.2	967	4.8
纺织服装、服饰业	1811	12.1	4979	33.3	1026	6.9
皮革、毛皮、羽毛及其制品和制鞋业	900	11.1	2635	32.5	548	6.8
木材加工和木、竹、藤、棕、草制品业	837	10.0	2289	27.3	343	4.1
家具制造业	595	12.3	1914	39.4	374	7.7
造纸和纸制品业	843	12.6	2373	35.4	537	8.0
印刷和记录媒介复制业	616	12.5	1994	40.3	405	8.2
文教、工美、体育和娱乐用品制造业	1016	13.0	3020	38.8	625	8.0
石油加工、炼焦和核燃料加工业	299	15.4	653	33.7	243	12.5
化学原料和化学制品制造业	3494	14.5	8986	37.4	2760	11.5
医药制造业	1156	17.4	2949	44.3	1197	18.0
化学纤维制造业	330	17.3	628	33.0	139	7.3
橡胶和塑料制品业	2180	12.7	6759	39.5	1605	9.4
非金属矿物制品业	3394	11.0	8760	28.5	2126	6.9
黑色金属冶炼和压延加工业	1259	12.2	3302	31.9	661	6.4
有色金属冶炼和压延加工业	1294	18.5	2490	35.7	710	10.2
金属制品业	2545	13.1	7517	38.7	1674	8.6
通用设备制造业	3262	14.0	9793	42.0	2744	11.8
专用设备制造业	2375	14.6	6834	42.0	2127	13.1
汽车制造业	1880	15.4	5448	44.8	2326	19.1
铁路、船舶、航空航天和其他运输设备制造业	642	13.9	1807	39.1	525	11.4
电气机械和器材制造业	3688	16.8	10018	45.7	3196	14.6
计算机、通信和其他电子设备制造业	2357	18.0	6472	49.3	3713	28.3
仪器仪表制造业	677	17.0	2010	50.5	766	19.3
其他制造业	181	11.5	565	35.9	132	8.4
废弃资源综合利用业	160	12.2	320	24.4	86	6.6
金属制品、机械和设备修理业	54	13.5	137	34.3	62	15.5
电力、热力、燃气及水生产和供应业	**936**	**11.4**	**2271**	**27.6**	**1996**	**24.2**
电力、热力生产和供应业	679	11.7	1364	23.6	1586	27.4
燃气生产和供应业	139	12.5	439	39.6	273	24.6
水的生产和供应业	118	8.7	468	34.6	137	10.1
建筑业	**10136**	**11.6**	**19929**	**22.9**	**4693**	**5.4**
房屋建筑业	4153	11.3	7465	20.4	1750	4.8
土木工程建筑业	2033	12.1	3702	22.0	1232	7.3
建筑安装业	1765	13.0	3784	27.8	877	6.4
建筑装饰和其他建筑业	2185	11.0	4978	25.0	834	4.2

在线提供产品		发布消息或即时消息		员工培训		对外或对内招聘	
数量(个)	占使用互联网企业的比重(%)	数量(个)	占使用互联网企业的比重(%)	数量(个)	占使用互联网企业的比重(%)	数量(个)	占使用互联网企业的比重(%)
102848	**12.3**	**229640**	**27.4**	**181112**	**21.6**	**288324**	**34.4**
819	**5.1**	**2273**	**14.2**	**2657**	**16.6**	**2165**	**13.5**
273	4.0	1010	14.6	1370	19.8	901	13.0
8	5.7	46	32.6	48	34.0	33	23.4
118	3.6	341	10.3	382	11.6	375	11.4
123	6.2	328	16.4	351	17.6	338	16.9
285	8.2	489	14.0	464	13.3	471	13.5
10	5.6	54	30.2	40	22.3	44	24.6
2	13.3	5	33.3	2	13.3	3	20.0
56194	**17.0**	**87689**	**26.6**	**61587**	**18.7**	**117292**	**35.5**
3422	14.9	5374	23.4	4359	19.0	6346	27.6
1515	20.0	2296	30.4	1819	24.1	2927	38.7
1125	19.7	1750	30.6	1500	26.2	2114	37.0
11	8.5	62	48.1	66	51.2	49	38.0
3021	15.0	3773	18.7	2383	11.8	5126	25.4
2074	13.9	2977	19.9	1989	13.3	4563	30.6
1166	14.4	1500	18.5	988	12.2	2303	28.4
1053	12.6	1334	15.9	894	10.7	1541	18.4
923	19.0	1272	26.2	810	16.7	1876	38.6
891	13.3	1468	21.9	1072	16.0	2089	31.2
679	13.7	1272	25.7	864	17.5	1914	38.7
1706	21.9	1900	24.4	1156	14.8	2623	33.7
274	14.1	535	27.6	488	25.2	644	33.2
4100	17.1	6790	28.2	5093	21.2	8204	34.1
1381	20.7	2622	39.4	2084	31.3	3234	48.5
304	16.0	425	22.3	277	14.5	554	29.1
2974	17.4	4263	24.9	2879	16.8	6101	35.7
3254	10.6	6162	20.0	4834	15.7	7984	26.0
1434	13.9	2105	20.3	1481	14.3	2546	24.6
1084	15.5	1813	26.0	1203	17.2	2288	32.8
3456	17.8	4948	25.5	3276	16.9	6767	34.8
4854	20.8	6979	29.9	4526	19.4	9338	40.0
3352	20.6	5366	33.0	3445	21.2	7042	43.2
2076	17.1	4123	33.9	3010	24.7	5742	47.2
789	17.1	1292	28.0	866	18.7	1782	38.6
5003	22.8	7522	34.3	5016	22.9	10450	47.7
2819	21.5	5366	40.9	3676	28.0	7938	60.5
1043	26.2	1681	42.3	1063	26.7	2224	55.9
268	17.0	362	23.0	213	13.5	538	34.2
98	7.5	240	18.3	171	13.1	311	23.7
45	11.3	117	29.3	86	21.5	134	33.5
366	**4.4**	**2978**	**36.1**	**2712**	**32.9**	**2061**	**25.0**
245	4.2	2020	35.0	1999	34.6	1366	23.6
80	7.2	424	38.2	390	35.2	369	33.3
41	3.0	534	39.5	323	23.9	326	24.1
4057	**4.7**	**22075**	**25.4**	**24482**	**28.1**	**29216**	**33.6**
1362	3.7	8887	24.2	11796	32.2	11129	30.4
726	4.3	4959	29.5	5093	30.3	5700	33.9
913	6.7	3669	26.9	3399	24.9	5204	38.2
1056	5.3	4560	22.9	4194	21.1	7183	36.1

6-9 续表 3

行业	使用其他金融服务		提供客户服务		拨打互联网电话或召开视频会议	
	数量(个)	占使用互联网企业的比重(%)	数量(个)	占使用互联网企业的比重(%)	数量(个)	占使用互联网企业的比重(%)
批发和零售业	**19967**	**12.0**	**56766**	**34.2**	**17604**	**10.6**
批发业	11698	13.2	30031	33.9	9312	10.5
零售业	8269	10.7	26735	34.4	8292	10.7
交通运输、仓储和邮政业	**3292**	**10.9**	**10437**	**34.5**	**3287**	**10.9**
铁路运输业	11	8.7	27	21.3	20	15.7
道路运输业	1607	9.3	5081	29.3	983	5.7
水上运输业	312	13.5	757	32.8	264	11.4
航空运输业	27	11.4	120	50.8	98	41.5
管道运输业	5	8.8	16	28.1	20	35.1
装卸搬运和运输代理业	723	12.5	2811	48.4	939	16.2
仓储业	407	11.6	1115	31.7	576	16.4
邮政业	200	23.5	510	59.9	387	45.4
住宿和餐饮业	**3205**	**7.5**	**13571**	**31.9**	**2290**	**5.4**
住宿业	1709	9.7	7847	44.3	1437	8.1
餐饮业	1496	6.0	5724	23.0	853	3.4
信息传输、软件和信息技术服务业	**2196**	**20.0**	**6889**	**62.8**	**4886**	**44.6**
电信、广播电视和卫星传输服务	408	18.2	1437	64.1	1213	54.1
互联网和相关服务	191	22.6	583	69.1	326	38.6
软件和信息技术服务业	1597	20.3	4869	61.8	3347	42.5
房地产业	**12016**	**13.6**	**22406**	**25.3**	**8232**	**9.3**
房地产业	12016	13.6	22406	25.3	8232	9.3
租赁和商务服务业	**3778**	**15.0**	**10110**	**40.0**	**4207**	**16.7**
租赁业	105	11.1	298	31.4	90	9.5
商务服务业	3673	15.1	9812	40.4	4117	16.9
科学研究和技术服务业	**1951**	**12.6**	**5869**	**38.0**	**2523**	**16.3**
研究和试验发展	212	17.0	578	46.4	405	32.5
专业技术服务业	1361	13.4	4003	39.4	1658	16.3
科技推广和应用服务业	378	9.4	1288	31.9	460	11.4
水利、环境和公共设施管理业	**371**	**10.5**	**1087**	**30.8**	**249**	**7.0**
水利管理业	17	7.4	50	21.7	21	9.1
生态保护和环境治理业	37	9.5	141	36.2	68	17.5
公共设施管理业	317	10.9	896	30.7	160	5.5
居民服务、修理和其他服务业	**327**	**8.2**	**1277**	**31.9**	**278**	**7.0**
居民服务业	98	6.3	472	30.1	67	4.3
机动车、电子产品和日用产品修理业	123	10.2	477	39.6	134	11.1
其他服务业	106	8.6	328	26.8	77	6.3
教育	**203**	**7.5**	**868**	**32.0**	**216**	**8.0**
教育	203	7.5	868	32.0	216	8.0
卫生和社会工作	**229**	**7.9**	**984**	**33.7**	**294**	**10.1**
卫生	228	7.9	973	33.8	294	10.2
社会工作	1	2.7	11	29.7		
文化、体育和娱乐业	**509**	**12.1**	**1785**	**42.5**	**574**	**13.7**
新闻和出版业	157	15.8	524	52.8	107	10.8
广播、电视、电影和影视录音制作业	143	13.5	503	47.4	278	26.2
文化艺术业	58	11.3	187	36.3	40	7.8
体育	69	12.9	216	40.4	47	8.8
娱乐业	82	7.5	355	32.3	102	9.3

在线提供产品		发布消息或即时消息		员工培训		对外或对内招聘	
数量(个)	占使用互联网企业的比重(%)	数量(个)	占使用互联网企业的比重(%)	数量(个)	占使用互联网企业的比重(%)	数量(个)	占使用互联网企业的比重(%)
19550	**11.8**	**41971**	**25.3**	**33378**	**20.1**	**49976**	**30.1**
10215	11.5	21891	24.7	14369	16.2	26456	29.9
9335	12.0	20080	25.9	19009	24.5	23520	30.3
1944	**6.4**	**8791**	**29.1**	**6285**	**20.8**	**8360**	**27.6**
3	2.4	32	25.2	24	18.9	23	18.1
786	4.5	4579	26.4	3135	18.1	3849	22.2
125	5.4	731	31.7	451	19.5	634	27.5
56	23.7	133	56.4	112	47.5	132	55.9
1	1.8	25	43.9	15	26.3	8	14.0
555	9.6	1977	34.1	1191	20.5	2417	41.7
236	6.7	874	24.8	824	23.4	918	26.1
182	21.4	440	51.6	533	62.6	379	44.5
4510	**10.6**	**9508**	**22.3**	**9092**	**21.4**	**14024**	**32.9**
2891	16.3	5236	29.6	4949	28.0	7145	40.4
1619	6.5	4272	17.2	4143	16.7	6879	27.7
3508	**32.0**	**6400**	**58.4**	**5425**	**49.5**	**7546**	**68.8**
836	37.3	1262	56.3	1367	61.0	1145	51.1
342	40.5	523	62.0	389	46.1	581	68.8
2330	29.6	4615	58.6	3669	46.6	5820	73.9
5105	**5.8**	**25880**	**29.2**	**19930**	**22.5**	**32970**	**37.3**
5105	5.8	25880	29.2	19930	22.5	32970	37.3
3272	**13.0**	**9787**	**38.8**	**6715**	**26.6**	**10531**	**41.7**
76	8.0	248	26.1	174	18.3	310	32.6
3196	13.2	9539	39.3	6541	26.9	10221	42.1
1637	**10.6**	**6129**	**39.7**	**4368**	**28.3**	**7330**	**47.5**
207	16.6	614	49.3	419	33.7	766	61.5
932	9.2	4404	43.3	3184	31.3	5314	52.3
498	12.3	1111	27.5	765	18.9	1250	30.9
380	**10.8**	**1256**	**35.6**	**804**	**22.8**	**1228**	**34.8**
9	3.9	64	27.8	59	25.7	56	24.3
34	8.7	174	44.7	111	28.5	173	44.5
337	11.6	1018	34.9	634	21.8	999	34.3
284	**7.1**	**930**	**23.3**	**797**	**19.9**	**1313**	**32.8**
103	6.6	350	22.3	278	17.8	492	31.4
112	9.3	307	25.5	308	25.5	422	35.0
69	5.6	273	22.3	211	17.2	399	32.5
191	**7.0**	**1005**	**37.1**	**1047**	**38.6**	**935**	**34.5**
191	7.0	1005	37.1	1047	38.6	935	34.5
213	**7.3**	**1005**	**34.5**	**787**	**27.0**	**1385**	**47.5**
212	7.4	995	34.5	782	27.2	1369	47.5
1	2.7	10	27.0	5	13.5	16	43.2
818	**19.5**	**1963**	**46.7**	**1046**	**24.9**	**1992**	**47.4**
305	30.7	610	61.5	284	28.6	529	53.3
266	25.1	598	56.4	303	28.6	563	53.1
87	16.9	208	40.4	104	20.2	185	35.9
56	10.5	218	40.7	122	22.8	280	52.3
104	9.5	329	29.9	233	21.2	435	39.5

6-10 分地区企业通过

地区	企业数(个)	使用互联网开展活动的企业			
		数量(个)	比重(%)	收发电子邮件	
				数量(个)	占使用互联网企业的比重(%)
全　国	**853705**	**837952**	**98.2**	**765047**	**91.3**
北　京	34519	33798	97.9	32556	96.3
天　津	17163	16493	96.1	15303	92.8
河　北	25366	24913	98.2	22247	89.3
山　西	13224	12853	97.2	11116	86.5
内蒙古	10439	10114	96.9	9040	89.4
辽　宁	38190	37143	97.3	32252	86.8
吉　林	11326	11034	97.4	9707	88.0
黑龙江	11528	11026	95.6	9606	87.1
上　海	34336	33464	97.5	32114	96.0
江　苏	104560	102787	98.3	94253	91.7
浙　江	75466	74460	98.7	68956	92.6
安　徽	31709	31301	98.7	28531	91.2
福　建	33637	33093	98.4	30399	91.9
江　西	15259	15037	98.5	13803	91.8
山　东	80685	79871	99.0	74664	93.5
河　南	42405	42018	99.1	36500	86.9
湖　北	36376	35783	98.4	31253	87.3
湖　南	28679	27829	97.0	24656	88.6
广　东	88121	86174	97.8	80117	93.0
广　西	13054	12789	98.0	11899	93.0
海　南	2735	2686	98.2	2540	94.6
重　庆	18389	18116	98.5	16567	91.4
四　川	31129	30726	98.7	28134	91.6
贵　州	9683	9466	97.8	8411	88.9
云　南	13314	13115	98.5	12147	92.6
西　藏	487	454	93.2	374	82.4
陕　西	13102	12892	98.4	10956	85.0
甘　肃	6840	6723	98.3	6048	90.0
青　海	1755	1706	97.2	1526	89.4
宁　夏	2935	2886	98.3	2714	94.0
新　疆	7294	7202	98.7	6658	92.4

互联网开展活动情况

了解商品和服务的信息		从政府机构获取信息		与政府机构互动		使用网上银行	
数量（个）	占使用互联网企业的比重（%）	数量（个）	占使用互联网企业的比重（%）	数量（个）	占使用互联网企业的比重（%）	数量（个）	占使用互联网企业的比重（%）
452119	**54.0**	**444843**	**53.1**	**224065**	**26.7**	**579418**	**69.1**
19577	57.9	21259	62.9	10993	32.5	26946	79.7
8057	48.9	8556	51.9	3836	23.3	11616	70.4
11791	47.3	10085	40.5	4576	18.4	17111	68.7
5628	43.8	5498	42.8	2365	18.4	8027	62.5
4402	43.5	4297	42.5	2084	20.6	5976	59.1
16329	44.0	14907	40.1	8216	22.1	18447	49.7
4555	41.3	5164	46.8	2531	22.9	6081	55.1
4448	40.3	4879	44.2	2141	19.4	5923	53.7
19405	58.0	20671	61.8	11089	33.1	25680	76.7
58542	57.0	53363	51.9	26869	26.1	74638	72.6
43952	59.0	45848	61.6	21915	29.4	63960	85.9
19378	61.9	19756	63.1	10610	33.9	24019	76.7
17801	53.8	18045	54.5	8648	26.1	25810	78.0
8191	54.5	7850	52.2	4022	26.7	10678	71.0
41898	52.5	37036	46.4	23482	29.4	48465	60.7
21796	51.9	19143	45.6	7524	17.9	23245	55.3
20180	56.4	16894	47.2	8269	23.1	23920	66.8
15602	56.1	14308	51.4	6679	24.0	17576	63.2
45756	53.1	50862	59.0	25166	29.2	60531	70.2
7303	57.1	6935	54.2	3315	25.9	9333	73.0
1442	53.7	1613	60.1	738	27.5	2067	77.0
10043	55.4	10598	58.5	5205	28.7	12256	67.7
17619	57.3	17637	57.4	9139	29.7	21293	69.3
4666	49.3	4960	52.4	2559	27.0	5601	59.2
7423	56.6	7640	58.3	3702	28.2	9255	70.6
215	47.4	170	37.4	58	12.8	164	36.1
6568	50.9	6674	51.8	3208	24.9	7734	60.0
3652	54.3	3434	51.1	1766	26.3	4231	62.9
793	46.5	865	50.7	424	24.9	1067	62.5
1534	53.2	1684	58.4	844	29.2	2251	78.0
3573	49.6	4212	58.5	2092	29.0	5517	76.6

6-10 续表

行业	使用其他金融服务		提供客户服务		拨打互联网电话或召开视频会议	
	数量(个)	占使用互联网企业的比重(%)	数量(个)	占使用互联网企业的比重(%)	数量(个)	占使用互联网企业的比重(%)
全国	**105748**	**12.6**	**280674**	**33.5**	**87689**	**10.5**
北京	4185	12.4	12207	36.1	6743	20.0
天津	2013	12.2	5110	31.0	2167	13.1
河北	2341	9.4	6461	25.9	1838	7.4
山西	972	7.6	2856	22.2	1032	8.0
内蒙古	766	7.6	2267	22.4	1009	10.0
辽宁	3192	8.6	8491	22.9	2540	6.8
吉林	862	7.8	2592	23.5	927	8.4
黑龙江	791	7.2	2217	20.1	850	7.7
上海	4637	13.9	13746	41.1	7768	23.2
江苏	14154	13.8	38348	37.3	11234	10.9
浙江	13177	17.7	31393	42.2	7674	10.3
安徽	5200	16.6	12766	40.8	3056	9.8
福建	4750	14.4	12000	36.3	3248	9.8
江西	2023	13.5	5251	34.9	1312	8.7
山东	8619	10.8	22882	28.6	4874	6.1
河南	3893	9.3	11203	26.7	2143	5.1
湖北	4378	12.2	12478	34.9	2817	7.9
湖南	3418	12.3	8934	32.1	2123	7.6
广东	11714	13.6	32175	37.3	12169	14.1
广西	1789	14.0	4441	34.7	1415	11.1
海南	370	13.8	1017	37.9	466	17.3
重庆	2387	13.2	6039	33.3	1893	10.4
四川	4146	13.5	10566	34.4	3002	9.8
贵州	813	8.6	2611	27.6	841	8.9
云南	1625	12.4	3889	29.7	1279	9.8
西藏	30	6.6	93	20.5	49	10.8
陕西	1262	9.8	3630	28.2	1157	9.0
甘肃	736	10.9	1845	27.4	645	9.6
青海	187	11.0	411	24.1	186	10.9
宁夏	374	13.0	859	29.8	298	10.3
新疆	944	13.1	1896	26.3	934	13.0

在线提供产品		发布消息或即时消息		员工培训		对外或对内招聘	
数量（个）	占使用互联网企业的比重（%）	数量（个）	占使用互联网企业的比重（%）	数量（个）	占使用互联网企业的比重（%）	数量（个）	占使用互联网企业的比重（%）
102848	**12.3**	**229640**	**27.4**	**181112**	**21.6**	**288324**	**34.4**
3677	10.9	12861	38.1	8478	25.1	17751	52.5
1634	9.9	4293	26.0	3058	18.5	5779	35.0
2510	10.1	5106	20.5	4583	18.4	6219	25.0
834	6.5	2425	18.9	3004	23.4	2677	20.8
662	6.5	2210	21.9	2267	22.4	2472	24.4
2662	7.2	6603	17.8	6472	17.4	8508	22.9
815	7.4	2107	19.1	2326	21.1	2546	23.1
684	6.2	1963	17.8	2299	20.9	2303	20.9
5012	15.0	11759	35.1	8416	25.1	16128	48.2
15379	15.0	28554	27.8	21198	20.6	34252	33.3
13865	18.6	23570	31.7	15911	21.4	31797	42.7
4939	15.8	10445	33.4	8128	26.0	12114	38.7
4773	14.4	9835	29.7	7137	21.6	13599	41.1
1862	12.4	4014	26.7	3219	21.4	5108	34.0
8480	10.6	16908	21.2	14142	17.7	19513	24.4
3824	9.1	8349	19.9	8467	20.2	9667	23.0
4444	12.4	9483	26.5	8039	22.5	11140	31.1
3161	11.4	7288	26.2	6175	22.2	8108	29.1
11747	13.6	27506	31.9	17536	20.3	37207	43.2
1476	11.5	4082	31.9	3119	24.4	4888	38.2
376	14.0	991	36.9	756	28.1	1272	47.4
1896	10.5	5693	31.4	4520	25.0	7106	39.2
3420	11.1	9172	29.9	7575	24.7	11245	36.6
788	8.3	2206	23.3	2297	24.3	2652	28.0
1121	8.5	3642	27.8	3607	27.5	4283	32.7
33	7.3	87	19.2	107	23.6	88	19.4
1257	9.8	3345	25.9	3124	24.2	4305	33.4
563	8.4	1738	25.9	1908	28.4	1727	25.7
124	7.3	408	23.9	394	23.1	453	26.6
303	10.5	930	32.2	906	31.4	1149	39.8
527	7.3	2067	28.7	1944	27.0	2268	31.5

6-11 分行业企业

行业	企业数(个)	使用互联网的企业		通过互联网进行宣传推广的企业数		自有网站	
		数量(个)	比重(%)	数量(个)	占使用互联网企业的比重(%)	数量(个)	占使用互联网企业的比重(%)
总 计	**853705**	**837952**	**98.2**	**589547**	**70.4**	**237685**	**28.4**
采矿业	**16606**	**16021**	**96.5**	**8498**	**53.0**	**1835**	**11.5**
煤炭开采和洗选业	7224	6905	95.6	3493	50.6	744	10.8
石油和天然气开采业	143	141	98.6	70	49.6	45	31.9
黑色金属矿采选业	3432	3295	96.0	1605	48.7	277	8.4
有色金属矿采选业	2032	1997	98.3	1154	57.8	257	12.9
非金属矿采选业	3578	3489	97.5	2068	59.3	466	13.4
开采辅助活动	180	179	99.4	99	55.3	43	24.0
其他采矿业	17	15	88.2	9	60.0	3	20.0
制造业	**335108**	**330134**	**98.5**	**254071**	**77.0**	**117015**	**35.4**
农副食品加工业	23301	22971	98.6	17115	74.5	6446	28.1
食品制造业	7668	7560	98.6	6050	80.0	2903	38.4
酒、饮料和精制茶制造业	5793	5716	98.7	4499	78.7	2165	37.9
烟草制品业	129	129	100.0	70	54.3	49	38.0
纺织业	20543	20198	98.3	14459	71.6	4829	23.9
纺织服装、服饰业	15183	14933	98.4	10702	71.7	3403	22.8
皮革、毛皮、羽毛及其制品和制鞋业	8224	8107	98.6	5686	70.1	1932	23.8
木材加工和木、竹、藤、棕、草制品业	8561	8378	97.9	5795	69.2	1772	21.2
家具制造业	4923	4856	98.6	3758	77.4	1681	34.6
造纸和纸制品业	6818	6696	98.2	4723	70.5	1758	26.3
印刷和记录媒介复制业	5003	4947	98.9	3686	74.5	1627	32.9
文教、工美、体育和娱乐用品制造业	7915	7793	98.5	6112	78.4	2576	33.1
石油加工、炼焦和核燃料加工业	1985	1940	97.7	1450	74.7	645	33.2
化学原料和化学制品制造业	24393	24037	98.5	19037	79.2	9168	38.1
医药制造业	6736	6662	98.9	5716	85.8	3514	52.7
化学纤维制造业	1960	1904	97.1	1337	70.2	542	28.5
橡胶和塑料制品业	17338	17099	98.6	13246	77.5	6024	35.2
非金属矿物制品业	31312	30760	98.2	21241	69.1	7769	25.3
黑色金属冶炼和压延加工业	10594	10345	97.6	7453	72.0	3016	29.2
有色金属冶炼和压延加工业	7104	6984	98.3	5211	74.6	2382	34.1
金属制品业	19681	19434	98.7	15340	78.9	7273	37.4
通用设备制造业	23603	23330	98.8	19373	83.0	10578	45.3
专用设备制造业	16446	16283	99.0	13689	84.1	7715	47.4
汽车制造业	12309	12171	98.9	9468	77.8	4884	40.1
铁路、船舶、航空航天和其他运输设备制造业	4707	4619	98.1	3677	79.6	1912	41.4
电气机械和器材制造业	22214	21904	98.6	18489	84.4	10655	48.6
计算机、通信和其他电子设备制造业	13290	13118	98.7	10990	83.8	6636	50.6
仪器仪表制造业	4012	3977	99.1	3464	87.1	2267	57.0
其他制造业	1619	1573	97.2	1162	73.9	512	32.5
废弃资源综合利用业	1326	1310	98.8	787	60.1	235	17.9
金属制品、机械和设备修理业	418	400	95.7	286	71.5	147	36.8
电力、热力、燃气及水生产和供应业	**8427**	**8241**	**97.8**	**4925**	**59.8**	**2443**	**29.6**
电力、热力生产和供应业	5938	5779	97.3	3323	57.5	1630	28.2
燃气生产和供应业	1125	1109	98.6	745	67.2	351	31.7
水的生产和供应业	1364	1353	99.2	857	63.3	462	34.1
建筑业	**88655**	**87025**	**98.2**	**55237**	**63.5**	**17865**	**20.5**
房屋建筑业	37260	36661	98.4	23137	63.1	6090	16.6
土木工程建筑业	17136	16828	98.2	10676	63.4	3889	23.1
建筑安装业	13922	13627	97.9	8881	65.2	3516	25.8
建筑装饰和其他建筑业	20337	19909	97.9	12543	63.0	4370	21.9

互联网宣传和推广情况

单位：个

互联网广告		搜索引擎		电子商务平台		电子邮件		社交网站和即时通讯社交工具		其他	
数量（个）	占使用互联网企业的比重（%）	数量（个）	占使用互联网企业的比重（%）	数量（个）	占使用互联网企业的比重（%）	数量（个）	占使用互联网企业的比重（%）	数量（个）	占使用互联网企业的比重（%）	数量（个）	占使用互联网企业的比重（%）
165938	**19.8**	**100659**	**12.0**	**96457**	**11.5**	**242657**	**29.0**	**143699**	**17.1**	**156716**	**18.7**
1688	**10.5**	**986**	**6.2**	**748**	**4.7**	**3858**	**24.1**	**1948**	**12.2**	**2760**	**17.2**
679	9.8	336	4.9	262	3.8	1584	22.9	795	11.5	1140	16.5
12	8.5	7	5.0	6	4.3	20	14.2	11	7.8	10	7.1
260	7.9	153	4.6	142	4.3	764	23.2	375	11.4	548	16.6
212	10.6	167	8.4	114	5.7	502	25.1	274	13.7	402	20.1
506	14.5	310	8.9	214	6.1	949	27.2	477	13.7	633	18.1
17	9.5	10	5.6	9	5.0	36	20.1	13	7.3	24	13.4
2	13.3	3	20.0	1	6.7	3	20.0	3	20.0	3	20.0
71241	**21.6**	**47620**	**14.4**	**50706**	**15.4**	**113062**	**34.2**	**46103**	**14.0**	**55310**	**16.8**
4657	20.3	2567	11.2	3026	13.2	7487	32.6	3967	17.3	4469	19.5
1832	24.2	1069	14.1	1310	17.3	2480	32.8	1557	20.6	1444	19.1
1487	26.0	754	13.2	922	16.1	1881	32.9	1433	25.1	1101	19.3
8	6.2	7	5.4	12	9.3	16	12.4	6	4.7	15	11.6
3793	18.8	2352	11.6	3218	15.9	6756	33.4	2642	13.1	3240	16.0
2805	18.8	1613	10.8	2230	14.9	5246	35.1	2405	16.1	2449	16.4
1420	17.5	867	10.7	1112	13.7	2530	31.2	1249	15.4	1335	16.5
1724	20.6	960	11.5	953	11.4	2527	30.2	1339	16.0	1512	18.0
1129	23.2	667	13.7	833	17.2	1693	34.9	842	17.3	838	17.3
1204	18.0	782	11.7	817	12.2	2053	30.7	867	12.9	1183	17.7
946	19.1	620	12.5	598	12.1	1557	31.5	595	12.0	890	18.0
1699	21.8	1098	14.1	1509	19.4	2912	37.4	1207	15.5	1292	16.6
342	17.6	248	12.8	216	11.1	599	30.9	260	13.4	338	17.4
5431	22.6	3761	15.6	3664	15.2	8177	34.0	3205	13.3	4138	17.2
1686	25.3	1102	16.5	1128	16.9	2280	34.2	1116	16.8	1097	16.5
344	18.1	257	13.5	304	16.0	564	29.6	260	13.7	280	14.7
3487	20.4	2411	14.1	2718	15.9	6053	35.4	1987	11.6	2777	16.2
5907	19.2	3593	11.7	3082	10.0	8784	28.6	4117	13.4	5649	18.4
1976	19.1	1241	12.0	1320	12.8	3188	30.8	1112	10.7	1594	15.4
1291	18.5	923	13.2	896	12.8	2268	32.5	751	10.8	1216	17.4
4491	23.1	3041	15.6	3124	16.1	6909	35.6	2444	12.6	3138	16.1
5773	24.7	4347	18.6	4145	17.8	8775	37.6	3021	12.9	3646	15.6
4250	26.1	3237	19.9	2805	17.2	6111	37.5	2131	13.1	2548	15.6
2499	20.5	1799	14.8	1691	13.9	4378	36.0	1425	11.7	1822	15.0
932	20.2	674	14.6	679	14.7	1637	35.4	544	11.8	680	14.7
5462	24.9	3995	18.2	4557	20.8	8453	38.6	2936	13.4	3530	16.1
3043	23.2	2381	18.2	2552	19.5	5198	39.6	1765	13.5	1975	15.1
1093	27.5	928	23.3	862	21.7	1582	39.8	551	13.9	554	13.9
283	18.0	169	10.7	280	17.8	520	33.1	193	12.3	269	17.1
176	13.4	109	8.3	109	8.3	338	25.8	143	10.9	231	17.6
71	17.8	48	12.0	34	8.5	110	27.5	33	8.3	60	15.0
711	**8.6**	**523**	**6.3**	**293**	**3.6**	**1600**	**19.4**	**705**	**8.6**	**1259**	**15.3**
450	7.8	330	5.7	193		1123	19.4	472	8.2	838	14.5
142	12.8	109	9.8	50	4.5	224	20.2	89	8.0	211	19.0
119	8.8	84	6.2	50	3.7	253	18.7	144	10.6	210	15.5
10578	**12.2**	**7707**	**8.9**	**4416**	**5.1**	**25531**	**29.3**	**12352**	**14.2**	**17960**	**20.6**
4507	12.3	2968	8.1	1851	5.0	11335	30.9	5823	15.9	8051	22.0
1907	11.3	1509	9.0	793	4.7	4647	27.6	2141	12.7	3316	19.7
1615	11.9	1375	10.1	773	5.7	4094	30.0	1506	11.1	2522	18.5
2549	12.8	1855	9.3	999	5.0	5455	27.4	2882	14.5	4071	20.4

6-11 续表

行业	企业数(个)	使用互联网的企业		通过互联网进行宣传推广的企业数		自有网站	
		数量(个)	比重(%)	数量(个)	占使用互联网企业的比重(%)	数量(个)	占使用互联网企业的比重(%)
批发和零售业	**169402**	**166200**	**98.1**	**106118**	**63.8**	**34402**	**20.7**
批发业	90199	88582	98.2	55196	62.3	19187	21.7
零售业	79203	77618	98.0	50922	65.6	15215	19.6
交通运输、仓储和邮政业	**30804**	**30256**	**98.2**	**19182**	**63.4**	**6923**	**22.9**
铁路运输业	131	127	96.9	65	51.2	29	22.8
道路运输业	17658	17352	98.3	10442	60.2	2940	16.9
水上运输业	2352	2309	98.2	1499	64.9	594	25.7
航空运输业	237	236	99.6	209	88.6	144	61.0
管道运输业	59	57	96.6	36	63.2	20	35.1
装卸搬运和运输代理业	5911	5803	98.2	4135	71.3	2036	35.1
仓储业	3600	3520	97.8	2131	60.5	832	23.6
邮政业	856	852	99.5	665	78.1	328	38.5
住宿和餐饮业	**43809**	**42569**	**97.2**	**29354**	**69.0**	**9966**	**23.4**
住宿业	17936	17695	98.7	13769	77.8	5920	33.5
餐饮业	25873	24874	96.1	15585	62.7	4046	16.3
信息传输、软件和信息技术服务业	**11087**	**10965**	**98.9**	**9759**	**89.0**	**7158**	**65.3**
电信、广播电视和卫星传输服务	2291	2242	97.9	1928	86.0	1256	56.0
互联网和相关服务	856	844	98.6	776	91.9	571	67.7
软件和信息技术服务业	7940	7879	99.2	7055	89.5	5331	67.7
房地产业	**90825**	**88484**	**97.4**	**58932**	**66.6**	**16901**	**19.1**
房地产业	90825	88484	97.4	58932	66.6	16901	19.1
租赁和商务服务业	**25659**	**25248**	**98.4**	**18464**	**73.1**	**9916**	**39.3**
租赁业	963	950	98.7	621	65.4	239	25.2
商务服务业	24696	24298	98.4	17843	73.4	9677	39.8
科学研究和技术服务业	**15649**	**15446**	**98.7**	**11992**	**77.6**	**6557**	**42.5**
研究和试验发展	1260	1245	98.8	1054	84.7	738	59.3
专业技术服务业	10299	10162	98.7	7893	77.7	4633	45.6
科技推广和应用服务业	4090	4039	98.8	3045	75.4	1186	29.4
水利、环境和公共设施管理业	**3595**	**3533**	**98.3**	**2531**	**71.6**	**1285**	**36.4**
水利管理业	238	230	96.6	138	60.0	55	23.9
生态保护和环境治理业	392	389	99.2	275	70.7	163	41.9
公共设施管理业	2965	2914	98.3	2118	72.7	1067	36.6
居民服务、修理和其他服务业	**4132**	**3998**	**96.8**	**2575**	**64.4**	**980**	**24.5**
居民服务业	1625	1566	96.4	1003	64.0	427	27.3
机动车、电子产品和日用产品修理业	1229	1206	98.1	836	69.3	275	22.8
其他服务业	1278	1226	95.9	736	60.0	278	22.7
教育	**2739**	**2712**	**99.0**	**2094**	**77.2**	**1011**	**37.3**
教育	2739	2712	99.0	2094	77.2	1011	37.3
卫生和社会工作	**2946**	**2917**	**99.0**	**2273**	**77.9**	**1323**	**45.4**
卫生	2909	2880	99.0	2241	77.8	1304	45.3
社会工作	37	37	100.0	32	86.5	19	51.4
文化、体育和娱乐业	**4262**	**4203**	**98.6**	**3542**	**84.3**	**2105**	**50.1**
新闻和出版业	999	992	99.3	915	92.2	733	73.9
广播、电视、电影和影视录音制作业	1083	1061	98.0	938	88.4	569	53.6
文化艺术业	520	515	99.0	436	84.7	226	43.9
体育	539	535	99.3	431	80.6	263	49.2
娱乐业	1121	1100	98.1	822	74.7	314	28.5

单位：个

互联网广告		搜索引擎		电子商务平台		电子邮件		社交网站和即时通讯社交工具		其他	
数量（个）	占使用互联网企业的比重（%）	数量（个）	占使用互联网企业的比重（%）	数量（个）	占使用互联网企业的比重（%）	数量（个）	占使用互联网企业的比重（%）	数量（个）	占使用互联网企业的比重（%）	数量（个）	占使用互联网企业的比重（%）
30490	**18.3**	**16589**	**10.0**	**19799**	**11.9**	**41918**	**25.2**	**32182**	**19.4**	**31546**	**19.0**
12594	14.2	8574	9.7	10684	12.1	23531	26.6	11319	12.8	15296	17.3
17896	23.1	8015	10.3	9115	11.7	18387	23.7	20863	26.9	16250	20.9
4016	**13.3**	**2753**	**9.1**	**2236**	**7.4**	**8238**	**27.2**	**4106**	**13.6**	**5904**	**19.5**
9	7.1	9	7.1	3	2.4	23	18.1	8	6.3	18	14.2
2233	12.9	1480	8.5	990	5.7	4319	24.9	2457	14.2	3707	21.4
278	12.0	207	9.0	157	6.8	674	29.2	299	12.9	440	19.1
59	25.0	38	16.1	49	20.8	68	28.8	118	50.0	44	18.6
7	12.3	1	1.8	3	5.3	10	17.5	5	8.8	9	15.8
831	14.3	619	10.7	509	8.8	2013	34.7	668	11.5	945	16.3
417	11.8	276	7.8	301	8.6	927	26.3	381	10.8	575	16.3
182	21.4	123	14.4	224	26.3	204	23.9	170	20.0	166	19.5
8819	**20.7**	**4379**	**10.3**	**5723**	**13.4**	**8348**	**19.6**	**10714**	**25.2**	**9059**	**21.3**
4497	25.4	2351	13.3	3335	18.8	4276	24.2	5101	28.8	3833	21.7
4322	17.4	2028	8.2	2388	9.6	4072	16.4	5613	22.6	5226	21.0
3669	**33.5**	**2783**	**25.4**	**2137**	**19.5**	**3789**	**34.6**	**4401**	**40.1**	**2034**	**18.5**
982	43.8	409	18.2	566	25.2	716	31.9	1210	54.0	473	21.1
379	44.9	338	40.0	222	26.3	283	33.5	538	63.7	159	18.8
2308	29.3	2036	25.8	1349	17.1	2790	35.4	2653	33.7	1402	17.8
23125	**26.1**	**8856**	**10.0**	**5362**	**6.1**	**20726**	**23.4**	**16228**	**18.3**	**19578**	**22.1**
23125	26.1	8856	10.0	5362	6.1	20726	23.4	16228	18.3	19578	22.1
4970	**19.7**	**3557**	**14.1**	**2274**	**9.0**	**6811**	**27.0**	**6672**	**26.4**	**4791**	**19.0**
151	15.9	131	13.8	62	6.5	237	24.9	153	16.1	164	17.3
4819	19.8	3426	14.1	2212	9.1	6574	27.1	6519	26.8	4627	19.0
2687	**17.4**	**2313**	**15.0**	**1111**	**7.2**	**4587**	**29.7**	**2542**	**16.5**	**2922**	**18.9**
274	22.0	230	18.5	132	10.6	420	33.7	243	19.5	182	14.6
1650	16.2	1449	14.3	654	6.4	2939	28.9	1447	14.2	1855	18.3
763	18.9	634	15.7	325	8.0	1228	30.4	852	21.1	885	21.9
736	**20.8**	**470**	**13.3**	**364**	**10.3**	**1020**	**28.9**	**1038**	**29.4**	**747**	**21.1**
23	10.0	15	6.5	10	4.3	51	22.2	14	6.1	44	19.1
55	14.1	61	15.7	39	10.0	111	28.5	60	15.4	60	15.4
658	22.6	394	13.5	315	10.8	858	29.4	964	33.1	643	22.1
727	**18.2**	**433**	**10.8**	**281**	**7.0**	**873**	**21.8**	**792**	**19.8**	**746**	**18.7**
305	19.5	179	11.4	108	6.9	263	16.8	314	20.1	292	18.6
272	22.6	135	11.2	112	9.3	322	26.7	305	25.3	241	20.0
150	12.2	119	9.7	61	5.0	288	23.5	173	14.1	213	17.4
654	**24.1**	**435**	**16.0**	**156**	**5.8**	**647**	**23.9**	**757**	**27.9**	**698**	**25.7**
654	24.1	435	16.0	156	5.8	647	23.9	757	27.9	698	25.7
781	**26.8**	**605**	**20.7**	**237**	**8.1**	**567**	**19.4**	**801**	**27.5**	**593**	**20.3**
770	26.7	601	20.9	236	8.2	559	19.4	785	27.3	589	20.5
11	29.7	4	10.8	1	2.7	8	21.6	16	43.2	4	10.8
1046	**24.9**	**650**	**15.5**	**614**	**14.6**	**1082**	**25.7**	**2358**	**56.1**	**809**	**19.2**
219	22.1	182	18.3	188	19.0	277	27.9	659	66.4	156	15.7
283	26.7	185	17.4	205	19.3	283	26.7	781	73.6	227	21.4
127	24.7	64	12.4	49	9.5	171	33.2	272	52.8	101	19.6
125	23.4	74	13.8	49	9.2	128	23.9	209	39.1	82	15.3
292	26.5	145	13.2	123	11.2	223	20.3	437	39.7	243	22.1

6-12 分地区企业互联网

地区	企业数（个）	使用互联网的企业		通过互联网进行宣传推广的企业数		自有网站	
		数量（个）	比重（%）	数量（个）	占使用互联网企业的比重（%）	数量（个）	占使用互联网企业的比重（%）
全　国	**853705**	**837952**	**98.2**	**589547**	**70.4**	**237685**	**28.4**
北　京	34519	33798	97.9	23517	69.6	13638	40.4
天　津	17163	16493	96.1	10956	66.4	4495	27.3
河　北	25366	24913	98.2	16359	65.7	6334	25.4
山　西	13224	12853	97.2	7234	56.3	2389	18.6
内蒙古	10439	10114	96.9	5974	59.1	1993	19.7
辽　宁	38190	37143	97.3	23521	63.3	8882	23.9
吉　林	11326	11034	97.4	6866	62.2	2327	21.1
黑龙江	11528	11026	95.6	6418	58.2	2042	18.5
上　海	34336	33464	97.5	24606	73.5	13737	41.1
江　苏	104560	102787	98.3	77966	75.9	29954	29.1
浙　江	75466	74460	98.7	55923	75.1	28365	38.1
安　徽	31709	31301	98.7	23082	73.7	9368	29.9
福　建	33637	33093	98.4	22611	68.3	9508	28.7
江　西	15259	15037	98.5	10562	70.2	3628	24.1
山　东	80685	79871	99.0	60761	76.1	20785	26.0
河　南	42405	42018	99.1	29063	69.2	8735	20.8
湖　北	36376	35783	98.4	25827	72.2	8866	24.8
湖　南	28679	27829	97.0	19806	71.2	6633	23.8
广　东	88121	86174	97.8	60603	70.3	27817	32.3
广　西	13054	12789	98.0	8318	65.0	2876	22.5
海　南	2735	2686	98.2	1985	73.9	973	36.2
重　庆	18389	18116	98.5	12010	66.3	4303	23.8
四　川	31129	30726	98.7	21247	69.1	8246	26.8
贵　州	9683	9466	97.8	5728	60.5	1656	17.5
云　南	13314	13115	98.5	8263	63.0	2821	21.5
西　藏	487	454	93.2	269	59.3	73	16.1
陕　西	13102	12892	98.4	8600	66.7	3427	26.6
甘　肃	6840	6723	98.3	4341	64.6	1358	20.2
青　海	1755	1706	97.2	1026	60.1	331	19.4
宁　夏	2935	2886	98.3	1966	68.1	803	27.8
新　疆	7294	7202	98.7	4139	57.5	1322	18.4

宣传和推广情况

互联网广告		搜索引擎		电子商务平台		电子邮件		社交网站和即时通讯社交工具		其他	
数量(个)	占使用互联网企业的比重(%)	数量(个)	占使用互联网企业的比重(%)	数量(个)	占使用互联网企业的比重(%)	数量(个)	占使用互联网企业的比重(%)	数量(个)	占使用互联网企业的比重(%)	数量(个)	占使用互联网企业的比重(%)
165938	**19.8**	**100659**	**12.0**	**96457**	**11.5**	**242657**	**29.0**	**237685**	**28.4**	**156716**	**18.7**
5859	17.3	5192	15.4	2692	8.0	8467	25.1	13638	40.4	4040	12.0
2723	16.5	1722	10.4	1748	10.6	4420	26.8	4495	27.3	2460	14.9
4403	17.7	2396	9.6	2184	8.8	5997	24.1	6334	25.4	4226	17.0
1632	12.7	790	6.1	661	5.1	2668	20.8	2389	18.6	2223	17.3
1453	14.4	631	6.2	648	6.4	2407	23.8	1993	19.7	1675	16.6
5900	15.9	3259	8.8	2271	6.1	9063	24.4	8882	23.9	6119	16.5
1588	14.4	752	6.8	658	6.0	2617	23.7	2327	21.1	2120	19.2
1529	13.9	694	6.3	639	5.8	2444	22.2	2042	18.5	1936	17.6
6261	18.7	5100	15.2	3993	11.9	10735	32.1	13737	41.1	4511	13.5
23003	22.4	15731	15.3	14560	14.2	33795	32.9	29954	29.1	19765	19.2
15034	20.2	9819	13.2	13775	18.5	25342	34.0	28365	38.1	12452	16.7
6433	20.6	3604	11.5	4277	13.7	10144	32.4	9368	29.9	7394	23.6
6290	19.0	3311	10.0	3203	9.7	9369	28.3	9508	28.7	6251	18.9
3226	21.5	1653	11.0	1668	11.1	4428	29.4	3628	24.1	3209	21.3
19534	24.5	11150	14.0	8805	11.0	25942	32.5	20785	26.0	15009	18.8
9009	21.4	4804	11.4	4037	9.6	10808	25.7	8735	20.8	9095	21.6
7461	20.9	4198	11.7	4118	11.5	10096	28.2	8866	24.8	7754	21.7
6284	22.6	3140	11.3	2830	10.2	7523	27.0	6633	23.8	6456	23.2
16978	19.7	12033	14.0	12676	14.7	24648	28.6	27817	32.3	15999	18.6
2441	19.1	1122	8.8	1406	11.0	3315	25.9	2876	22.5	2774	21.7
716	26.7	317	11.8	282	10.5	633	23.6	973	36.2	633	23.6
3403	18.8	1803	10.0	1706	9.4	5007	27.6	4303	23.8	3648	20.1
6101	19.9	3293	10.7	3198	10.4	8698	28.3	8246	26.8	6086	19.8
1447	15.3	667	7.0	719	7.6	2271	24.0	1656	17.5	2189	23.1
2062	15.7	1060	8.1	1087	8.3	3591	27.4	2821	21.5	2676	20.4
68	15.0	32	7.0	31	6.8	121	26.7	73	16.1	83	18.3
2378	18.4	1157	9.0	1072	8.3	2995	23.2	3427	26.6	2485	19.3
1003	14.9	484	7.2	590	8.8	2025	30.1	1358	20.2	1274	18.9
264	15.5	116	6.8	111	6.5	416	24.4	331	19.4	306	17.9
452	15.7	210	7.3	308	10.7	928	32.2	803	27.8	559	19.4
1003	13.9	419	5.8	504	7.0	1744	24.2	1322	18.4	1309	18.2

6-13 分行业企业开展

行业	企业数(个)	有电子商务销售的企业		B2B	
		数量(个)	金额(亿元)	企业数量(个)	金额(亿元)
总计	**853705**	**36521**	**56683.6**	**29696**	**50643.8**
采矿业	**16606**	**106**	**151.9**	**95**	**151.3**
煤炭开采和洗选业	7224	35	48.4	32	48.4
石油和天然气开采业	143	2	7.7	2	7.7
黑色金属矿采选业	3432	21	5.4	19	5.1
有色金属矿采选业	2032	22	88.3	22	88.3
非金属矿采选业	3578	26	2.1	20	1.7
开采辅助活动	180				
其他采矿业	17				
制造业	**335108**	**21446**	**31358.2**	**19197**	**30246.8**
农副食品加工业	23301	948	844.6	764	745.2
食品制造业	7668	574	596.7	422	484.5
酒、饮料和精制茶制造业	5793	339	159.9	236	126.3
烟草制品业	129	30	5514.3	30	5514.3
纺织业	20543	1319	738.7	1172	702.2
纺织服装、服饰业	15183	978	240.7	716	171.2
皮革、毛皮、羽毛及其制品和制鞋业	8224	561	154.4	441	134.5
木材加工和木、竹、藤、棕、草制品业	8561	336	77.1	291	67.9
家具制造业	4923	411	129.3	338	113.4
造纸和纸制品业	6818	291	218.2	262	212.7
印刷和记录媒介复制业	5003	229	91.2	217	90.2
文教、工美、体育和娱乐用品制造业	7915	943	266.2	821	246.6
石油加工、炼焦和核燃料加工业	1985	38	614.3	35	602.2
化学原料和化学制品制造业	24393	1231	1194.5	1133	1044.9
医药制造业	6736	409	225.8	337	212.4
化学纤维制造业	1960	93	46.7	86	43.9
橡胶和塑料制品业	17338	1230	987.4	1162	974.8
非金属矿物制品业	31312	887	248.5	824	231.2
黑色金属冶炼和压延加工业	10594	446	2572.9	423	2546.1
有色金属冶炼和压延加工业	7104	309	1141.0	296	1127.8
金属制品业	19681	1467	499.8	1365	477.3
通用设备制造业	23603	1943	690.6	1853	626.1
专用设备制造业	16446	1062	461.6	1005	433.0
汽车制造业	12309	865	5774.2	840	5681.5
铁路、船舶、航空航天和其他运输设备制造业	4707	318	272.5	301	270.4
电气机械和器材制造业	22214	2263	1453.4	2068	1354.5
计算机、通信和其他电子设备制造业	13290	1359	5944.5	1237	5819.2
仪器仪表制造业	4012	379	135.2	348	131.1
其他制造业	1619	168	54.4	156	51.9
废弃资源综合利用业	1326	13	4.9	13	4.9
金属制品、机械和设备修理业	418	7	4.7	5	4.6
电力、热力、燃气及水生产和供应业	**8427**	**54**	**2986.5**	**47**	**2983.8**
电力、热力生产和供应业	5938	43	2986.3	39	2983.7
燃气生产和供应业	1125	6	0.2	4	0.1
水的生产和供应业	1364	5		4	
建筑业	**88655**	**1049**	**66.6**	**954**	**63.9**
房屋建筑业	37260	406	23.5	368	21.4
土木工程建筑业	17136	143	20.6	126	20.5
建筑安装业	13922	221	11.6	207	11.5
建筑装饰和其他建筑业	20337	279	10.9	253	10.5

电子商务交易情况

B2C		有面向大陆区域以外销售		有电子商务采购的企业		有面向大陆以外区域采购的企业	
企业数量（个）	金额（亿元）	企业数量（个）	金额（亿元）	数量（个）	金额（亿元）	数量（个）	金额（亿元）
13014	**6039.8**	**7688**	**6883.5**	**25190**	**34662.9**	**3309**	**3611.7**
23	**0.6**	**13**	**0.9**	**148**	**928.5**	**11**	**0.1**
4		2		51	26.6	3	
				16	781.1		
8	0.3	5		26	4.1	2	
1				25	24.5	3	0.1
10	0.3	6	0.9	22	0.2	3	
				8	91.9		
6177	**1111.4**	**6276**	**6192.6**	**14720**	**20521.7**	**2565**	**3332.5**
454	99.4	174	88.9	565	299.8	81	35.0
303	112.2	85	58.7	318	160.3	41	20.1
214	33.6	38	5.8	188	43.5	19	2.0
		2	6.8	23	1380.8		
359	36.5	365	106.6	832	582.7	138	47.2
443	69.5	188	50.2	569	87.1	93	7.1
255	19.9	131	73.9	332	81.4	64	19.7
136	9.2	97	23.6	222	31.2	40	6.9
167	15.9	129	51.7	265	59.2	53	9.4
77	5.4	49	37.6	204	112.3	26	66.8
41	1.0	52	8.4	177	32.8	24	2.3
292	19.6	356	131.6	555	175.5	99	10.2
12	12.1	4	1.0	63	1399.0	7	92.1
304	149.6	341	152.3	880	1036.1	134	158.7
141	13.3	100	30.4	316	121.2	37	5.1
15	2.8	29	21.1	74	38.6	21	22.9
259	12.6	430	231.1	804	342.5	185	88.1
309	17.2	267	63.4	639	90.6	123	11.1
84	26.8	120	163.0	309	975.0	39	47.2
55	13.2	88	51.9	257	908.4	40	86.0
352	22.5	496	161.8	977	228.6	179	27.8
396	64.6	620	177.7	1345	573.3	207	53.4
221	28.7	346	100.6	800	439.5	126	19.8
152	92.7	240	95.1	682	3709.1	104	300.0
62	2.1	94	118.7	214	182.4	41	54.5
583	98.8	709	331.4	1567	1638.0	270	127.7
335	125.2	538	3791.0	1104	5684.4	296	2000.1
98	4.1	127	35.6	300	74.2	56	9.7
53	2.5	59	22.5	112	24.4	17	1.1
		1	0.1	11	2.8	2	
5	0.2	1		16	6.8	3	0.4
19	**2.6**	**7**		**155**	**2640.3**	**8**	**3.3**
14	2.5	5		140	2640.0	7	
3	0.1	1		5	0.3		
2		1		10		1	
316	**2.7**	**42**	**0.4**	**2090**	**735.1**	**99**	**1.4**
148	2.1	24	0.3	803	631.5	42	0.2
41		6		358	73.7	13	
46	0.2	1		436	17.9	18	0.9
81	0.4	11	0.1	493	11.9	26	0.3

6-13 续表

行业	企业数(个)	有电子商务销售的企业		B2B	
		数量(个)	金额(亿元)	企业数量(个)	金额(亿元)
批发和零售业	**169402**	**5773**	**17365.3**	**3927**	**14061.4**
批发业	90199	3397	14818.5	2728	13413.1
零售业	79203	2376	2546.8	1199	648.3
交通运输、仓储和邮政业	**30804**	**729**	**1963.5**	**599**	**1501.4**
铁路运输业	131	1	5.6	1	5.6
道路运输业	17658	328	48.9	263	28.7
水上运输业	2352	43	14.8	37	14.6
航空运输业	237	34	1766.3	28	1336.1
管道运输业	59	1	0.1	1	0.1
装卸搬运和运输代理业	5911	165	101.6	146	95.7
仓储业	3600	61	13.1	56	12.6
邮政业	856	96	13.1	67	8.0
住宿和餐饮业	**43809**	**3698**	**85.7**	**2364**	**51.4**
住宿业	17936	2601	69.5	1748	44.6
餐饮业	25873	1097	16.2	616	6.8
信息传输、软件和信息技术服务业	**11087**	**1164**	**1883.8**	**787**	**1031.4**
电信、广播电视和卫星传输服务	2291	408	458.6	182	106.3
互联网和相关服务	856	170	747.4	125	613.5
软件和信息技术服务业	7940	586	677.8	480	311.6
房地产业	**90825**	**441**	**22.9**	**321**	**12.6**
房地产业	90825	441	22.9	321	12.6
租赁和商务服务业	**25659**	**852**	**665.5**	**612**	**443.9**
租赁业	963	12	4.6	10	
商务服务业	24696	840	660.9	602	443.8
科学研究和技术服务业	**15649**	**326**	**63.1**	**268**	**47.8**
研究和试验发展	1260	53	6.9	45	6.7
专业技术服务业	10299	154	32.8	125	21.3
科技推广和应用服务业	4090	119	23.3	98	19.7
水利、环境和公共设施管理业	**3595**	**222**	**9.5**	**136**	**3.0**
水利管理业	238	3		2	
生态保护和环境治理业	392	16	0.9	7	0.3
公共设施管理业	2965	203	8.6	127	2.7
居民服务、修理和其他服务业	**4132**	**81**	**1.8**	**60**	**1.3**
居民服务业	1625	43	0.8	30	0.6
机动车、电子产品和日用产品修理业	1229	25	0.7	18	0.5
其他服务业	1278	13	0.3	12	0.3
教育	**2739**	**43**	**9.4**	**33**	**1.9**
教育	2739	43	9.4	33	1.9
卫生和社会工作	**2946**	**58**	**1.2**	**38**	**0.7**
卫生	2909	58	1.2	38	0.7
社会工作	37				
文化、体育和娱乐业	**4262**	**479**	**48.8**	**258**	**41.0**
新闻和出版业	999	176	27.7	101	26.2
广播、电视、电影和影视录音制作业	1083	165	13.7	82	10.4
文化艺术业	520	35	0.8	15	0.3
体育	539	34	1.6	19	0.9
娱乐业	1121	69	5.0	41	3.3

B2C		有面向大陆区域以外销售		有电子商务采购的企业		有面向大陆以外区域采购的企业	
企业数量（个）	金额（亿元）	企业数量（个）	金额（亿元）	数量（个）	金额（亿元）	数量（个）	金额（亿元）
2572	**3303.8**	**758**	**393.0**	**3128**	**8968.6**	**310**	**245.0**
1009	1405.3	662	380.7	1821	7204.9	226	217.9
1563	1898.5	96	12.3	1307	1763.7	84	27.1
264	**462.1**	**63**	**34.3**	**600**	**96.0**	**46**	**7.6**
115	20.2	15	2.8	270	10.5	14	0.2
15	0.2	6	1.0	38	6.1	4	1.2
25	430.2	9	21.1	9	0.2	1	
				4	8.8		
41	5.9	24	5.0	144	62.9	18	2.7
14	0.4	4	4.3	97	6.9	7	3.4
54	5.1	5	0.1	38	0.7	2	
1772	**34.3**	**270**	**5.8**	**929**	**8.6**	**62**	**1.0**
1198	24.9	240	5.7	639	5.3	41	0.9
574	9.4	30	0.1	290	3.3	21	0.1
606	**852.4**	**92**	**12.5**	**865**	**459.5**	**56**	**6.8**
308	352.3	6	0.1	135	52.3	5	0.1
84	133.9	9	4.1	88	94.4	6	0.4
214	366.2	77	8.3	642	312.9	45	6.4
210	**10.3**	**22**	**0.2**	**963**	**6.0**	**63**	**0.1**
210	10.3	22	0.2	963	6.0	63	0.1
418	**221.6**	**80**	**240.0**	**739**	**171.7**	**51**	**11.8**
3	4.6	1		22	0.1		
415	217.0	79	240.0	717	171.6	51	11.8
109	**15.3**	**36**	**3.1**	**400**	**108.4**	**20**	**2.1**
14	0.2	14	0.9	64	9.6	5	1.8
54	11.5	16	1.6	208	85.4	13	0.3
41	3.6	6	0.6	128	13.3	2	
134	**6.4**	**12**	**0.1**	**93**	**0.3**	**2**	
1				1			
10	0.6	2		11	0.1		
123	5.9	10		81	0.3	2	
41	**0.5**	**4**		**77**	**5.9**	**3**	
22	0.2	1		24	0.1		
16	0.2	2		40	5.7	2	
3		1		13		1	
16	**7.5**	**2**	**0.4**	**48**	**0.2**		
16	7.5	2	0.4	48	0.2		
29	**0.4**	**1**		**63**	**4.1**	**7**	**0.1**
29	0.4	1		62	4.1	7	0.1
				1			
308	**7.8**	**10**		**172**	**8.1**	**6**	
107	1.5	5		55	0.6	1	
115	3.3	3		52	7.3		
26	0.5	1		18		3	
20	0.8			13			
40	1.7	1		34	0.2	2	

6-14 分地区企业开展

地区	企业数(个)	有电子商务销售的企业		B2B	
		数量(个)	金额(亿元)	企业数量(个)	金额(亿元)
全国	**853705**	**36521**	**56683.6**	**29696**	**50643.8**
北京	34519	1634	7467.6	975	6424.9
天津	17163	724	1053.7	608	967.9
河北	25366	569	1166.0	478	1078.4
山西	13224	179	315.3	135	286.5
内蒙古	10439	158	212.7	115	178.1
辽宁	38190	574	1327.6	462	1163.1
吉林	11326	153	159.6	118	122.8
黑龙江	11528	135	364.4	105	319.0
上海	34336	1364	4422.6	1003	3658.3
江苏	104560	4798	7173.1	4218	6760.2
浙江	75466	7894	4305.2	6878	3945.7
安徽	31709	1220	1355.1	973	1196.3
福建	33637	1691	1710.5	1253	1576.0
江西	15259	417	739.5	318	662.6
山东	80685	3174	4111.4	2722	3871.2
河南	42405	940	1831.8	800	1805.5
湖北	36376	988	1843.1	782	1662.1
湖南	28679	970	1364.9	781	1287.4
广东	88121	5776	10279.1	4564	9004.8
广西	13054	412	544.5	307	512.9
海南	2735	100	177.2	73	93.0
重庆	18389	496	999.8	400	937.8
四川	31129	935	925.9	728	578.9
贵州	9683	221	667.5	167	509.9
云南	13314	306	1182.3	226	1146.8
西藏	487	17	33.8	6	32.1
陕西	13102	288	552.1	217	502.9
甘肃	6840	149	225.1	111	210.3
青海	1755	38	35.3	30	35.1
宁夏	2935	81	86.3	61	66.5
新疆	7294	120	50.6	82	46.9

电子商务交易情况

B2C		有面向大陆区域以外销售		有电子商务采购的企业		有面向大陆以外区域采购的企业	
企业数量（个）	金额（亿元）	企业数量（个）	金额（亿元）	数量（个）	金额（亿元）	数量（个）	金额（亿元）
13014	**6039.8**	**7688**	**6883.5**	**25190**	**34662.9**	**3309**	**3611.7**
920	1042.7	131	65.2	1435	4877.7	76	95.3
195	85.7	194	415.1	577	930.8	132	353.2
205	87.6	141	58.2	386	809.3	43	8.3
80	28.8	30	8.6	115	295.9	11	0.3
71	34.7	11	0.2	112	86.2	5	0.5
182	164.5	109	44.1	503	848.5	68	209.5
63	36.8	20	2.0	119	100.4	13	4.0
51	45.5	14	2.3	97	612.6	7	2.5
504	764.3	202	369.1	1076	2339.8	117	178.8
1135	412.9	1129	1305.7	3631	3458.8	471	939.8
2326	359.5	2131	616.8	5091	1620.0	629	216.8
429	158.8	208	84.0	903	1051.0	79	12.7
758	134.5	352	195.3	876	709.8	130	47.0
171	76.9	67	14.2	268	437.9	24	4.0
1081	240.2	637	474.3	2060	3527.7	282	358.5
343	26.3	126	71.1	772	861.6	59	35.6
439	181.1	150	38.5	712	946.0	71	17.0
469	77.5	111	24.4	720	692.7	82	16.6
2256	1274.3	1593	2900.7	3652	7690.8	834	1059.0
170	31.7	70	34.4	224	250.4	17	5.2
49	84.3	19	1.3	65	70.1	15	1.0
182	62.0	52	96.4	310	213.7	27	19.4
397	347.0	89	21.7	646	721.0	47	10.0
103	157.6	26	2.7	176	322.4	23	0.6
121	35.4	22	6.8	202	503.4	11	0.5
15	1.7	2		7	19.9	1	
123	49.2	23	15.0	178	293.7	18	10.4
62	14.8	7	6.5	122	127.5	8	5.1
21	0.1	1	2.5	18	23.8		
40	19.8	11	2.2	50	32.1	4	
53	3.8	10	4.2	87	187.6	5	

6-15 分行业企业电子商务交易平台情况

行业	提供电子商务交易平台企业(个)	提供自营电子商务交易平台企业(个)	平台交易额(亿元)	销售额(亿元)	采购额(亿元)	提供第三方电子商务交易平台的企业(个)	第三方平台交易额(亿元)
总计	**15054**	**14570**	**57566.0**	**37683.9**	**19882.1**	**2297**	**32536.6**
采矿业	**49**	**48**	**145.5**	**45.9**	**99.5**	**13**	**0.1**
煤炭开采和洗选业	16	15	44.0	34.8	9.2	3	0.1
石油和天然气开采业	4	4	96.7	7.4	89.4		
黑色金属矿采选业	12	12	0.9		0.9	3	
有色金属矿采选业	6	6	2.8	2.7		2	
非金属矿采选业	11	11	1.0	1.0		5	0.1
开采辅助活动							
其他采矿业							
制造业	**8976**	**8798**	**30059.3**	**18558.7**	**11500.6**	**1212**	**249.8**
农副食品加工业	329	319	808.9	610.5	198.4	64	10.7
食品制造业	229	227	607.0	489.6	117.4	23	1.2
酒、饮料和精制茶制造业	129	126	92.5	82.6	9.8	20	1.1
烟草制品业	10	10	2736.4	2340.1	396.3		
纺织业	418	408	279.2	143.1	136.0	63	10.7
纺织服装、服饰业	357	348	105.9	88.4	17.5	56	5.6
皮革、毛皮、羽毛及其制品和制鞋业	221	217	75.8	49.2	26.7	33	4.9
木材加工和木、竹、藤、棕、草制品业	122	117	34.6	25.1	9.5	19	1.8
家具制造业	171	165	60.0	39.4	20.5	20	2.9
造纸和纸制品业	124	119	32.6	24.8	7.8	21	1.8
印刷和记录媒介复制业	98	92	53.0	41.1	11.9	20	0.9
文教、工美、体育和娱乐用品制造业	360	353	167.6	71.6	96.1	53	7.1
石油加工、炼焦和核燃料加工业	35	35	1088.0	458.0	630.0	1	
化学原料和化学制品制造业	518	509	1294.6	734.9	559.6	68	10.5
医药制造业	171	168	161.5	107.4	54.1	19	2.5
化学纤维制造业	44	44	30.1	17.3	12.8	5	0.3
橡胶和塑料制品业	551	537	827.8	644.1	183.7	73	9.2
非金属矿物制品业	386	379	121.6	83.8	37.7	60	5.3
黑色金属冶炼和压延加工业	179	176	2620.4	2093.7	526.7	27	70.0
有色金属冶炼和压延加工业	124	123	345.1	188.9	156.3	9	0.8
金属制品业	658	648	223.7	152.7	71.0	91	14.0
通用设备制造业	799	788	592.0	247.4	344.7	105	14.0
专用设备制造业	475	469	428.3	203.1	225.3	45	4.8
汽车制造业	317	307	6841.3	4713.8	2127.4	45	20.8
铁路、船舶、航空航天和其他运输设备制造业	116	114	115.6	45.5	70.1	15	1.9
电气机械和器材制造业	1035	1022	1460.0	579.2	880.8	126	28.3
计算机、通信和其他电子设备制造业	740	724	8776.0	4226.4	4549.6	92	16.0
仪器仪表制造业	174	169	52.6	40.8	11.8	31	2.2
其他制造业	76	76	19.9	13.9	6.0	6	0.4
废弃资源综合利用业	4	4	4.2	2.2	1.9	1	
金属制品、机械和设备修理业	6	5	3.2		3.2	1	
电力、热力、燃气及水生产和供应业	**67**	**64**	**5455.0**	**2906.9**	**2548.1**	**9**	**0.4**
电力、热力生产和供应业	58	57	5454.7	2906.8	2547.9	6	0.4
燃气生产和供应业	4	4	0.3	0.1	0.2		
水的生产和供应业	5	3				3	
建筑业	**395**	**376**	**294.6**	**13.3**	**281.3**	**75**	**2.7**
房屋建筑业	116	114	220.6	5.1	215.6	24	1.0
土木工程建筑业	80	76	52.6	1.1	51.5	14	1.0
建筑安装业	104	99	11.4	1.5	9.9	20	0.2
建筑装饰和其他建筑业	95	87	10.0	5.7	4.4	17	0.5

6-15　续表

指标名称	提供电子商务交易平台企业(个)	提供自营电子商务交易平台企业(个)	平台交易额(亿元)	销售额(亿元)	采购额(亿元)	提供第三方电子商务交易平台的企业(个)	第三方平台交易额(亿元)
批发和零售业	**2451**	**2376**	**17764.6**	**12883.6**	**4881.0**	**360**	**1876.3**
批发业	1399	1350	14860.6	10850.5	4010.1	195	1464.1
零售业	1052	1026	2904.0	2033.1	870.9	165	412.2
交通运输、仓储和邮政业	**319**	**306**	**1461.2**	**1424.4**	**36.9**	**51**	**8.7**
铁路运输业							
道路运输业	110	104	29.0	26.2	2.8	17	1.7
水上运输业	20	20	8.7	8.4	0.3	4	0.1
航空运输业	23	23	1308.4	1308.3	0.2	2	
管道运输业							
装卸搬运和运输代理业	83	79	99.7	67.1	32.6	18	6.7
仓储业	29	29	5.8	5.1	0.8	1	
邮政业	54	51	9.6	9.3	0.2	9	0.2
住宿和餐饮业	**836**	**758**	**27.5**	**24.5**	**3.0**	**185**	**2.1**
住宿业	633	581	22.7	21.4	1.3	129	1.6
餐饮业	203	177	4.9	3.1	1.7	56	0.5
信息传输、软件和信息技术服务业	**814**	**778**	**1829.4**	**1468.7**	**360.7**	**169**	**15831.9**
电信、广播电视和卫星传输服务	287	283	402.7	362.1	40.5	28	15.5
互联网和相关服务	140	130	750.3	662.5	87.8	47	12700.5
软件和信息技术服务业	387	365	676.5	444.1	232.4	94	3115.8
房地产业	**197**	**180**	**7.1**	**6.4**	**0.7**	**45**	**2.3**
房地产业	197	180	7.1	6.4	0.7	45	2.3
租赁和商务服务业	**447**	**414**	**419.7**	**297.3**	**122.4**	**84**	**14559.4**
租赁业	7	6	4.6	4.6		2	
商务服务业	440	408	415.1	292.7	122.4	82	14559.4
科学研究和技术服务业	**151**	**143**	**65.7**	**19.2**	**46.5**	**24**	**1.4**
研究和试验发展	31	31	6.8	5.0	1.8	3	0.6
专业技术服务业	76	72	52.8	9.5	43.3	12	0.2
科技推广和应用服务业	44	40	6.1	4.7	1.4	9	0.7
水利、环境和公共设施管理业	**77**	**73**	**6.3**	**6.2**	**0.1**	**12**	**0.1**
水利管理业							
生态保护和环境治理业	6	6	0.1	0.1		1	
公共设施管理业	71	67	6.2	6.1	0.1	11	0.1
居民服务、修理和其他服务业	**27**	**24**	**0.4**	**0.2**	**0.3**	**6**	**0.1**
居民服务业	11	10				1	
机动车、电子产品和日用产品修理业	10	10	0.3	0.1	0.3	3	0.1
其他服务业	6	4	0.1	0.1		2	
教育	**24**	**22**	**2.1**	**2.1**		**3**	**0.1**
教育	24	22	2.1	2.1		3	0.1
卫生和社会工作	**21**	**19**	**0.8**	**0.6**	**0.2**	**3**	**0.1**
卫生	21	19	0.8	0.6	0.2	3	0.1
社会工作							
文化、体育和娱乐业	**203**	**191**	**26.7**	**25.9**	**0.8**	**46**	**1.2**
新闻和出版业	68	65	19.3	19.2		6	
广播、电视、电影和影视录音制作业	81	76	3.8	3.1	0.7	31	0.6
文化艺术业	18	17	0.4	0.4		2	
体育	10	10	0.1	0.1		1	
娱乐业	26	23	3.2	3.1		6	0.6

6-16 分地区企业电子商务交易平台情况

地区	提供电子商务交易平台企业（个）	提供自营电子商务交易平台企业（个）	平台交易额（亿元）		提供第三方电子商务交易平台的企业（个）	第三方平台交易额（亿元）
				销售额（亿元）	采购额（亿元）		
全国	**15054**	**14570**	**57566.0**	**37683.9**	**19882.1**	**2297**	**32536.6**
北京	562	544	10190.3	6449.6	3740.8	77	11405.1
天津	599	570	1313.3	757.8	555.5	98	126.7
河北	233	232	1373.1	814.2	558.9	12	29.9
山西	56	55	301.8	221.6	80.2	6	2.9
内蒙古	63	63	224.0	158.8	65.2	8	1.6
辽宁	148	137	1569.5	983.7	585.7	32	20.1
吉林	54	53	116.2	86.4	29.8	4	0.1
黑龙江	52	52	612.2	322.7	289.5	3	
上海	431	410	4624.3	3357.0	1267.3	66	649.6
江苏	2002	1953	7319.9	5138.5	2181.5	367	539.7
浙江	2472	2427	3114.2	2459.2	654.9	303	14128.2
安徽	414	399	1048.6	622.4	426.1	89	194.5
福建	463	441	1442.1	1141.3	300.9	73	80.9
江西	80	79	514.1	339.0	175.0	9	0.5
山东	694	683	3268.9	1732.8	1536.1	71	16.7
河南	188	186	1293.8	897.3	396.5	13	430.1
湖北	483	465	1327.9	945.1	382.7	102	18.9
湖南	437	424	1517.5	1139.1	378.4	83	1314.4
广东	4611	4415	13310.0	8043.7	5266.3	758	2348.7
广西	104	104	97.3	62.7	34.6	6	435.6
海南	56	53	41.8	34.8	6.9	10	15.1
重庆	104	95	641.8	555.6	86.2	22	31.0
四川	312	307	725.1	475.5	249.6	26	23.3
贵州	132	121	338.7	215.8	122.9	34	34.0
云南	104	103	498.5	320.9	177.6	5	566.2
西藏	3	3	48.1	28.2	19.9	1	
陕西	87	87	482.0	294.4	187.7	9	122.3
甘肃	46	46	58.1	24.7	33.4	8	0.3
青海	16	16	49.5	27.3	22.2		
宁夏	11	11	38.6	21.7	16.9		
新疆	37	36	64.6	11.9	52.7	2	

附　录

主要指标解释

主要指标解释

房屋施工面积　指报告期内施工的全部房屋建筑面积。包括本期新开工的房屋建筑面积、上期跨入本期继续施工的房屋建筑面积、上期停缓建在本期恢复施工的房屋建筑面积、本期竣工的房屋建筑面积以及本期施工后又停缓建的房屋建筑面积。多层建筑应填各层建筑面积之和。

房屋新开工面积　指报告期内新开工建设的房屋建筑面积，以单位工程为核算对象，即整栋房屋的全部建筑面积，不能分割计算。不包括在上期开工跨入本期继续施工的房屋建筑面积和上期停缓建而在本期复工的房屋建筑面积。房屋的开工应以房屋正式开始破土刨槽（地基处理或打永久桩）的日期为准。

房屋竣工面积　指报告期内房屋建筑按照设计要求已全部完工，达到住人和使用条件，经验收鉴定合格或达到竣工验收标准，可正式移交使用的各栋房屋建筑面积的总和。

竣工面积以房屋单位工程（栋）为核算对象，在整栋房屋符合竣工条件后按其全部建筑面积一次性计算，而不是按各栋施工房屋中已完成的部分或层次分割计算。

商品房销售面积　指报告期内出售商品房屋的合同总面积（即双方签署的正式买卖合同中所确定的建筑面积）。商品房销售面积由现房销售面积和期房销售面积两部分组成。

（1）现房销售面积：指在报告期内正式签订买卖合同、已经竣工达到入住条件的商品房屋建筑面积。包括以一次性付款方式和分期付款方式销售的现房建筑面积。

（2）期房销售面积：指在报告期内正式签订买卖合同、正在建设尚未竣工交付使用的商品房屋建筑面积。包括以一次性付款方式和分期付款方式销售的商品房屋建筑面积。期房销售建筑面积竣工后不再结转为现房销售建筑面积。

商品房销售额　指报告期内出售商品房屋的合同总价款（即双方签署的正式买卖合同中所确定的合同总价）。该指标与商品房销售面积同口径，由现房销售额和期房销售额两部分组成。

（1）现房销售额：指报告期内销售的已竣工商品房屋的合同总价款。包括现房销售前期预收的定金、预收款、首付款及全部按揭贷款的本金等款项。该指标与现房销售面积同口径。

（2）期房销售额：指报告期内销售的正在建设尚未竣工的商品房屋的合同总价款。包括预售房屋前期预收的定金、预收款、首付款及全部按揭贷款的本金等项。该指标与期房销售面积同口径。

房屋竣工价值　指报告期内按规定已经上报竣工的房屋本身的建造价值。一般按房屋设计和预算规定的内容计算。包括竣工房屋本身的基础、结构、屋面、装修以及水、电、卫等附属工程的建筑价值；也包括作为房屋建筑组成部分而列入房屋建筑工程预算内的设备（如电梯、通风设备等）的购置和安装费用。不包括厂房内的工艺设备、工艺管线的购置和安装，工艺设备基础的建造；室外的水、暖、电、卫、道路工程、挡土墙等环境工程的费用；办公和生活用家具的购置等费用；购置土地的费用；迁移补偿费和场地平整的费用及城市建设配套投资。

房屋竣工价值不仅包括该竣工房屋在报告期内完成的价值，也包括跨年施工的房屋在本期以前完成的价值。未竣工而转让给其他单位的房屋建筑工程，出让单位不计算竣工价值，待接受单位继续施工并符合竣工条件后，由接受单位计算其竣工价值，包括出让单位在出让前所完成的价值。房屋竣工价值一般按结算价格（或中标价）计算。

待开发土地面积　指经有关部门批准，通过各种方式获得土地使用权，但尚未开工建设的土地面积。

本年土地购置面积　指在本年内通过各种方式获得土地使用权的土地面积。

资产总计　指企业过去的交易或者事项形成的、由企业拥有或者控制的、预期会给企业带来经济利益的资源。资产一般按流动性（资产的变现或耗用时间长短）分为流动资产和非流动资产。其中流动资产可分为货币资金、交易性金融资产、应收票据、应收账款、预付款项、其他应收款、存货等；非流动资产可分为长期股权投资、固定资产、无形资产及其他非流动资产等。根据会计“资产负债表”中“资产总计”项目的期末余额数填报。

执行2006年《企业会计准则》的企业：资产合计=流动资产合计+非流动资产合计；未执行2006年《企业会计准则》企业的资产包括流动资产、长期投资、固定资产、无形资产和其他资产等。

负债合计　指企业过去的交易或者事项形成的，预期会导致经济利益流出企业的现时义务。负债一般按偿还期长短分为流动负债和非流动负债。根据会计“资产负债表”中“负债合计”项目的期末余额数填报。

执行2006年《企业会计准则》的企业：负债合计=流动负债合计+非流动负债合计；未执行2006年《企业会计准则》企业的负债包括流动负债和长期负债。

主营业务收入　指企业确认的销售商品、提供劳务等主营业务的收入。根据会计“主营业务收入”科目的期末贷方余额填报。执行2006年《企业会计准则》的企业，如未设置该科目，以“营业收入”代替填报。

土地转让收入　指房地产开发企业按国家规定在报告

期转让已经开发的土地和未经开发的土地所得到的收入。根据会计“利润表”和相关核算资料计算填报。

商品房屋销售收入 指房地产开发企业在报告期售出商品房屋的收入，一次收款的，一次性全部计入销售收入，按合同规定分期收款的，可按合同规定的时间分次计入收入。根据会计“利润表”和相关核算资料计算填报。

房屋出租收入 指房地产开发企业在报告期内，在不改变现有财产所有权关系的条件下，将企业的全部或部分房屋出租给其他单位或个人使用所得到的租金收入。根据会计“利润表”和相关核算资料计算填报。

其他（主营业务）收入 指房地产开发企业在报告期内从事除以上收入外的其他业务活动所得到的收入，包括配套设施销售收入、代建工程结算收入等。根据会计“利润表”和相关核算资料计算填报。

利润总额 指企业在一定会计期间的经营成果，是生产经营过程中各种收入扣除各种耗费后的盈余，反映企业在报告期内实现的亏盈总额。根据会计“利润表”中“利润总额”项目的本期金额数填报。执行 2006 年《企业会计准则》的企业，利润总额为营业利润加上营业外收入，减去营业外支出后的金额；未执行 2006 年《企业会计准则》的企业，利润总额为营业利润加上投资收益、补贴收入、营业外收入，再减去营业外支出后的金额。